U0567706

BLUE BOOK

智库成果出版与传播平台

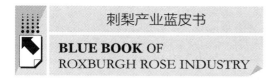

刺梨产业蓝皮书

BLUE BOOK OF
ROXBURGH ROSE INDUSTRY

中国刺梨产业发展报告
（2020）

REPORT ON THE DEVELOPMENT OF CHINA'S ROXBURGH ROSE
INDUSTRY (2020)

主 编／李发耀 欧国腾 樊卫国
副主编／张剑勇 张 燕 牛 涛 刘言生 王国举

社会科学文献出版社
SOCIAL SCIENCES ACADEMIC PRESS (CHINA)

图书在版编目（CIP）数据

中国刺梨产业发展报告.2020／李发耀，欧国腾，
樊卫国主编. －－北京：社会科学文献出版社，2020.10
（刺梨产业蓝皮书）
ISBN 978 － 7 － 5201 － 6899 － 1

Ⅰ.①中… Ⅱ.①李… ②欧… ③樊… Ⅲ.①刺梨 －
种植业 － 产业发展 － 研究 － 中国 － 2020 Ⅳ.①F326.13

中国版本图书馆 CIP 数据核字（2020）第 128090 号

刺梨产业蓝皮书
中国刺梨产业发展报告（2020）

主　　编／李发耀　欧国腾　樊卫国
副 主 编／张剑勇　张　燕　牛　涛　刘言生　王国举

出 版 人／谢寿光
责任编辑／陈　颖

出　　版／社会科学文献出版社·皮书出版分社（010）59367127
　　　　　地址：北京市北三环中路甲 29 号院华龙大厦　邮编：100029
　　　　　网址：www.ssap.com.cn
发　　行／市场营销中心（010）59367081　59367083
印　　装／三河市东方印刷有限公司

规　　格／开 本：787mm × 1092mm　1/16
　　　　　印 张：19.25　字 数：285 千字
版　　次／2020 年 10 月第 1 版　2020 年 10 月第 1 次印刷
书　　号／ISBN 978 － 7 － 5201 － 6899 － 1
定　　价／158.00 元

《中国刺梨产业发展报告》 编委会

欧国腾　苟以勇　杨明锡　张富杰　张乃春
宗　炜　谭方友　刘永杰　安华明　殷登云
张　燕　牛　涛　刘言生　王国举　姚　鹏
彭渊迪　刘清庭　牟　琴　龙海峰　李春艳
朱忠琴　杨　梅　周世敏　莫亮团　刘　进

图　片　摄　影　叶　娇

图　片　编　辑　叶　娇

感谢中国刺梨核心产区黔南州人民政府提供全面支持！

主要编撰者简介

李发耀 1971 年生，汉族，贵州贞丰人。贵州省社会科学院研究员，贵州大学兼职教授/硕士研究生导师，贵州省地理标志研究中心执行主任，贵州省地理标志研究会会长，中国民族地区环境资源保护研究所兼职研究员，贵州省委宣传部 2010 年"四个一批"理论人才，贵州省苗学会副秘书长，2017 年中国农业品牌建设"十大个人贡献奖"获得者，贵州品牌指数平台首批智库专家。

主要研究专长为民族地区社会经济与社区可持续发展，传统知识保护，地理标志保护，地方标准体系制定等。出版专著《多维视野下的传统知识保护机制实证研究》《贵州传统学术思想世界重访》，主编《生态档案：跨越时空的生态历史记忆》、《反贫困的历史征程：来自普定生态文明的报告》、《中国薏仁米产业发展报告》（2017、2018、2019 卷）、《贵州地理标志产业发展报告（2017）》（2018 年 8 月获皮书报告一等奖）。发表学术论文 60 余篇，接受过美国《科学》杂志社亚太分社，中央电视台 1 频道、2 频道、7 频道，新华社，《中国农民报》《当代贵州》《贵州日报》《经济信息时报》等国内外多家媒体的专题采访。

欧国腾 1974 年生，毕业于贵州大学林学专业，农学士，工程技术应用研究员，现任黔南州林业科技推广中心主任，主要从事黔南州刺梨产业发展、林业科研、林业产业等工作。享受"黔南州政府特殊津贴"，黔南州第五批州管专家，获全国绿化奖章。参与国家珠江防护林体系工程、国家退耕还林还草工程、国家石漠化综合治理项目的建设，主持"国家外来有害生物紫茎泽兰防除项目""国家麻风树种质资源收集保存贵州库建设项目"

"艾纳香种苗快速繁育技术研究""米槁中药材繁育技术研究""地道药材艾纳香品种选育及快繁技术研究""建兰、文心兰的产业化培育技术集成与示范""国家标准化刺梨建设项目"等研究，起草多项黔南州刺梨产业发展重要文件。公开发表论文 57 篇，其中全国中文核心期刊 10 篇，主编《入侵植物紫茎泽兰》。

樊卫国 1958 年 10 月生，贵州安龙县人。果树学学科二级教授；森林培育学（树木生理与分子生物学研究方向）博士学位授权点导师，果树学硕士学位授权点导师；贵州大学农学院院长，贵州省果树工程技术研究中心主任，贵州大学喀斯特山地果树资源研究所所长，贵州省特色农业产业人才基地主任，贵州省果树科学研究首席专家，贵州省第四批优秀青年科技人才培养对象，贵州省第三批省管专家，贵州省第二批核心专家，2000 年起享受国务院特殊津贴，贵州省首席（果树）科技特派员。主要科研方向：喀斯特山地果树生理生态与优质高产技术，特异果树种质资源的发掘与利用。科研与获奖情况：先后主持国家支撑计划、国家农业科技成果转化计划和国家星火计划等科研项目 5 项；主持贵州省重大科技专项 3 项；主持贵州省重点攻关计划和年度攻关计划及贵州省自然科学基金等科研项目 25 项。率先建立了我国刺梨栽培生理生态学理论与技术体系。论文和论著情况：先后以第一作者或通讯作者身份在《中国农业科学》《园艺学报》《果树学报》等学术期刊上发表果树及农业资源利用等学术论文 80 余篇；出版学术专著 2 部；作为副主编出版《果树栽培学各论（南方本）》1 部。

摘　要

2019 年底，我国刺梨人工规模化种植面积达到 190 万亩，野生刺梨全国面积达到 150 万亩，"无籽刺梨"达到 20 余万亩。刺梨核心产区贵州的人工规模化种植面积达到 176 万亩。刺梨全国范围内工商注册并存续（在营、开业、在册）的刺梨企业达 582 家，包括 71 家有限责任公司，170 家农民专业合作社，341 家个人独资企业，分布在全国 14 个省区市。全国刺梨相关的产业总值 60 亿元，包括种植、加工、流通及直接相关产业总值。刺梨历史文化丰富，最早的历史记载出现在清康熙年间的《滇黔纪游》，刺梨产业的发展缘起于 20 世纪 40 年代，历经 20 世纪 80 年代，21 世纪初至今，经历了三次发展高潮，刺梨产业链已形成。

《中国刺梨产业发展报告（2020）》由总报告、分报告、主产区篇、专题篇、附录五个部分组成。

总报告，介绍中国刺梨产业发展基本情况，包括刺梨资源的分类与区域分布，刺梨产业发展现状、刺梨标准制定与发布、刺梨产品与市场；中国刺梨产业历史与文化，包括刺梨产业历史，刺梨产业文化；刺梨产业发展趋势与预测，包括刺梨种质资源的调查、采集、保存、利用，刺梨产业标准体系的建设，刺梨产业链进一步延伸和深度发展，刺梨产区的公共区域品牌不断形成和发展，刺梨产业引导一二三产业融合发展，刺梨生态特色产品推动绿色经济发展。

分报告，包括中国刺梨产品开发报告，中国刺梨市场发展报告，中国刺梨产业链发展分析报告，中国刺梨产业质量安全报告，中国刺梨加工技术发展报告。

主产区篇，包括贵州省刺梨种植基地建设调研报告，贵州刺梨绿色产业

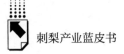

发展报告，中国刺梨核心产区：黔南州刺梨产业实施方案，黔南布依族苗族自治州刺梨产业发展历程，广药集团贵州刺梨"情"：王老吉开发刺梨产品（刺柠吉）纪实。

专题篇，包括中国刺梨产业商标保护报告，中国刺梨产业专利分析报告，中国刺梨产业公共政策研究报告，中国刺梨产业公共宣传研究报告，中国刺梨标准发展报告，中国刺梨文献计量学研究。

附录，包括贵州省人民政府《贵州省推进刺梨产业发展工作方案》，中国刺梨市场零售价调研，中国刺梨产业与科技大事记。

Abstract

By the end of 2019 in China, the large-scale planting area of roxburgh rose has reached 1.9 million *mu*, the area of wild roxburgh rose has reached 1.5 million *mu*, and that of the seedless roxburgh rose has reached more than 200000 *mu*. Guizhou, the core production area of roxburgh rose, has a planting area of 1.76 million *mu*. There are 582 roxburgh rose related enterprises registered (in operation, opening up and recorded) nationwide, including 71 limited liability companies, 170 farmers' professional cooperatives and 341 sole proprietorships, which are distributed in 14 provinces. The total value of roxburgh rose related industries in China is 6 billion *yuan*. Roxburgh rose has a long historical record and rich cultural content. The earliest records can be found in the *Tour of Yunnan and Guizhou* during the Kangxi period of the Qing Dynasty. Going through three pinnacles respectively in the 1940s, 1980s, and from the beginning of the 21st century to the present, a roxburgh rose industry chain has been formed.

Development Report of China Roxburgh Rose Industry No. 1 (2020) is composed of five parts: General Report, Sub-reports, Main Production Area, Special Reports and Appendices.

The General Report elaborates 1) the basic information of roxburgh rose industry in China, including the classification and regional distribution of roxburgh rose resources, status quo of the industry, the formulation and releasing of roxburgh rose standards, roxburgh rose products and market, 2) the history and culture of roxburgh rose industry in China, and 3) the trend and forecast of the industry, including the investigation, collection, preservation and utilization of roxburgh rose germplasm resources, construction of roxburgh rose industrial standard system, further extension and in-depth development of roxburgh rose industrial chain, continuous formation and development of public regional brands in production area, integrated development of primary, secondary and tertiary

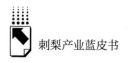

industries guided by roxburgh rose industry, and green economic development promoted by ecological characteristic products of roxburgh rose.

Sub-reports consists of the following reports: Report on Roxburgh Rose Product Development in China, Report on Roxburgh Rose Market Development in China, Report on the Analysis of Roxburgh Rose Industrial Chain Development in China, Report on Roxburgh Rose Industrial Quality and Safety in China, and Report on the Development of Roxburgh Rose Processing Technology in China.

Main Production Areas includes Research Report on Roxburgh Rose Planting Base Construction in Guizhou Province, The Report of Green Development of Guizhou Roxburgh Rose Industry, Implementation Plan and History of Roxburgh Rose Industry in Qiannan Bouyei and Miao Autonomous Prefecture, the Core Production Areas of Roxburgh Rose in China, History of Roxburgh Rose Industry in Qiannan Bouyei and Miao Autonomous Prefecture, and The Story between Guangzhou Pharmaceutical Holdings Limited (GPHL) and Roxburgh Rose: A Record of Wanglaoji's Development of Roxburgh Rose Juice, Ciningji.

Special Reports covers the following reports: Report on Trademark Protection of Roxburgh Rose Industry in China, Report on Patent Analysis of Roxburgh Rose Industry in China, Research Report on the Policy of Roxburgh Rose Industry in China, Research Report on Publicity of Roxburgh Rose Industry Development in China, Report on China Roxburgh Rose Industry Standard Development, and Bibliometrics on China Roxburgh Rose Industrial Development.

The main contents of the Appendices are: Work Plan to Promote the Development of Roxburgh Rose Industry by Guizhou Provincial People's Government, Market Price Survey of Roxburgh Rose in China, and Memorabilia of Roxburgh Rose Industry and Technology.

目　录

Ⅰ　总报告

B.1 中国刺梨产业发展与趋势预测········· 李发耀　欧国腾　樊卫国 / 001

　　一　刺梨产业发展基本情况与现状 ····················· / 002

　　二　中国刺梨产业历史与文化 ······················· / 007

　　三　2020~2025 年刺梨产业发展趋势与预测 ······················· / 009

Ⅱ　分报告

B.2 中国刺梨产品开发报告 ························· 牟　琴 / 013

B.3 中国刺梨市场发展报告 ··················· 龙海峰　苟以勇 / 028

B.4 中国刺梨产业链发展分析报告 ··················· 杨明锡 / 045

B.5 中国刺梨产业质量安全报告 ····················· 牟　琴 / 056

B.6 中国刺梨加工技术发展报告 ··················· 彭渊迪 / 071

Ⅲ　主产区篇

B.7 贵州省刺梨种植基地建设调研报告

　　······················· 贵州省林业局刺梨调研组 / 086

B.8 贵州刺梨绿色产业发展报告……………… 张剑勇　李发耀 / 095

B.9 中国刺梨核心产区：黔南州刺梨产业实施方案

………………… 张凤臣　周世敏　莫亮团　刘　进 / 103

B.10 黔南布依族苗族自治州刺梨产业发展历程

………………… 唐　军　刘言生　欧国腾　牛　涛 / 110

B.11 广药集团贵州刺梨"情"：王老吉开发刺梨产品

（刺柠吉）纪实 ……………… 广州医药集团有限公司 / 124

Ⅳ　专题篇

B.12 中国刺梨产业商标保护报告 ……………… 朱忠琴　芍以勇 / 131

B.13 中国刺梨产业专利分析报告 …………………………… 谷庆红 / 166

B.14 中国刺梨产业公共政策研究报告 ………………………… 李春艳 / 186

B.15 中国刺梨产业公共宣传研究报告

………………………………………………… 刘清庭 / 203

B.16 中国刺梨标准发展报告 …………………………………… 姚　鹏 / 216

B.17 中国刺梨文献计量学研究 ……………………………… 张　燕 / 233

Ⅴ　附录

B.18 贵州省人民政府《贵州省推进刺梨产业发展工作方案》

………………………………………… 贵州省人民政府 / 252

B.19 中国刺梨市场零售价调研 ……………………………… 杨　梅 / 259

B.20 中国刺梨产业与科技大事记

………… 唐　军　欧国腾　樊卫国　李发耀　牛　涛 / 265

皮书数据库阅读**使用指南**

CONTENTS

I General Report

B.1 General Report on the Development of Roxburgh Rose Industry in China and the Trend Forecast in

Li Fayao, Ou Guoteng and Fan Weiguo / 001

1. Status Quo of Roxburgh Rose Industry Development / 002

2. History and Culture of Chinese Roxburgh Rose Industry / 007

3. Trend Forecast of Roxburgh Rose Industry in 2020-2025 / 009

II Sub-reports

B.2 Report on Roxburgh Rose Product Development in China

Mou Qin / 013

B.3 Report on Roxburgh Rose Market Development in China

Long Haifeng, Gou Yiyong / 028

B.4 Report on the Analysis of Roxburgh Rose Industrial Chain Development in China   *Yang Mingxi* / 045

B.5 Report on Roxburgh Rose Industrial Quality and Safety in China

Mou Qin / 056

B.6   Report on the Development of Roxburgh Rose

Processing Technology in China   *Peng Yuandi* / 071

Ⅲ   Main Production Areas

B.7   Research Report on Roxburgh Rose Planting Base Construction

in Guizhou Province

Roxburgh Rose Research Group with Guizhou Forestry Bureau / 086

B.8   The Report of Green Development of Guizhou

Roxburgh Rose Industry   *Zhang Jianyong, Li Fayao* / 095

B.9   Implementation Plan and History of Roxburgh Rose Industry in

Qiannan Bouyei and Miao Autonomous Prefecture ,the Core

Production Areas of Roxburgh Rose in China

Zhang Fengchen, Zhou Shimin, Mo Liangtuan and Liu Jin / 103

B.10   History of Roxburgh Rose Industry in Qiannan Bouyei and

Miao Autonomous Prefecture

Tang Jun, Liu Yansheng, Ou Guoteng and Niu Tao / 110

B.11   The Story between Guangzhou Pharmaceutical Holdings

Limited (GPHL) and Roxburgh Rose: A Record of Wanglaoji's

Development of Roxburgh Rose Juice, Ciningji

Guangzhou Pharmaceutical Holdings Limited / 124

Ⅳ   Special Reports

B.12   Report on Trademark Protection of Roxburgh Rose Industry in China

Zhu Zhongqin, Gou Yiyong / 131

B.13   Report on Patent Analysis of Roxburgh Rose Industry in China

Gu Qinghong / 166

B.14   Research Report on the Public Policy of Roxburgh Rose

Industry in China   *Li Chunyan* / 186

B.15   Research Report on Publicity of Roxburgh Rose Industry

Development in China   *Liu Qingting* / 203

B.16   Report on China Roxburgh Rose Industry Standard Development

Yao Peng / 216

B.17   Bibliometrics on China Roxburgh Rose Industrial Development

Zhang Yan / 233

V   Appendices

B.18   Work Plan to Promote the Development of Roxburgh Rose Industry

by Guizhou Provincial People's Government

Guizhou Provincial People's Government / 252

B.19   Market Price Survey of Roxburgh Rose in China   *Yang Mei* / 259

B.20   Memorabilia of Roxburgh Rose Industry and Technology

Tang Jun, Ou Guoteng, Fan Weiguo, Li Fayao and Niu Tao / 265

总 报 告

General Report

B.1
中国刺梨产业发展与趋势预测

李发耀　欧国腾　樊卫国*

摘　要：　2019年底，全国刺梨人工规模化种植面积达到190万亩，野
生刺梨全国面积达到150万亩，"无籽刺梨"达20余万亩，
刺梨核心产区贵州人工规模化种植面积达176万亩。刺梨全
国范围内工商注册并存续（在营、开业、在册）的刺梨企业
共582家，包括71家有限责任公司、170家农民专业合作社、
341家个人独资企业，分布在全国14个省区市。全国刺梨相
关的产业总值60亿元，刺梨已成为中国刺梨主产区贵州省生
态特色食品发展的一张名片。

*　李发耀，贵州省社会科学院研究员，贵州省地理标志研究中心执行主任，研究方向：地理标
志与公共区域品牌。欧国腾，黔南州林业科学技术推广中心主任/工程技术应用研究员，研究
方向：林业科研及产业培育。樊卫国，贵州大学农学院院长、教授，贵州省果树工程技术研
究中心主任，研究方向：森林培育学（树木生理与分子生物学研究方向）。

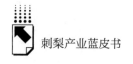
关键词： 刺梨　规模化种植　贵州

一　刺梨产业发展基本情况与现状

1. 刺梨资源的分类与区域分布

刺梨资源分为普通刺梨和无籽刺梨。普通刺梨（*Rosa roxburghii Tratt*），也称为缫丝花、送春归，别称有刺酸梨子、茨梨、木梨子、九头鸟、刺莓果、刺菠萝。刺梨为野生小灌木，4～6月开粉红色、红色或深红色的花，夏花秋实。果实多为扁圆球形，横径一般为2～4厘米，8～9月果实成熟，黄色，有时带红晕。果肉脆，成熟后有浓芳香味。果皮上密生小肉刺，遂被称为"刺梨"。刺梨从分类上，归为植物界，被子植物门（Magnoliophyta），双子叶植物纲，原始花被亚纲，蔷薇目，蔷薇亚目，蔷薇科，蔷薇亚科，蔷薇属，刺梨种，刺梨亚种。无籽刺梨（*Rosa sterilis*）与普通刺梨（*Rosa roxburghii Tratt*）同属蔷薇科，属多年生落叶攀援性灌木，高4～6米，生长强旺。幼果长满青刺，形似海参，奇特美观，果实成熟金黄亮丽；老果呈橙黄色，完全成熟的果实表皮毛刺基本脱落，果肉比普通刺梨肉厚，呈艳丽的橙黄色，非常脆嫩，香甜爽口，酸味适中，其雄蕊败育，几无花粉，故名无籽刺梨。在形态上，无籽刺梨与普通刺梨有明显的不同。近年来，无籽刺梨被广泛认为和普通刺梨不属于同一种，分类学上将其和普通刺梨、贵州缫丝花、白花刺梨同归于蔷薇属的小叶组。无籽刺梨和缫丝花很相似，相似表现包括叶型、果形、花序、花色等，虽然无籽刺梨在子房中发现有膨大的胚珠，但是其随着果实的发育而逐渐萎缩死亡，经过形态学比较，认为无籽刺梨可能是一种自然杂交种。无籽刺梨与普通刺梨的区别特征为：无籽刺梨的花为雪白色，普通刺梨的花为红色或粉红色；无籽刺梨复叶叶子大、卵圆形、长尖，嫩叶初展时先端部分呈淡红色，普通刺梨叶子小、卵圆形、略尖，嫩叶初展时先端部分呈暗红色；无籽刺梨的皮孔大、稀疏，普通刺梨的皮孔小、密集；无籽刺梨的刺为棕色，普通刺梨的刺为黑棕色；

无籽刺梨的节间长，芽苞大，瓣形明显，普通刺梨的节间短，芽苞小，瓣形不十分明显；无籽刺梨的枝干为青灰色，开裂小，普通刺梨的枝干为灰色，开裂。

刺梨的分布区域，就全国分布情况来看，以贵州为主要产区，湖南、云南、四川、广西、河南、湖北、甘肃、陕西、重庆、黑龙江等地均有刺梨分布。其中贵州刺梨最为有名，是我国刺梨的中心种植区，六盘水、铜仁、毕节、安顺等地均为贵州省野生刺梨资源富饶的地区。湖南、云南等地的刺梨资源次之，四川省西部的凉山、川北等地区也有较为广泛的刺梨分布，重庆市潼南区桂林镇在繁殖刺梨的历史方面也较为长久[①]（具体分布情况见表1）。

表1 中国刺梨主要产地分布

序号	省（区/市）	市县区域
1	贵州	黔南、六盘水、毕节、安顺、兴义、遵义、铜仁、黔东南、贵阳、贵安
2	湖南	湘西：凤凰、保靖、吉首、古丈、永顺、龙山等县市
3	云南	马关、曲靖、文山、昭通、海岱等地
4	四川	乐山、内江、广元、万源、苍溪等地
5	广西	百色、河池
6	河南	开封市
7	湖北	鄂西地区
8	甘肃	西部、南部
9	陕西	秦岭、汉中、安康
10	重庆	潼南区
11	黑龙江	小兴安岭、铁力、带岭、哈尔滨、尚志、老爷岭
12	吉林	抚松、漫江、松江、长白山
13	辽宁	沈阳
14	内蒙古	察哈尔、化德
15	河北	西北部、西部、东北部

① 贵州省发改委、贵州省林业局：《贵州省刺梨产业发展规划（2014~2020年）》，2014。

无籽刺梨发现相对较晚，主要分布在贵州黔中和黔西南地区，黔中地区主要包括贵阳市及周边的下坝镇、禾丰乡、省植物园，安顺市的石厂镇、宁谷镇、鸡场乡、龙宫镇、七眼桥镇、双堡镇、夏云镇、旧州镇、马官镇等；黔西南州地区主要包括兴仁市的回龙镇、雨樟镇等。随着无籽刺梨的广泛栽培，其种植密集程度发生了变化，其中种植规模最大的成片区由无籽刺梨发源地黔西南州兴仁市转变为黔中地区的安顺市。

刺梨分为人工种植刺梨和野生刺梨，2019年底，全国刺梨的人工规模化种植面积共190余万亩，其中贵州占176万亩，云南8万亩，四川1万亩，陕西1万亩，湖南1万亩，湖北0.5万亩，其他地区种植面积2.5万余亩。野生刺梨全国种植面积共150万亩，西南地区有80多万亩，西北地区有30万亩，华中地区30万亩，其他地区大概有10万亩。无籽刺梨主要分布在贵州安顺市和黔西南一带，面积20余万亩，主要种植方式是人工种植。

2. 刺梨产业发展现状

刺梨企业方面，截至目前，全国范围内工商注册并存续（在营、开业、在册）的刺梨企业共582家，包括71家有限责任公司，170家农民专业合作社，341家个人独资企业分布在全国14个省区市。其中贵州省513家，四川省17家，广西10家，重庆市9家，河南省7家，云南省6家，湖南省5家，陕西省4家，浙江省3家，湖北省3家，福建省2家，安徽省1家，山东省1家，广东省1家。在上述刺梨企业分布中，贵州作为全国的刺梨核心产区，企业数量最多，包括60家有限责任公司，137家农民专业合作社，316家个人独资企业。加工能力110万吨，综合产值60亿元。

刺梨产业链方面，包括价值链、企业链、供需链的空间链已初步形成。价值链现状：无公害（2019年停止）、地理标志产品（龙里刺梨、龙里刺梨干、盘州市刺梨果脯、安顺金刺梨）、规范的品牌设计（王老吉刺柠吉、黔南刺梨、天刺力刺梨、宏财刺梨王、珍西琦刺梨）；企业链现状：种苗、种植、采收、初加工、深加工、食用、药用、功能产品；供需链现状：专业合作社、协会、传统作坊、加工厂、产品研发、贸易公司、进出口。

刺梨产品开发方面，目前已经形成三大类几十个产品。食品类有刺梨糖果脯、刺梨软糖、刺梨糕、刺梨夹心饼干、刺梨云片糕、刺梨蜜饯、刺梨果酱、刺梨罐头、刺梨糯米酒、刺梨小香槟、刺梨原汁、刺梨浓缩汁、刺梨黄芪汁、刺梨柠檬汁、刺梨儿童果奶、刺梨果茶等；保健、药品类有 SOD 刺梨营养液、SOD 刺梨胶浆、SOD 刺梨口服液、SOD 刺梨葡萄醋、SOD 刺梨饮、SOD 刺梨粉、SOD 刺梨美容神、刺梨保健茶、刺梨抗感冒液等；饲料类有刺梨渣饲料添加剂。

3. 刺梨标准制定与发布

截至 2020 年 3 月，已发布刺梨林业标准 1 项，即 LY/T 2838 - 2017《刺梨培育技术规程》（归口单位：全国经济林标准化技术委员会）；地方标准 4 项，即 DB52/T 463 - 2004《无公害农产品 刺梨》，DB52/T 936 - 2014《地理标志产品 龙里刺梨》，DB52/T 1079 - 2016《地理标志产品 盘县刺梨果脯》，DB52/T 1145 - 2016《刺梨育苗技术规程》、DB5227/T041 - 2019《刺梨无公害栽培技术规程》、DB52/T1487 - 2020《刺梨白粉病绿色防控技术规程》、DB52/T1488 - 2020《刺梨食心虫绿色防控技术规程》、DB52/T1497 - 2020《刺梨良种栽培技术规程》、DB52/T1498 - 2020《刺梨组培苗繁育技术规程》（归口单位：贵州省市场监督管理局）；企业标准 8 项，即长顺丹索亚刺梨庄园有限公司：刺梨浓汁（Q/DSY 0004S - 2017）、刺梨代用茶（Q/DSY 0003S - 2017）、刺梨汁（Q/DSY 0009S - 2019）、刺梨酒（甜型）（Q/DSY 0007S - 2018）、刺梨黄金液（Q/DSY 0006S - 2019），贵州云上刺梨花科技有限公司：刺梨酒（Q/CLH 0001S - 2017）、刺梨白兰地（Q/CLH 0003S - 2017），广西乐业高野刺梨有限公司：刺梨汁（Q/GYCL 0001S - 2016）。

4. 刺梨产品与市场

目前，全国刺梨市场以贵州为核心，辐射广西、云南、湖南、广东、江苏、山东、四川、重庆、甘肃，贵州省内又是以黔南、贵阳、安顺、六盘水、毕节、黔西南、遵义形成一个明显的刺梨产区和生产加工圈。刺梨市场

主要由以下几级产品构成。刺梨种子方面，销售净籽刺梨种子的机构主要是贵阳市的"新发现种业"、江苏省宿迁市的"杭情官方店"和山东省的"林林种子店"；销售刺梨果种子（贵农5号）的主要是贵阳市的"新发现种业"；销售野生刺梨种子的主要是甘肃省陇南市的"鑫正种业"。刺梨苗方面，销售2年刺梨苗的主要是山东泰山野菜种植基地、贵州省盘州市的西部深山农家店、贵州省铜仁市举世种养业店；销售武陵山野生刺梨苗（10cm左右）的主要是重庆市酉阳县武陵村夫店；销售无籽刺梨苗（20~30cm）的有贵阳市的播创农夫店；销售金刺梨苗（40~50cm）的有贵州省息烽县的新颜电子商务中心、广东省潮州市蓝博果苗中心；销售金刺梨苗（90~99cm）的主要是贵州省普安县花卉Ⅴ苗木店；销售无籽刺梨苗（2年苗、3年苗、4年苗）的主要有甘肃省楠致官方店、江苏省沭阳县绿友家庭园艺专营店、江苏省沭阳县哆啦园艺专营店。

市场药用原材料市场：刺梨根方面，销售刺梨根的机构主要是成都市潜禧草堂官方店、四川省遂宁市山货帝国店、南京市文择轩中药材店、成都市德济堂中药行、六盘水市聚美农家店、安徽省亳州市药都保健养生堂、黔西南州（黔山）药农店、黔东南州苗侗风情店、安徽省亳州市加康中药材店、安徽省亳州市小亿堂中药材批发店、六盘水市山里人自强创业总店、毕节市黔山珍品店、遵义市贵州自采中草药堂；刺梨粉方面，销售刺梨粉的主要是贵阳市贵州山里人家土特产店。

刺梨鲜果市场：除了各地方刺梨种植基地外，还有贵州省郏汶农资园艺专营店、贵州省修文县鲜果沟生鲜旗舰店；销售无籽金刺梨鲜果的主要有贵州省麻江县鲜果沟生鲜旗舰店、娟之胜生鲜专营店等。

刺梨加工产品市场：刺梨酒方面，有贵风特低度花果酒、酒音珍金刺梨酒、丁宫保低度花果酒、刺梨全汁发酵干酒（紫阳）；刺梨糕、刺梨酥饼和刺梨黄粑方面，销售机构主要有遵义市贵州山珍宝绿色科技开发有限公司、贵阳兆明羊城西饼食品有限公司、六盘水贵州宏财聚农投资有限责任公司；销售刺梨糕的主要是遵义市贵州山珍宝绿色科技开发有限公司，销售刺梨果糕的主要是龙里县贵州黔宝食品有限公司、贵阳市贵州天齐野生资源开发保护研究中心，销售刺梨桂花糕的主要是德裕亨·江苏特产馆，销售酸梅刺梨糕的主要是贵州省能臣·常州特产馆；刺梨酥饼方面，销售刺梨酥饼的主要有贵阳市君簇零食专营店、龙里县贵州黔宝食品有限公司；销售刺梨火腿饼的主要是贵州朋万食品有限公司；销售刺梨鲜花饼、刺梨干果糕荞派酥饼的主要是龙里县贵州黔宝食品有限公司；刺梨黄粑方面，销售棕香刺梨黄粑的主要是贵阳市贵州龙膳香坊食品有限公司；刺梨汁方面，销售刺梨果汁饮料的机构主要有贵定县贵州山王果健康实业有限公司、盘州市贵州宏财聚农投资有限责任公司、盘州市贵州天刺梨食品科技有限责任公司、贵定县贵州天泷集团投资开发有限公司、龙里县贵州恒力源天然生物科技有限公司、乐业县广西乐业高野刺梨有限公司、云南省曲靖市洪盟天创园林专营店和安顺市贵州天赐贵宝食品有限公司；销售刺梨原液的主要有龙里县贵州恒力源天然生物科技有限公司、贵定县贵州山王果健康实业有限公司、贵定县天泷集团投资开发有限公司、贵州贵定敏子食品有限公司、独山县贵州金维益大健康实业发展有限公司、六盘水市贵州宏财聚农投资有限责任公司、六盘水市贵州初好农业科技开发有限公司、六盘水市贵州天刺梨食品科技有限责任公司；销售刺梨汁饮料的主要是贵州王老吉公司；刺梨干方面，销售刺梨干的机构主要有贵州省尼禄传统滋补专营店、龙里县奇欧瑞休闲食品专营店、贵州贵定敏子食品有限公司、黔南州奥兰雅图园艺专营店、成都锦天康食品厂、龙里县贵州黔宝食品有限公司、贵阳市味滋源柒博专卖店、贵州省遵义山珍宝绿色科技开发有限公司、贵州省贵阳山里妹食品有限公司。

二 中国刺梨产业历史与文化

1. 刺梨产业历史

历史上，刺梨被视作一种具有药用价值的果品。花、叶、根具有一定的主治功能，花主治泄痢，叶主治疗痈金疮，根具有消食健脾、收涩固精、止血等功能。主治积食腹胀、胃痛、遗精、遗尿、自汗、盗汗、久咳、泄痢、月经过多、白带、崩漏、痔疮出血等症。在刺梨的主产核心区贵州，《贵州

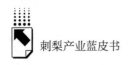

省中药材、民族药材质量标准》（2003）规定了刺梨作为民族药材的质量标准（果、叶、根）。

刺梨产业的发展缘起于20世纪40年代，以王成发教授、罗登义教授等人为起始，利用现代科学方法研究刺梨的营养功能，发现刺梨具有丰富的维生素C、维生素P，能增强毛细血管壁，防止瘀伤，有助于牙龈出血的预防和治疗，同时也有助于因内耳疾病引起的浮肿或头晕的治疗等。基于刺梨特殊的营养功能，1949年以后，学术界对于刺梨的研究更趋广泛而深入，进入20世纪80年代以后，不仅涉及刺梨的药理机制、药物有效成分的分离提取、结构测定、生物利用度等方面，还全面涉及刺梨资源普查、丰产栽培技术、刺梨产品深加工等方面。从20世纪80年代开始到21世纪初，刺梨产业发展迎来了第一次高潮，呈现大面积人工种植、刺梨产品研发、刺梨市场培育。这一时期刺梨产业链不断延伸，出现系列刺梨产品，如刺梨干、刺梨果脯、刺梨软糖、刺梨糕/蛋糕、刺梨夹心饼干、刺梨云片糕、刺梨蜜饯、刺梨果酱、刺梨罐头、刺梨饮料、刺梨糯米酒、刺梨醋、SOD等。

21世纪第二个10年开始，刺梨产业迎来快速发展。一是刺梨产业被多个地方政府纳入产业发展支持计划，出台各种政策推动刺梨产业发展，如《贵州省推进刺梨产业发展工作方案（2014～2020年)》拟计划2014～2020年，全省规划新建刺梨基地90万亩，其中：六盘水市27万亩、安顺市10万亩、毕节市8万亩、黔南自治州45万亩。二是刺梨资源的深度开发出现了新的爆发，刺梨产业的发展方向重点朝着刺梨汁、果脯、酒品、药品、精油等加工产品研发与精深加工推进，形成刺梨食品、药品、日化用品三大类产品。特别是在预防治疗冠心病、高血压动脉硬化等心血管疾病中，刺梨占有特殊位置。

2. 刺梨产业文化

刺梨最早的文献始于清代初期，从目前的文献记载分析，刺梨是贵州省民间常用药物及最平民化的果品。《滇黔纪游》《黔书》《贵州通志》《戊己编》《巢经巢全集》《本草纲目拾遗》《本草便方二亨集》《念奴娇》等文献对刺梨的资源分布、外形触觉、嗅食双味、生长环境、用途功效等都有所记载。清康熙年间陈鼎《滇黔纪游》中的《黔游记》载"刺梨野生，夏花秋实，干与果多芒刺，味甘酸，食之消闷，煎汁为膏，色同楂梨。黔之四封皆产，移之他境则不生。每冬月苗女子采入市货人，得江、浙、楚、豫人买之。苗女喜曰：利市"；《黔书》（1690年）载曰，"干如蒺藜，葩如荼蘼，实如安石榴而较小，春深吐艳，密萼繁英，红紫相间而成色，食之可消积滞"；《贵州通志》亦载曰，"干如蒺藜，花如荼蘼，实如小石榴，壳有刺，味清微酸，黔地俱有，越境即无"；《戊己编》还载云："红子刺梨二物，山原之间，妇馌未来，午茶不继，则耕牧之粮也。途左道旁，贩夫肠吼，行者口干，则中路之粮也"。

贵州省一些地方志对刺梨亦有记载，如《湄潭县志》载："刺梨野生灌木，消食化气，以谷底所产者品质最优"。这些记载说明本品在民间用途广泛，既可药用，又可作为充饥之粮与解渴之果，并对刺梨植物形态、生长环境与产品质量关系及产地等作了记述。《本草纲目拾遗》《草木便方》《宦游笔记》《分类草药性》等著作对其药用价值更作了较详记载，如《宦游笔记》云："刺梨，形如棠梨，多芒刺，不可触。渍其汁，同蜜煎之，可作膏，正不减于楂梨也。"《贵州民间方药集》也对刺梨的民间药用经验作了总结，认为本品具有"健胃、消食积饱胀，并有滋补强壮"功效。

三 2020～2025年刺梨产业发展趋势与预测

1. 刺梨种质资源的调查、采集、保存、利用

刺梨出现的时间悠久，但是大规模人工种植的历史并不长。鉴于种质资源不断损失的严重性，针对刺梨产业的可持续发展，建立刺梨种质资源圃和长期保存刺梨种质资源的体系显得非常重要。随着刺梨产业的深入发展，优产、高产的刺梨种苗将会在今后的市场日益受到重视，但比起一般农作物来，刺梨种质资源的调查、探索工作要落后许多。不少刺梨的种质在没有充分利用或没有被充分调查了解之前就已归于消失。不少刺梨的地方品种、亚种，需要描述规范、确认、归档。且过去展开的刺梨调查大多重视现有栽培

品种，忽视近缘野生种和一些有若干缺点的地方品种。从长远利益计，近缘野生种和各地发展了的原始栽培品种、地方品种特别值得珍视，近年来出现的无籽刺梨（金刺梨）和刺梨在种属上的争议就是例子。因此，刺梨产业发展的同时，对种质资源工作的关注和推动是一个必然选项。

2. 刺梨产业标准体系的建设

刺梨产业的标准体系建设一直是一个弱项，长期制约刺梨产业的发展。目前，贵州省政府大力推动刺梨标准体系建设，在今后的 2~3 年内，刺梨的标准体系建设将会得到提高。目前，拟制定的标准有：种苗培育方面 1项，即"刺梨苗木质量标准与鉴定方法"；种植栽培 6 项，即刺梨低产林改造技术规程、刺梨栽培技术规程、刺梨重要病虫害绿色防控技术规程、刺梨叶采收技术规程、刺梨叶茶加工技术规程、刺梨渣茶加工技术规程；产品标准（食品类）13 项，即刺梨发酵酒、刺梨配制酒、刺梨果干、刺梨果脯、刺梨压片糖果、刺梨汁口服液、刺梨果实冻干粉（刺梨冻干果粉）、刺梨速溶固体饮料、刺梨酵素、刺梨膳食纤维代餐食品、刺梨原汁冻干粉、刺梨速溶茶和贵州刺梨叶茶；刺梨加工废料的深加工产品或者副产品类方面 7 项，即刺梨渣有机肥、刺梨渣青贮饲料技术规程、刺梨渣动物养殖饲料基料、刺梨渣混合羊饲料、刺梨渣混合猪饲料、刺梨渣混合鸡饲料、刺梨渣混合牛饲料；检验检测方面 3 项，即刺梨果实及原汁中黄酮的检测方法、刺梨果实及原汁中总酚的检测方法、刺梨果实及原汁中多糖的检测方法；溯源、安全环保及销售服务方面 1 项，即贵州省刺梨产品信息溯源管理指南（考虑参考 DB52/T 620 - 2010《贵州省茶叶产品信息溯源管理指南》）；团体标准方面 7项，即刺梨系列产品刺梨浓缩汁（T/GZSX 055.1 - 2019）、刺梨系列产品刺梨精粉（固体饮料）（T/GZSX 055.2 - 2019）、刺梨系列产品刺梨压片糖果（T/GZSX 055.3 - 2019）、刺梨系列产品刺梨咖啡（固体饮料）（T/GZSX 055.4 - 2019）、刺梨系列产品刺梨果茶饮料（T/GZSX 055.5 - 2019）、刺梨系列产品刺梨果味啤酒（T/GZSX 055.6 - 2019）、刺梨系列产品刺梨酒（发酵酒）（T/GZSX 055.7 - 2019）。结合已发布的其他刺梨标准，在今后的数年内，标准体系将会推动刺梨产业发展。同时，在现有标准基础上，会进一步推动刺梨的国家标准建设。

3. 刺梨产业链进一步延伸和深度发展

刺梨产业链正随着产业发展不断延伸。食品方向，当前的刺梨产品主要是以刺梨鲜果（保鲜贮运技术有待提升）、刺梨干、刺梨果脯、刺梨原汁、刺梨饮料为主，扩展到鲜刺梨软糖、刺梨糕/饼干、刺梨蜜饯、刺梨果酱、刺梨罐头、刺梨糯米酒、刺梨醋、刺梨茶；保健食品方向，有刺梨口服液、刺梨冻干粉胶囊、刺梨复合维生素 C，剂型有胶囊剂、片剂、口服液、果汁、颗粒剂，以胶囊剂居多；药用方向，围绕刺梨的药用功能——酸、涩、性平，归脾、肾、胃经，与食积腹胀、痢疾、腹泻、自汗盗汗、遗精、月经过多、痔疮出血等症进行药物研发（片剂、合剂、胶囊、口服液、针剂等）；化妆品方向，有与刺梨相关的提取物产品。

4. 刺梨产区的地理标志公共区域品牌不断形成和发展

地理标志是一个公共区域品牌制度，在国外已经有 100 多年历史，地理标志保护内容包括地理名称、产品保护范围、产品种源、立地条件、种植管理、采收加工、产品感官指标、产品理化指标等。地理标志由两只有形的手推动区域公共品牌发展，一是地理名称＋产品名称的保护，二是保护范围内地理标志产品质量控制技术对品质的保护。地理标志公共区域品牌的建设是以母子品牌为构架，母（地理标志）＋子（企业及产品）＋公共品牌运行管理。其品牌路线：公共激励政策，公共指导技术，公共宣传规范，公共服务，公共品牌示范企业、示范基地，示范观摩点，市场交易，检测中心，示范小镇，最后实现"农文旅一体化"；品牌运行：公共品牌管理（政府推动＋行业管理）＋企业使用管理（公共标准＋企业内部管理）＋产品市场管理（政府职能部门管理）；品牌保障：区域品牌名称保护＋区域产品质量技术控制＋食品安全认证＋有机认证＋公共技术与标准生产＋可追溯管理（产地准出管理＋市场准入管理）。目前，已经获得地理标志保护的产品有盘州刺梨果脯、安顺金刺梨、龙里刺梨、龙里刺梨干。可以预见，在不久的将来，随着刺梨产业的发展，在刺梨核心产区贵州，会产生地州一级刺梨公共区域品牌和省一级刺梨公共区域品牌。

5. 刺梨产业引导一二三产业融合发展

刺梨是一个大生态产品，其产业内涵具有农文旅一体化的产业链发展特点：种植－加工－生态产品－生态旅游。刺梨花、刺梨叶、刺梨果及其深加工产品，都是产城融合发展的产业资源选项。未来刺梨产业可以围绕新型城镇化建设，发展一二三产业融合，构建农文旅一体化，同步推进刺梨产业区域的城镇功能配套和管理体制改革，以刺梨产业推动城镇特色经济，以刺梨农文旅带动新型城镇化服务，从而快速实现产城融合的发展形态。刺梨产业以"龙头企业＋农民专业合作社＋农户"的产业化模式经营，可以加快现代休闲农业的发展，加大对相关休闲农业规范、扶持、引导和推动的力度。刺梨产业还可以使刺梨种植区域的农业从过去单一的种植业，发展为生态康养产业结合休闲观光旅游的多功能产业，促进休闲农业与乡村旅游农业可持续发展。

6. 刺梨生态特色食品加工业与绿色经济

刺梨产业以石漠化生态治理和绿色经济发展的内涵为特征，绿色经济是以效率、和谐、持续为发展目标，以生态农业、循环工业和持续服务产业为基本内容的经济结构、增长方式和社会形态。绿色经济现在已经成为中国制度建设的重要内容，《中国 21 世纪议程》指出："可持续发展的前提是发展，既能满足当代人的需求而又不对满足后代人的需求的能力构成危害。"可持续发展首先是发展，并且是持续不断的良性循环，需要在改善和保护发展的源头——自然环境的前提下，合理调整传统的产业发展模式，协调经济、社会和自然环境之间的关系。有鉴于此，刺梨产业以可持续发展观为基础的绿色产业模式，是南方山区生态经济发展的重要选择。刺梨产业与生态治理的两个循环——"产地环境保护－生态恢复－地力上升－生产发展"的环境保护循环和"绿色经济－生态治理－绿色产业－区域发展"的经济发展循环，是刺梨产业长期必然发展的一个趋势。

分 报 告

Sub - reports

B.2
中国刺梨产品开发报告

牟 琴*

摘　要： 随着人们对刺梨价值的深入认识，刺梨在各领域的作用越来越明显，其产业链得到不断完善，刺梨的深加工产品、药用产品以及化妆品等功能性产品不断得到更新。刺梨新产品形态的更新与发展，进一步刺激了刺梨产品的附加值与经济效益，有效地加速和推动了刺梨产业绿色、健康的持续发展。本文主要综述目前我国刺梨产业产品的开发种类，以及刺梨产业产品发展的主要局限因素，为今后进一步持续推动刺梨产业发展提供有力的参考。

关键词： 刺梨　产品开发　绿色发展

---

* 牟琴，贵州省地理标志研究中心助理研究员，研究方向：食品工程。

刺梨是大自然赐予人类的瑰宝，在我国贵州、云南、四川、广西、湖北等地均有野生刺梨的分布，以贵州种植面积、品种最多。刺梨含有丰富的氨基酸、维生素以及微量元素，例如 Vc、Vb、Ve、Vb$_1$、胡萝卜素等，其中以 Vc 含量最高，因此刺梨被称为"维 C 之王"。现代医学研究表明，刺梨汁能减轻拘束负荷诱发自由基对肝组织的损伤，改善肝组织机能，刺梨提取物能够抑制胃癌细胞的生长，刺梨冻干粉能够明显减轻单侧输尿管梗阻（UUO）模型大鼠肾功能的损害，以及输尿管梗阻导致的肾纤维化，刺梨汁在改善动脉粥样硬化方面亦有明显作用，刺梨中多糖成分能够较强地抑制 α-葡萄糖苷酶的活性，效果比商品降血糖药物阿卡波糖好，另外刺梨中具有罕见的超氧化物歧化酶（SOD）生物活性物质，并被国际公认具有调节人体内分泌系统、抗衰老、抗病毒、防癌、抗辐射等作用的生物活性物质，因此刺梨的应用领域非常广泛，相继被各界学者深度分析并发布学术文章。

一　刺梨中的生物活性成分

1. 黄酮类化合物

刺梨中含有大量的黄酮类物质，张晓玲等通过 HPLC 分析，发现刺梨中刺梨黄酮有杨梅素、山奈素、槲皮素，含量分别为 92.89mg/100g、16.65mg/100g、13.57mg/100g。刺梨黄酮除了对人体脏器具有保护功能外，还是一种很好的氧化剂，不仅能够清除活性氧自由基，还能抑制红细胞氧化溶血和肝组织丙二醛 MDA 的产生。孙红艳等通过研究发现通过冷冻干燥技术处理后，刺梨黄酮含量在贮藏期间保存较好，能够达到 1.998%，而且通过冷冻干燥的刺梨黄酮对大肠杆菌和金黄色葡萄球菌抑菌活性较好，随着贮藏温度的降低，黄酮含量和抑菌能力相应变低。

2. 有机酸及抗坏血酸

刺梨果实中有机酸含量丰富，主要含有抗坏血酸、酒石酸、苹果酸、乳酸、草酸、柠檬酸和琥珀酸，其中以抗坏血酸含量最高。李达等人通过研究发现刺梨中 SOD、抗坏血酸和黄酮化合物之间具有相互作用，抗坏血酸对 SOD 具有保护作用,可以起到缓解 SOD 含量下降的效果。张峻松等人通过鉴定发现刺梨脂肪酸及其含量分别有亚油酸 37.75%、亚麻酸 19.51%、油酸 15.15%、棕榈酸 8.53%、硬脂酸 4.12%、枸橼酸 3.74% 和苹果酸 1.49% 等共 22 种组分。丁筑红等人研究发现刺梨果汁中加入植酸可以防止刺梨果汁褐变和抗坏血酸损失,植酸添加量越大抗氧化效果越明显。

3. 刺梨多糖

刺梨中药理活性成分多糖 RRTP 含量丰富,不同地区的刺梨活性成分含量具有一定的差异。杨茂忠等人通过对不同地区刺梨多糖含量测定发现贵阳刺梨多糖为 1.12%,青岩刺梨多糖为 1.43%。崔昊等人采用补体溶血试验测定刺梨多糖对补体经典途径和替代途径的作用,试验结果表明,刺梨多糖组分具有抗补体活性,该试验为进一步认识和阐明刺梨多糖对免疫系统的作用提供了重要的参考依据。杨江涛等人为探究刺梨多糖抗氧化能力,利用 D-半乳糖致衰老小鼠,灌喂 RRTP,并观察老鼠体内的 SOD、丙二醛、脱氧化氢酶含量的变化,发现一定剂量的 RRTP 能够有效提高小老鼠体内 SOD、丙二醛、脱氧化氢酶含量,起到体内抗氧化的作用。杨娟等人在抗缺氧活性实验中发现 RRTP 对神经干细胞损伤有减轻的作用,高浓度的 RRTP 实验中细胞死亡率和乳酸脱氢酶露出率降低,因此多糖 RRTP 对神经细胞干细胞硫代硫酸钠的损伤具有明显的保护作用。

4. 超氧化物歧化酶

刺梨中含有大量的超氧化物歧化酶(SOD),是被国际公认具有调节人体内分泌系统、抗衰老、抗病毒、防癌症、抗辐射等作用的生物活性物质,具有极其重要的药学价值。史肖白等人利用核黄素光照法探讨刺梨不同部位的超氧化物歧化酶含量及其变化规律。试验结果发现,刺梨果实、花粉中的超氧化物歧化酶含量均较高,鲜果 > 果汁 > 干果 > 花粉,可称得上植物界中的"SOD 之王",通过探究不同生长期的刺梨 SOD 含量变化发现,刺梨中 SOD 的含量随着刺梨果树的生长含量逐渐降低,但总体含量变化不大,青果期 SOD 含量最高。付安妮等人通过实验发现刺梨通过腌制后 SOD 的活性

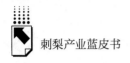

可以提高 1.7 倍左右，制成饮料后活性变化不大。吕金海等人探究刺梨在贮藏过程中 SOD 含量变化发现，随着贮藏时间延长 SOD 出现一定程度的损失，当 pH 值在 6~8 时，SOD 活性比较稳定。

5. 刺梨挥发性成分

刺梨拥有独特的果香和甜香，毋庸置疑刺梨拥有大量的挥发性物质。陈思奇等人采用顶空固相微萃取 – 气相色谱 – 质谱（HS – SPME – GC – MS）技术测定在不同贮藏温度条件下刺梨汁主要挥发性物质及动态变化。试验结果表明：在 4℃、常温（25℃）及 36℃ 贮藏条件下刺梨汁主要挥发性物质分别检测出 26 种、23 种及 29 种，其中辛酸甲酯含量最高，贮藏 4 周后，刺梨汁的大部分挥发性物质明显下降，在 4℃ 贮藏条件下关键挥发性物质整体含量均高于常温和 36℃ 贮藏条件，因此低温能更好地保存刺梨汁主要的挥发性物质并稳定其风味品质。姜永新等人通过实验鉴定发现刺梨汁中香气成分包括芳香族类、烯烃类、烷烃类、酸类、醇类、脂类、酮类和醛类。周志等人通过实验发现刺梨汁中游离态香气活性物质主要有丁酸乙酯、正己醇、正辛醇、异戊酸乙酯、叶醇、苯乙烯、月桂烯和芳樟醇等，刺梨汁香气成分以果香和甜香为主。

由此可见，刺梨的营养成分已经远远超出了现有水果的营养成分，因此，未来刺梨在健康产业、生物科技等方面将大有可为。刺梨早在 400 多年前，便开始被人们开发利用，目前已经成为最具贵州印象的国家级特色农产品之一，也成为引领"黔货出山"的主要产业。近年刺梨产业成为贵州部分地区新兴脱贫攻坚特色主导的产业之一。

目前，我国野生刺梨丰富，刺梨食用、保健、药用价值逐渐得到人们的认可，刺梨的种植具有成本低、保护环境、防止土地沙漠化，刺梨果实天然、无污染、口感酸甜、营养价值高的特点。刺梨产品，不仅口感好，营养健康，而且对人体具有保健作用，可开发出较大的市场前景，不仅改善生态环境，还满足了人们对美好生活的需要。刺梨的发展以绿色发展为主，可充分合理地开发和利用自然资源的丰富价值为人们所用，从而拉动刺梨绿色产业的快速发展，积极推动刺梨产品的研发，丰富完善刺梨产品种类。近年来，饮料、食品也逐渐转向保健型和天然型，刺梨的应用价值逐渐受到国内外各界人士的重视而走出国门，刺梨的加工、利用与需求量逐渐加大，各地人工种植的刺梨分布广、品种多、面积也逐年增加，经过民间与学术界长时间对刺梨的研究与开发，刺梨的研究与加工逐渐深入分子层面，如超氧化物歧化酶（SOD）、刺梨多酚氧化酶（PPO）、多糖（RRTP）以及黄酮类化合物等的提取及功能性分析；从食用产品类型分析，刺梨产品逐渐注重其口感、风味及营养价值、食用方式等，如发酵刺梨果酒、刺梨果茶等；从药用价值及保健分析，刺梨中多酚类黄酮、Vc、SOD、氨基酸、蛋白质等活性成分逐渐被大量开发利用，如刺梨口服液、冻干粉、刺梨含片等，除此之外，刺梨的产品研发也囊括了化妆品、刺梨果渣饲料、生物肥料等。

二　刺梨食用加工产品

目前，我国刺梨食用系列产品的加工种类特别丰富，单一、缺少特色的刺梨产品已经远远不能满足市场需求，但是刺梨产品的品牌效应相对低，知名度不高，为了满足国内外市场对刺梨的需求，我国各大刺梨加工企业及科研单位也加大了对刺梨产业的投入，逐渐开发出各具特色和新颖的刺梨产品，旨在大力提升刺梨产品的附加值，丰富刺梨产品类别，完善刺梨的产业链，从表1中可以看出，刺梨食用产品的加工普遍开始结合其他营养、风味来提高刺梨的附加值，如刺梨复合饮料、刺梨复合发酵酒、刺梨复合果酱、刺梨糕点糖类及刺梨醋等。

表1　刺梨食用产品加工情况

序号	产品名称	加工方式	产品特点
1	无籽刺梨果汁饮料	利用正交优化（Orthogonal experimental design）得到最佳比例分别是无籽刺梨果汁 14%、苹果酸 0.02%、白砂糖 6%、安赛蜜 0.01%、柠檬酸 0.26%、阿斯巴甜 0.01%	口感纯正，酸甜适中，组织均匀，具有无籽刺梨独特的香味

续表

序号	产品名称	加工方式	产品特点
2	发酵刺梨果渣	通过顶空固相微萃取结合气质联用(HP - SPME - GC - MS)技术分别就戊糖乳杆菌、嗜酸乳杆菌、生香酵母和醋酸杆菌对发酵刺梨果渣后的香气成分进行对比分析,筛选出香气值高、口感更佳的产品	香气成分浓郁、感官评析较好
3	刺梨酵素	采用正交试验法(Orthogonal experimental design)得到酵素最佳发酵参数为:温度30℃,糖添加量20g,发酵时间5d,得到营养价值高、口感佳的产品	可清除 DPPH 自由基、ABTS 自由基
4	刺梨金银花速溶茶珍	采用正交试验法(Orthogonal experimental design)考察加水量、提取时间和提取次数对煎煮工艺的影响,并得到最佳煎煮方式为:18倍量的水、煎煮2次、每次煎煮1h	刺梨金银花速溶茶珍提取工艺稳定、可行
5	金刺梨果酒	将有机金刺梨经预处理、发酵、贮存、过滤、灭菌、灌装制成	酒体口味醇厚甘美,酸甜爽口
6	刺梨果醋	刺梨原液11.6%在32℃下接种11.7%酵母菌,发酵时间10d	刺梨果醋的醋酸产量较高,醋酸味醇厚,香味柔和、营养丰富
7	刺梨种子油	料液比1:12(g:mL)在超声功率100W、50℃下,提取时间80min	刺梨种子出油率为8.27%
8	金刺梨果醋	刺梨汁液底物初始酒精浓度为8%时接种0.1%的醋酸并在31℃下发酵	醋酸产量较高,醋酸味醇厚,香味柔和,营养丰富
9	野刺梨果渣超微粉	添加量30g/kg微晶纤维素于果渣中在 -20℃下超微粉碎20min	物理性状优越,黄酮及多酚溶出量高
10	五味子刺梨复合功能果酱	采用 Design Expert 根据 Box-bnheken 优化发酵方式,发酵时间19h、乳酸菌添加量0.40%、白砂糖添加量10%	产品的质地均匀细腻,口感酸甜协调,香气适宜
11	无籽刺梨果酱	无籽刺梨果酱的最佳调配比例为:料液比1:0.7,添加辅料含量分别是:白砂糖50%、柠檬酸0.2%、果胶、黄原胶及魔芋胶按照3:2:1复配,可溶性固形物为60%,pH 值3.3	富含多种维生素、氨基酸、微量元素及SOD
12	刺梨 - 松花粉复合饮料	刺梨 - 松花粉复合饮料的最佳配方为松花粉0.5%、刺梨原汁8%、糖酸比55:1,稳定剂为果汁饮料稳定剂0.15%、海藻酸钠0.15%	有刺梨与松花特有的独特风味
13	刺梨胶原蛋白饮料	采用正交试验法(Orthogonal experimental design)优化配方得到:刺梨汁20%、木糖醇12%、透明质酸2%、胶原蛋白5%、苹果汁6%	营养丰富,口味独特

序号	产品名称	加工方式	产品特点
14	芹菜刺梨复合功能性饮料	采用 Design Expert 根据 Box-bnheken 优化复合饮料最佳配方,以感官评价得分为响应值,固定芹菜添加量40%时芹菜刺梨复合饮料最优口感的配方分别为柠檬酸0.13%、白砂糖9.5%、刺梨原浆7.0%	可以弥补刺梨单宁导致的苦涩味,丰富饮料的口感
15	金刺梨酥	根据台湾凤梨酥的制作方法,利用正交试验法(Orthogonal experimental design)确定金刺梨酥馅料的最佳配方,再结合台湾凤梨酥的制作工艺,研制金刺梨酥制品	突出金刺梨果风味和较高营养价值
16	刺梨蜂胶饮料	以粗蜂胶为原料,采用醇水提取法、乳化法进行制备	结合了刺梨及蜂蜜的营养价值,且酸味、苦味更为浓郁,涩味较淡
17	刺梨果冻	按照刺梨果汁20.2%、白砂糖15.0%、柠檬酸0.15%、卡拉胶0.90%的配方进行调配	果冻色泽纯正、口感良好
18	发酵型刺梨黑豆饮料	黑豆乳为底物,加入益生菌,在42℃下发酵5h	口感较好
19	刺梨软糖	按照刺梨汁12%、白砂糖15%、麦芽糖浆10%、凝胶剂(琼脂:卡拉胶 = 1:1)1%、苹果酸0.15%的配方进行调配	刺梨风味足、口感佳
20	核桃刺梨饮料	调配量为:核桃乳用量24%,刺梨汁用量16%,pH值4.0,白砂糖用量12%	产品组织状态稳定,酸甜爽口
21	刺梨果粉	以刺梨浓缩汁为原料,利用喷雾干燥法制备刺梨果粉	果粉色泽佳,具有刺梨特殊的清香味及良好的流动性、分散性
22	刺梨糕	最佳调配比例为:刺梨浓缩汁10.6ml、白砂糖添加量12.5g、凝胶剂添加量1g、柠檬酸添加量0.3g,并在50℃下烘干14~20h	咀嚼性及口感佳,外观金黄透明
23	刺梨红茶酒	红茶酒制备是通过无籽刺梨、红茶、空心李、甘草、海藻、麝香、糯米、酒曲的配合制备刺梨红茶酒	风味独特,口感丰富,营养价值较高,具有防癌抗衰老、增强免疫力、改善消化道系统、促进消化的功效
24	刺梨干	刺梨脱刺切瓣、去籽、洗净后在一定温度下烘干至一定含水量	口感酸甜、易保存、减少刺梨营养物质的损失

续表

序号	产品名称	加工方式	产品特点
25	刺梨果脯	刺梨果脯制作工艺为：刺梨原料→清洗→脱刺→切半、去籽→预煮→糖渍→煮制→糖渍→烘干→刺梨果脯成品	刺梨果脯营养价值丰富、富含Vc、酸甜适中、深黄色、易保存、减少刺梨鲜果营养损失

与此同时，刺梨含丰富的化学物质，如多酚黄酮类化合物、Vc、有机酸、多糖、SOD以及风味物质等，这些化学成分都具有特殊的生理功能和生物活性。对不同活性的化学物质，需要采用不同的加工技术，为了提高加工后刺梨产品的营养保留量、延长刺梨产品的贮藏期，得到色香味俱佳、品质优良的刺梨产品，我国在防褐变技术、护色技术、保鲜技术、减少营养物质损失量等加工技术方面也加大了研究力度，为快速推进刺梨产业的发展提供了很大的帮助。

三　刺梨药用产品开发与利用

刺梨在我国记载历史悠久，素有"维C之王""营养库""三王之果"等美誉。公元1640年，《黔书》中有记载："实如安石榴而较小，味甘而微酸，食之可以解闷，可消滞；渍其汁煎之以蜜，可作膏，正不减于梨楂也"。公元1870年《本草便方二亭集》进一步论述："刺梨甘酸涩止痢，根治牙痛崩带易，红花甘平泄痢止，叶疗疥金疮痢"。《宦游笔记》中记载："刺梨形如棠梨，多芒刺不可触，味甘而酸涩，渍其汁同蜜煎之，可做膏，正不减于楂梨也"，另外《四川中药志》中也载有刺梨可"解暑，消食"。现代国内外通过大量的研究也表明刺梨具有延缓衰老、抗氧化、调节机体免疫、抗动脉粥样硬化、防癌抗癌、解毒等功效，现代临床上刺梨在治疗心血管系统疾病、消化系统疾病、泌尿系统疾病、皮肤疾病、肿瘤疾病等方面具有十分广泛的应用，另外也有研究表明刺梨还可以降低脂褐素水平，促使机体淋巴细胞、白细胞、中性粒细胞以及红细胞的数量增加，相应地提高血红蛋白的含量，起到延缓衰老的功效。

刺梨属于药食同源类果实，因此，刺梨药用产品也是一个研究热点，我国很多企业及科研单位的研究方向也逐渐扩展到刺梨药用产品及刺梨保健品的研究、开发及利用方面。目前主要研究的刺梨药用产品主要有刺梨口服液、刺梨胶囊、刺梨含片等（见表2）。

表 2　刺梨药用产品情况

序号	产品名称	加工方式	产品特点
1	安福宝口服液	以刺梨提取物、超氧化物歧化酶（SOD）、脂质体、甘露醇、微量元素和 Ve 等抗氧化物为主要成分	增强体内 SOD 的活力，预防老年病的发生，保护肝脏和减少肿瘤的发生，降低总胆固醇和甘油三脂含量
2	维王健乐生胶囊	刺梨、桑椹、桑叶、果胶等	适宜不同年龄段的亚健康群体
3	丽人口服液	由刺梨、紫菀、白藓皮、桑椹组成，并含适量硒元素	具有抗氧化作用、提高免疫力等
4	歧化酶口服液	提取刺梨液与苍术等中草药的浓缩汁配制而成	临床上用于冠心病、失眠、关节炎、肿瘤等疾病治疗
5	刺梨康倍佳口服液	以刺梨为原料研制出刺梨驱铅口服液	具有明显驱铅的作用
6	刺梨口含片	刺梨口含片最佳处方配比为刺梨粉末 10%、蔗糖 25%、甘露醇 25%、麦芽糊精 15%、淀粉 24.7% 和硬脂酸镁 0.3%	指标均符合药典要求，含片质量稳定
7	刺梨胶原蛋白片	采用正交试验法（Orthogonal experimental design），最终确立了产品的最优配方和生产工艺	补充 Vc、SOD 和微量元素等对人体有益的成分，具有美容养颜、改善皮肤、延缓衰老、祛黄褐斑、增强肌肉组织的韧性和弹性、增强体力、增加免疫力的作用，提高刺梨的附加值
8	金赐丽	24h 内将鲜果榨汁并灭菌封装，在确保原料天然新鲜的同时，将原料经过多层反渗透膜过滤并保存	实现刺梨附加值营养

四　刺梨功能性产品的开发与利用

长时间大量的民间探索和科学研究发现，刺梨营养价值和药用价值丰富，特别是富含 Vc、SOD 等对人体有益的活性成分。维生素 C，一种水溶性维生素，具有抗氧化作用和作为胶原合成羟基化反应的辅因子的作用，人类无法合成抗坏血酸，所以饮食摄入和直接食用非常有意义。维生素 C 能作为护肤品的最大原因是它能够直接淬灭 UV - 诱导的自由基，并能再生维生素 E，而维生素 E 又是另一种有效的抗氧化剂，维生素 C 还被认为是一种抗衰老成分，因为它可以刺激胶原蛋白的产生。在化妆品中维生素 C 通常有三种形式：抗坏血酸棕榈酸酯、抗坏血酸磷酸镁和 L - 抗坏血酸。抗坏血酸棕榈酸酯水解生成抗坏血酸和棕榈酸，研究发现抗坏血酸棕榈酸酯抗肿瘤的效果是抗坏血酸的 40 倍，对被紫外线烧伤的皮肤修复能力极强，所以在防晒霜领域，Vc 大有可为。

大量研究表明，长时间食用刺梨可让皮肤变得光滑有光泽，减少黑色素堆积，同时还可以滋润、保湿、祛斑、抗衰老、消炎排毒等，消除皮肤常见的问题。目前刺梨产业相关企业及科研院所已经开始着手于刺梨化妆品行业的大力开发与研究，今后有关刺梨的化妆品也将逐渐走向市场，为人们所用，而目前刺梨化妆品呈现在市场上的产品较为单一且还不为广大消费者所熟知，如表 3 所示，主要有面膜、洗发水、雪花膏及刺梨原液等，可以看出在化妆品领域，刺梨的开发深度比较浅。

表3　刺梨化妆产品开发情况

序号	产品名称	加工方式	产品特点
1	天然面膜	主要配方为刺梨40%～65%、地衣15%～28%、藕粉12%～21%、桃胶4%～13%、米糠油1%～9%	保湿美白、紧致润肤、祛斑抗衰老、消炎排毒
2	Christophe Robin 刺梨籽油修复洗发水	富含刺梨籽油、米糠油、甜杏油、旋覆花提取物	修复干枯、受损的发质
3	刺梨面膜	梨原汁、乙基己基甘油、天然黄原胶、氮酮	抗衰老、保湿美白
4	雪花膏	以硬脂酸、甘油、十六醇和单硬脂酸甘油酯为主要组分，进行正交试验法（Orthogonal experimental design）筛选最优配方	为传统的雪花膏护肤化妆品探索一条新的途径
5	刺梨原液	刺梨提取物	深层补水，长久保湿，强效锁水，给皮肤补充充足的养分，在皮肤表面形成保护膜，防止水分流失

五 刺梨产业产品发展状况

随着人们生活质量的日益提升，国内外对刺梨产品的开发与需求迅速向"天然型"和"保健型"方向发展，我国轻工业部也对我国今后饮料的发展提出"重点开发具有特殊营养功效的食品饮料以及具有特定疗效功能的保健食品"的重要指示，我国关于刺梨的探究早在明代李时珍《本草纲目》中就有记载，近年来通过逐渐对刺梨功能特性进行挖掘，发现刺梨对人体有益的活性成分颇多，而且我国具有丰富的天然刺梨资源。刺梨的多项有益功效刺激了人们对其开发的欲望，因此对其功能性研究越来越多，然而刺梨的相关成品主要集中在刺梨酒、刺梨果干、刺梨果醋、刺梨果脯等简单工艺的产品上，产品的类型多半单一、缺乏主要特色。因此，在以后的产品开发研究中，应该主要基于刺梨的功能性，主要偏向开发刺梨保健、美容、抗衰老以及增强免疫能力的系列产品，趋向于人们最追求的健康且具有功能的食品。刺梨为多年生的落叶小灌木，再生性强，种植、管理及繁殖都比较容易，经济价值也很高，花色以粉红、红色为主，果形小巧玲珑，有扁圆、圆、纺锤、锥等类型，外观具有观赏价值，除了食用和药用外可以打造生态旅游模式，充分发挥刺梨果树的整体作用。刺梨果实营养物质含量丰富，食用价值突出，可以满足人们对营养物质的需求。刺梨产业作为我国重要的扶贫产业，大量种植刺梨果树见效快、效益高，还可以有效防止水土流失，有助于改善土壤石漠化。

随着刺梨产业的发展壮大，贵州省加工企业的发展也欣欣向荣，目前，刺梨种植销售供不应求，是刺梨产业发展的新机遇。如今贵州省刺梨种植面积稳居全国第一。与此同时，我国食品监管与开发部门也强调应进一步推进和强化对高营养、绿色优质、天然健康的饮食产品的研发，为人们带来高品质、绿色生态的饮食来源。近年来人们对健康物质生活的追求，以及我国相关政策的出台，为大力发展绿色、生态、健康刺梨产业提供了最大、最强的保障。因此，应充分把握好发展、生态两条底线，以市场为主要导向，以国

内外先进的科技作为支撑,发展好刺梨林下经济,把刺梨产业带出国门,其将会成为我国人民致富、持续增收的重要途径。

(一)刺梨产业持续发展主要瓶颈

1. 产品研发技术

我国目前刺梨鲜果年产量逐年增加,但对刺梨鲜果的保藏技术还有待提高,为避免影响产品品质,刺梨果实应及时贮藏,减少营养流失。尽管刺梨鲜果产量逐年增加,但是刺梨食用、药用及其他形式的产品单一、低端,产品设计不足以引起人们注意,达不到人们的期望值,导致刺梨产品在市场上流动极不稳定、知名度不高等,产品销售渠道较少,销售量不高。因此,在刺梨及其产品的生产和研发技术方面,应该投入大量的试验研究,以得到营养价值高、口感佳的刺梨产品。

2. 种植培养技术

我国西南三省地势复杂,气候类型多样,灾害性天气种类较多,随着刺梨果树的种植面积扩大,刺梨果树的生长也受到较大的自然因素影响,目前我国对刺梨新品种的培养技术不高,适宜大面积种植生长、加工新型产品的刺梨品种尚未培育出,这些阻碍因素对于当下刺梨产业产品发展是一个巨大的挑战,需要相关企业、高校及相关科研部门对与刺梨产品相关的技术难题进行积极的攻克,从而使刺梨广大资源得到充分的应用。

3. 刺梨医药价值开发

刺梨化学成分比较复杂,有效成分提取与分离研究力度上不成熟,医学上刺梨对相关疾病的有效活性成分及其作用的机制还不十分明确,临床上有关刺梨的应用范围不广泛,但刺梨相关制剂与药物种类繁多,制剂类型、用量不规范,对刺梨医学价值研究量少,依据不充分,因此刺梨作为历史悠久的木本类中药材之一,在医学上依然存在一定的攻克难度。

4. 品牌打造

如今世界经济全球化日趋明显,国内外市场竞争也越来越激烈,因此要想扩大产业,提高经济价值就必须创造品牌效应。目前我国刺梨产品的推广缺乏品牌效应，虽然刺梨产品种类丰富多样，但是消费者对刺梨产品的认知度低、对功能价值认识不明确，因此产品特色鲜为人知，在激烈的竞争当中，刺梨产品走向市场面临着巨大的挑战。按照"创新、协调、开放、绿色、共享"的发展理念，以"守底线，走新路、奔小康"为总要求，"加速发展、加快转型、推动跨越"，结合国内外品牌产品及产业发展的一般规律，把刺梨产业提升为大生态产业、大扶贫产业，形成全省公共品牌助推特色产业发展的新引擎。以市场为导向，推进刺梨产业六个定位：品牌产品、质量产品、生态产品、文化产品、旅游产品、扶贫产品。以公共品牌建设推进刺梨产业竞争力，以质量管理打造刺梨精品与优品，以农文旅商一体化整体推进产业链发展。

（二）刺梨产业可持续发展的策略

1. 加强科技支撑

一是刺梨产业的新兴发展应该积极支持和配合科研院所及科研型龙头企业进行刺梨产业的开发研究，在刺梨品种表现优异的基础上进行品种的选育工作，加大力度研究新品种的选育、推广引进和示范种植等，从而解决产量低、产品无特殊、品种和产品单一等问题。二是刺梨产业的发展迫切需要先进、科学、规范、绿色的栽培技术，因此应该加强研究刺梨种植的标准化、绿色化等，积极响应无公害、绿色和有机的刺梨果树产地环境，以科学的方式减少刺梨果树的病虫害，提高产品品质和产品产量。三是加大力度研究刺梨产品的工艺技术以及刺梨产品的深加工技术，引进国外有效的高新技术，结合国内产业科研技术国情，旨在开发新型产品、延长产业链，提高刺梨的附加值，推动刺梨产业高效、快速、绿色、健康发展。

2. 发挥政府职能，加大引导力度

一是精细化政策措施，充分发挥政府职能，如鼓励支持刺梨相关企业与科研单位进行合作培育新的刺梨品种，支持刺梨企业开展刺梨产品深加工的研究与开发，鼓励通过实施品牌战略开拓新的刺梨市场，标准化种植和生产刺梨产品的同时，加大刺梨产业品牌的构建，鼓励刺梨产业"三品

"一标"认证目标，走高端技术路线的同时提升产品品质。二是政府加大财政扶持力度，拓宽刺梨产业投资渠道。如鼓励建设刺梨产业的发展基金，重点培育良种繁育，引进推广新品种、新技术、新产品的开发和进行龙头企业的改造。

3. 建立利益联结机制

通过引进培育刺梨龙头企业，发挥龙头企业在刺梨产业中的带头作用，提高刺梨产业规模化、标准化以及集约化经营的水平，增强刺梨产业的竞争力以及市场活力。政府在财政、税收以及土地使用权等方面给予大力支持，加大招商引资力度，优惠政策充分落实到位，同时政府鼓励外商创立独资、合资、股份合作等多种类型的刺梨产业龙头企业。特别鼓励龙头企业与农户建立"利益共享、风险共担"的利益联结制度。

六 结语

本文综述了刺梨产品在食用、药用及功能性产品开发方面的进展，为刺梨可持续发展提出了相应的策略，刺梨作为食用价值和药用价值均较高的野生水果，再生性强、易种易繁殖，所以具有成本低、天然、无污染的特点。近年来，刺梨在食用品、保健品以及药品开发方面均有很大的发展，产品类型层出不穷，逐渐走进人们的生活，具有较大的市场前景。从目前我国市场定位以及人们对健康饮食的实际需求来看，大力开发刺梨产业不仅符合人们对天然食品的需求，也符合当前我国食品市场的健康、绿色发展目标。对于刺梨产业的开发可以起到改善当地生态环境的作用，由于刺梨果树的可观赏性，还可以向花卉、林业以及旅游业等朝阳产业靠近，形成具有综合功能、友好生态的混合型绿色产业。对于刺梨产品而言，由于我国刺梨产品开发起步晚，多数产品停留在初级加工阶段，刺梨中大量的有益活性物质值得进行深加工，关于刺梨的有益功效还不为人们所知，品牌效应不强，因此，亟待开发更多解决刺梨及其产品加工的关键技术，旨在充分、合理开发利用刺梨资源，提高经济效益，并对资源进行充分利用。

参考文献

王维芳:《解读刺梨产品研究现状和发展前景》,《农家参谋》2019 年第 5 期。

黎静河:《贵州省发展刺梨产业的路径研究》,《理论与当代》2019 年第 3 期。

王小婷:《满山遍野"金果果"》,《当代贵州》2019 年第 23 期。

孙悦、林冰、刘婷婷:《刺梨口含片的制备工艺研究》,《现代食品》2018 年第 14 期。

院慧芳:《刺梨黄酮对阿霉素所致心肌细胞毒性的保护作用》,《解剖学报》2019 年第 1 期。

王煜、梁华强:《贵州省刺梨产业发展 SWOT 分析及对策》,《中南林业调查规划》2015 年第 3 期。

B.3
中国刺梨市场发展报告

龙海峰　苟以勇*

摘　要： 本报告梳理了中国刺梨产区分布、鲜果产量及市场价格、刺梨产品开发和品牌打造等国内刺梨产业市场发展现状，发现存在中国刺梨产业苗圃和鲜果市场需求量不断扩大，而国内刺梨市场苗圃和鲜果产量供应明显不足；产品市场拓展快，但研发投入不足、产品结构低端化；产业技术人才缺乏；工业生产加工能力弱等问题。通过分析中国刺梨产业政策趋势、刺梨技术革新趋势、刺梨产品市场发展空间等刺梨产业市场发展趋势，进一步提出了扩大刺梨种植面积，提高原材料供给水平；加大研发投入，提高刺梨产品附加值；加快人才培养，提供产业化人才支撑；优化产品市场，推动刺梨产业品牌化发展等刺梨产业市场发展对策建议。

关键词： 刺梨产业　市场发展　品牌化发展

一　中国刺梨产业市场发展现状

（一）国内刺梨产区分布

刺梨别名刺菠萝、木梨子、佛朗果、送春归、茨梨、刺酸梨子、文先

---

* 龙海峰，贵州民族大学在读博士，贵州省社会科学院"甲秀之光"访问学者，中共清镇市委党校讲师；研究方向：区域经济、市场经济、产业经济、社会政策。苟以勇，贵州省社会科学院对外经济研究所所长，研究员；研究方向：应用经济、产业经济、社会政策。

果、九头鸟。野生刺梨主要分布在我国贵州、云南、四川、西藏、陕西、甘肃、浙江、湖南、福建、安徽、江西、湖北等地。国外主要分布在日本、美国、印度等地。近年来,野生刺梨开始在贵州、云南等地区大面积种植和推广,刺梨在食品、医药、饮料、养生保健领域的产品开发逐渐得到国际国内市场的认可。

从野生刺梨产区分布面积来看,西南地区分布面积最广,有80多万亩,主要分布在贵州毕节、六盘水、铜仁,云南昭通、曲靖、文山、宣威,四川凉山、阿坝,西藏灵芝等地;其次是西北地区,有30万亩,主要分布在陕南秦巴山区、甘肃、青海、宁夏等地;华中地区分布大概有30万亩,主要集中在湖南湘西地区、湖北、河南开封等地;其他地区分布大概10万亩。野生刺梨多分布在道路、溪沟、水塘两旁或田坎、土坎、坡脚、山谷等荒野处。

从人工种植刺梨产区分布面积来看,主要集中在贵州、云南、四川、陕西、湖南、河北等地区。2019年底,贵州刺梨人工种植面积176万亩,种植规模全国第一,主要分布在大方、毕节、纳雍、黔西、金沙、织金、安顺、修文、开阳、清镇、盘县、兴义等地。云南种植面积8万亩,主要分布在马关、曲靖、文山、昭通、海岱等地。四川种植面积1万亩,主要分布在乐山、内江、广元、万源、苍溪、江津等地。陕西种植面积1万亩,主要分布在汉中、安康等地。湖南种植面积1万亩,主要分布在湘西地区。湖北种植面积0.5万亩,主要分布在鄂西地区。其他地区种植面积2.5万亩(见表1)。近年来,贵州省以刺梨产业助推脱贫攻坚,大力发展刺梨种植产业,毕节、大方、纳雍、安顺、盘县、兴义、金沙等地种植面积逐渐扩大,人工种植分布密集、产量高,是中国刺梨产业发展的最集中的主要产区。

表1 2019年全国人工种植刺梨主要产区面积情况

项目	贵州	四川	云南	陕西	湖南	湖北	其他地区
种植面积(万亩)	176	1	8	1	1	0.5	2.5

资料来源:根据贵州省产业扶贫调研数据收集整理。

（二）国内刺梨鲜果产量、产品及价格

从国内人工种植刺梨鲜果产量来看，2019年贵州产区刺梨鲜果产量6.6万吨，人工种植产量在全国排在第一位；其次是云南地区，鲜果产量0.63万吨；四川地区排在第三，鲜果产量0.06万吨；陕西地区鲜果产量0.05万吨；湖南地区鲜果产量0.016万吨；湖北地区0.01万吨；其他地区人工种植刺梨鲜果产量约0.1万吨（见表2）。

表2　2019年全国人工种植刺梨鲜果产量

项目	贵州	云南	四川	陕西	湖南	湖北	其他地区
鲜果产量(万吨)	6.6	0.63	0.06	0.05	0.016	0.01	0.1

资料来源：根据贵州省产业扶贫调研数据收集整理。

从刺梨鲜果市场价格来看，2019年贵州地区刺梨鲜果采购价格基本维持在每斤3元以上，部分地区采购鲜果10吨的批发价每斤3.5元左右，采购鲜果20吨以上的每斤3元左右，零售价格每斤5元左右；云南地区鲜果采购价格基本维持在每斤2.5元左右；四川地区鲜果采购价格维持在每斤4.5元左右；陕西地区鲜果采购价格维持在每斤5元左右；其他地区鲜果采购价格维持在每斤4.8元左右（见图1）。整体来看，全国刺梨鲜果采购价格与往年相比基本保持平衡，零售价格整体高于采购价格，部分地区采购价格涨幅明显。

从刺梨电商产品及零售价格来看，2019年国内主要电商平台（天猫、淘宝等）零售产品主要有三大类，分别是刺梨干果、刺梨糖糕、刺梨汁。刺梨糖糕主要有刺梨糕点、刺梨软糖和刺梨果脯等食品；刺梨汁主要有刺梨酒、刺梨饮料、刺梨提取物等产品。从电商零售价格来看，刺梨干果每公斤28元左右，刺梨糕每公斤60元左右，刺梨软糖每公斤70元左右，刺梨果脯每公斤76元左右，刺梨酒50元/500ml左右（见图2），刺梨饮料110元/500ml左右，提取物类398元/500ml左右。从电商零售整体来看，刺梨产品的开发程度与零售价格密切相关，干果类价格相对稳定，饮料产品市场前景广阔。

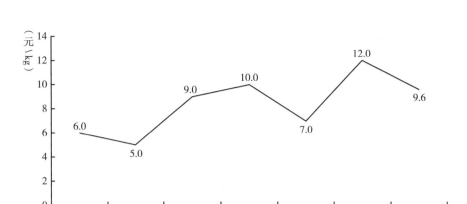

图 1　2019 年全国刺梨产区刺梨鲜果采购价格

资料来源：根据调研数据采集整理。

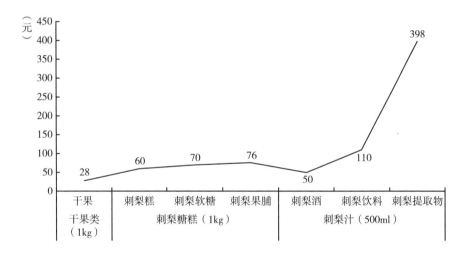

图 2　2019 年国内电商平台刺梨产品及零售价格

资料来源：根据 2019 年 12 月（天猫、淘宝等）国内主要电商平台数据采集整理。

（三）国内刺梨产业市场产品开发与品牌打造

随着国内刺梨加工技术的不断改进，以及刺梨产品研发不断深入，目前，国内刺梨产业市场产品开发正朝着三大方向不断发展，形成了近 30 个

刺梨市场产品。一是食品饮料类，主要产品有：刺梨干、刺梨糖果脯、刺梨软糖、刺梨糕、刺梨夹心饼干、刺梨云片糕、蜜饯、果酱、罐头、刺梨糯米酒、刺梨小香槟、刺梨浓缩汁、刺梨黄芪汁、刺梨柠檬汁、儿童果奶、果茶等；二是保健医药类，主要产品有：刺梨保健品 SOD 刺梨营养液、SOD 刺梨胶浆、SOD 刺梨口服液、SOD 刺梨葡萄醋、SOD 刺梨饮料、SOD 刺梨粉、刺梨保健茶、刺梨抗感冒液等；三是饲料类，主要产品有：刺梨渣饲料添加剂等。

2019 年贵州省已有刺梨加工企业 40 家（其中规模以上企业 10 家），规划加工能力 89 万吨，综合产值 37 亿元。这些企业开发出了刺梨原汁、饮料、发酵酒、口服液等产品 30 余种，有力推动了贵州刺梨精深加工，培育了刺梨王、天刺梨、恒力源、山果王、贵州刺梨、刺梨吉等一批特色鲜明、优势突出的全国性和区域性知名品牌，成功打造了国家地理标志保护产品"龙里刺梨""龙里刺梨干"、国家地理标志证明商标"贵定刺梨"等地理标志品牌，提高了国内国际刺梨市场的影响力，逐渐形成了一个生态、健康、特色的朝阳产业。2019 年贵州省刺梨种植产值达到 2.6 亿元，受益农户 6.5 万户 21.7 万人，人均增收 1854 元以上。

整体来看，2019 年国内刺梨产业市场产品开发速度不断加快，区域特色品牌不断形成，国际国内市场影响力不断扩大，为刺梨市场的进一步拓展打下了良好基础。

二 中国刺梨产业市场面临的问题

随着近年来国内刺梨产业的不断发展，中西部地区刺梨产业的人工种植、产品开发、品牌塑造取得了显著的成绩，刺梨市场的国际国内影响力得到进一步提升。同时，刺梨生产企业在扩张的过程中，面临着苗圃、鲜果产品供应不足，市场研发投入不足，产品结构低端化，产业技术人才缺乏，工业生产加工能力弱等问题。

（一）原材料市场供应不足

目前，国内刺梨人工种植模式主要是"基地 + 生产企业 + 农户"与"生产企业 + 合作社 + 农户"的模式，部分地区是"政府 + 企业 + 合作社 + 农户"模式。基地为农户提供刺梨种苗种植、技术指导，生产企业以收购合同的方式与农户签订鲜果采购合同，地方政府通过产业扶持政策为农户提供资金支持。从国内苗圃供应来看，随着刺梨产业发展带来的经济效益不断提升，人工种植刺梨的苗圃需求量不断增加。近年来，国内刺梨苗圃供应明显不足，2019 年贵州地区刺梨苗圃供应缺口 60 万亩，云南地区苗圃供应缺口 20 万亩，四川地区苗圃供应缺口 15 万亩，陕西地区苗圃供应缺口 10 万亩，其他地区苗圃供应缺口 20 万亩左右。从刺梨鲜果的供应量来看，随着刺梨产品的开发品种增加，生产企业不断扩大，工业生产加工鲜果需求量也不断增加。近年来，云南宣威规划用地 50 亩，建设总投资 3300 万元，年产 5000 吨刺梨果汁和 500 吨刺梨果脯项目，建成后年需鲜果产量 2800 吨，目前云南宣威地区人工种植刺梨鲜果产量不足 500 吨，需要从周边地区大量采购鲜果。2019 年，贵州已有刺梨加工企业 40 家，规划加工能力 89 万吨，综合产值 37 亿元。按照 2019 年贵州刺梨鲜果的产量 6.6 万吨，市场缺口还有 82.4 万吨。陕西地区依托汉中、安康、商洛等地刺梨资源，投资新建野生刺梨果汁生产项目 3000 吨的生产线，年产刺梨果汁 50 万箱。从陕西人工种植刺梨的鲜果产量来看，明显不能满足陕西地区刺梨企业的生产需求。从整体来看，随着国内刺梨企业的不断扩张、市场需求量的不断扩大，国内刺梨市场的苗圃和鲜果产量明显供应不足。

（二）市场研发投入不足、产品结构低端化

国内刺梨每 100 克果肉中含维生素 C 2054～2725 毫克，比苹果、梨高 500 倍，比柑橘高 100 倍，比猕猴桃高 9 倍；维生素 P 的含量极高，每 100 克果肉中含维生素 P 5980～12895 毫克，比柑橘高 120 倍，比蔬菜类高 150 倍，堪称"水果之王""维 C 之王"。刺梨还富含维生素 B1、B2、E、K1 等

16 种微量元素，其含量比酸枣高 46 倍；总黄酮含量比银杏叶高 2.4 倍，被誉为"长寿防癌"的绿色珍果，含有抗癌物质及 SOD 抗衰老物质，同时还具有健脾消食，消食积、饱胀，滋补强肾的作用①，在保健医药市场开发潜力巨大。目前，从国内刺梨市场产品占有率来看，鲜果和苗圃市场占比 30% 左右，食品饮料产品占刺梨开发产品的 63%，保健医药类产品占 2% 左右，饲料类产品占 5% 左右。食品饮料产品的加工工艺较为简单，尤其是刺梨干、刺梨饮料、刺梨果脯的加工工艺粗糙。相比之下，保健医药产品的开发和加工难度比较大，科研投入也大。目前，受限于技术发展和市场研发投入，国内刺梨产品结构整体呈现低端化，技术含量不高，产品附加值有待进一步提高。

（三）产业技术人才缺乏

刺梨产业技术人才主要涵盖栽培技术人才、生产管理人才、产品研发人才、市场拓展人才等。目前，国内刺梨栽培技术人才主要以地方农业技术部门提供技术人才指导农户种植栽培，提供技术指导和技术培训。受生产力水平和知识结构等方面的限制，农户的施肥、防虫、授粉、采摘等生产技术比较粗放和传统。短时期内，刺梨栽培技术人才培养难以形成有效的技术人才生产力。部分地区生产管理人才主要由企业、合作社和农户自行承担，管理科学化水平不够。产品研发主要由高校、科研基地、科研院所承担，产品生产企业主要从事加工生产。目前，国内从事刺梨研究的高校和科研院所有 20 家左右，大部分产品停留在实验阶段，很难形成工业化产品生产，企业生产研发人才比较缺乏。市场拓展方面，主要依靠国内食品饮料市场的推广，相关市场拓展人才比较缺乏。

（四）工业生产加工能力弱

受国内刺梨鲜果产量和生产技术的影响，刺梨工业加工能力弱，不能满

---

① 《全国最大的野生刺梨果汁罐装饮品在陕西投产上市》，http：//www.sohu.com/a/28779643_115496。

足目前国内市场的需求。从目前国内市场的刺梨产品来看，除了刺梨干和果酒产品外，刺梨糖果脯、刺梨软糖、刺梨糕、刺梨夹心饼干、刺梨云片糕、刺梨蜜饯、刺梨果酱、刺梨罐头、刺梨小香槟、刺梨浓缩汁、刺梨黄芪汁、刺梨柠檬汁、刺梨儿童果奶、刺梨果茶等都需要对鲜果进一步加工，受鲜果产量不足的影响较大，不能满足市场供给的需求。从产品研发来看，大部分企业从事食品饮料开发，由于缺乏相应的技术科研团队，高附加值的保健医药产品开发力度不够；技术支撑能力薄弱；不能形成工业化、现代化生产；保健医药产品市场占有率不高。

三 中国刺梨产业市场发展趋势

20 世纪 80 年代，在贵州省刺梨产业大量人工培育和种植的带动下，国外和国内许多省（区、市）相继到贵州省引种，人工栽培刺梨。随着刺梨产品开发技术不断进步，进入 21 世纪，刺梨新产品不断问世，天然绿色食品、保健品的需求不断扩大，刺梨产品市场需求日益扩大，给刺梨产业发展带来了巨大的机遇。刺梨产业市场发展主要有三大趋势，一是国家和地方对发展刺梨产业的支持力度不断加大；二是刺梨技术变革不断获得突破和创新，新产品应用范围越来越广；三是刺梨市场产品开发技术越来越成熟，工业生产加工能力不断提高，产品质量不断提高，种类不断增多，越来越受到市场消费者的青睐，市场开发潜力越来越大，发展空间越来越广。

（一）中国刺梨产业政策趋势

从国家政策层面来看，近年来，国家大力推进区域特色的林业经济发展。2017 年，国家林业局印发了《林业品牌建设与保护行动计划（2017~2020）》（林科发〔2017〕158 号）支持和鼓励培育优势、特色林产品区域品牌和企业知名品牌，打造不同树种、不同区域特色经济林产业品牌建设样板区。出台的《国家林业局关于加强林业品牌建设的指导意见》提出，大力实施林业品牌战略，推动林业品牌建设，打造生态产品、绿色产品，着力

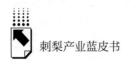

构建林业品牌发展与保护长效机制。2018 年，国务院扶贫办、国家发改委与国家林业和草原局共同发文，出台了《国家林业和草原局办公室 国家发展改革委办公厅 国务院扶贫办综合司关于推广扶贫造林（种草）专业合作社脱贫模式的通知》（办规字〔2018〕170 号），提出聚焦深度贫困地区，立足贫困地区生态脆弱和贫困人口集中耦合的实际，充分发挥林业和草原扶贫职能的优势，推动国土绿化工程实施逐步专业化、系统化、规模化发展。支持合作社发展木本油料、林下经济种植花卉等特色产业。2019 年，国家林业和草原局、民政部、国卫生部健康委员会、国家中医药管理局共同出台了《国家林业和草原局 民政部 国卫生部健康委员会、国家中医药管理局关于促进森林康养产业发展的意见》（林改发〔2019〕20 号），提出加强森林康养食材、中药材种植培养，森林食品、饮品、保健品等研发、加工和销售，依托森林生态标志产品建设工程，培育一批特色鲜明的优势森林康养品牌。国家林业和草原局印发了《乡村绿化美化行动方案》（林生发〔2019〕33 号），提出发展具有区域优势的珍贵用材林及干鲜果、中药材等特色经济林，推广林下经济发展模式，推进林产品深加工，提高产品附加值。2019 年 8 月，国家林业和草原局又出台《国家林业和草原局关于推进种苗事业高质量发展的指导意见》（林场发〔2019〕82 号），指出大力培育一批耐瘠薄、耐盐碱、抗病虫害、抗干旱的乔灌木良种，满足干旱和半干旱地区特殊立地条件造林绿化的需要。培育创立一批种苗产业示范基地、龙头企业和产业集群，打造一批种苗知名品牌。采取"企业＋合作组织＋农户"的产业发展模式，带动农民脱贫致富。三年来，国家相继出台了大量文件，支持和发展特色林业经济，推动了林业经济快速发展，形成了一批具有地方特色的林业产品品牌资源。

从地方政策层面看，尤其是刺梨种植大省贵州，出台了大量支持刺梨产业发展的政策文件。2014～2019 年间，贵州省人民政府共颁布了 17 条有关刺梨发展的政策和意见，其中 2015 年 1 月印发的《贵州省推进刺梨产业发展工作方案（2014～2020 年）》的通知（黔府办函〔2015〕1 号）明确提出"重点在六盘水市、安顺市、毕节市、黔南自治州等 4 个产业基础较好的市

（州）、14 个县（区、特区）打造刺梨产业带，建设生产、加工、销售一体化产业链。到 2020 年，全省刺梨种植面积达 120 万亩（其中规划新造刺梨基地 90 万亩）；进入盛产期后，年产鲜果 120 万吨，基本满足省内加工企业需要和消费者需求；刺梨产业实现年总产值 48 亿元，成为我省打造现代高效农业，实现精准扶贫和改善生态环境的重要产业目标"。2019 年出台的《贵州省农村产业革命刺梨产业发展推进方案（2019～2021 年）》提出"培育和引进一批刺梨加工龙头企业，发展一批刺梨拳头产品，打造一批刺梨知名品牌，开发一批样板市场，建设全国刺梨种植、加工、销售大省"。到 2021 年，全省刺梨种植面积新增 60 万亩，鲜果产量达到 50 万吨，综合产值达到 100 亿元。

总的来说，不管是从国家政策层面，还是从地方政策层面，各地都在大力推进特色林业经济的发展，刺梨作为具有区域特色的林业产业，不仅具有食品饮料、保健医药、饲料等重要经济价值，更是生态治理的重要资源。因此，从政策发展趋势来看，刺梨产业是一个生态、环保、健康、绿色产业，在产业发展过程中将会得到越来越多的国家和地方的政策支持。

（二）中国刺梨技术革新趋势

近年来，随着刺梨种植面积的扩大、生产加工企业的扩张，刺梨产品的种类越来越丰富。越来越多的高校和科研机构开始对刺梨的产品开发进行深入的研究，刺梨产业技术革新也越来越快。主要表现在三个方面，一是刺梨栽培技术的革新。随着人工种植面积越来越大，传统的粗放型栽培技术逐渐朝着现代化、精细化、专业化、标准化方向发展。二是鲜果生产加工技术的革新。以前刺梨鲜果的加工大部分通过小作坊的简单加工，形成果干、果酒、果汁等粗加工产品进入市场，机械化加工程度不高，近年来，随着专业化的加工设备出现，生产加工技术得到很大提高，产品更加市场化、高端化，主要产品有刺梨软糖、刺梨糕、刺梨夹心饼干、刺梨云片糕、刺梨儿童果奶及果茶等食品饮料类，以及 SOD 系列保健医药产品。三是科学研发技术的不断革新。台湾"国立"大学、宜兰大学等高校通过对不同浓度的刺

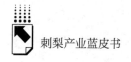

梨汁进行癌细胞培养实验，发现刺梨中含有的抗坏血酸和SOD具有良好的抗癌效果，其抗癌药用价值在我国台湾、日本、美国等地区得到很多学者的关注和进一步研究，加快扩大了刺梨保健医药产品在国际市场的影响力。目前，科学研究发现，刺梨相关产品能够对人体非特异性功能产生影响，具有延缓衰老、健胃、抗癌、抗肿瘤、降低金属元素负荷等作用，其保健医药市场开发潜力巨大。总的来看，国内刺梨技术革新步伐越来越快，正朝着中高端食品饮料、保健医药方向发展。

（三）中国刺梨市场发展空间

近年来，刺梨食品饮料、保健医药产品不断开发，国际国内市场影响力不断提高，越来越受到国内外消费者的喜爱。日本、美国、我国台湾等国家和地区开始重视刺梨高价值果品的开发，国内每年越来越多的刺梨浓缩汁和饮料销往日本、韩国及东南亚国家，需求不断增长。刺梨食品、保健品、药品等产品新、特、独，市场上几乎无同类竞争产品，具有快速扩大国内外市场的重大商机。从国际维生素C市场来看，目前，国际维生素C产品市场由天然维生素C和合成维生素C构成。合成维生素C是以石油化工副产物为原料制成，对人体健康存在潜在威胁，不适宜长期服用。天然维生素C的生物活性，是合成维生素C的2倍，所以更容易被人体吸收利用，其生物利用度为合成维生素C的2~8倍。刺梨是天然维生素C的重要原材料，并能够大批量生产。刺梨的维生素C产品开发将使世界维生素C产业发生变革，将加快刺梨产品国际市场的拓展。从目前国内刺梨鲜果供需市场来看，2019年，国内人工种植鲜果产量只有7.466万吨，野生鲜果采摘产量不足2万吨，远不能满足市场加工采购量。从食品市场空间来看，刺梨食品主要有果干、果脯、软糖、糕点等，随着加工工艺的不断完善，产品开发空间和市场拓展空间还很大。从饮料的市场空间来看，2019年国内饮料产量为2亿吨左右，其中，国内各类刺梨饮料产量不足20万吨，刺梨饮料市场占比不足国内饮料市场的0.1%，还有较大的市场竞争空间。从保健医药市场空间来看，目前受限于技术发展，SOD 系列产品产量有限，价格高昂，国际国内市场需求空间最大。

整体来看，随着刺梨食品饮料加工工艺的改进和提升，刺梨保健医药技术开发的力度越来越大，国际国内市场影响力越来越广，刺梨产品发展前景越来越好，市场发展空间越来越大。

四　中国刺梨产业市场发展建议

（一）扩大种植面积，提高原材料供给水平

目前，国内刺梨人工种植面积最大的省份是贵州省，总面积达到 167 万亩，全国人工种植面积不足 185 万亩。随着刺梨产品市场的扩大，刺梨鲜果的需求量也将快速增加。刺梨主要生长在亚热带地区，适应环境是海拔 800 ~ 1600m 的向阳山坡、沟谷以及灌木丛等地，生长周期 4 ~ 6 月开花，8 ~ 9 月结果，采摘期不足 30 天。野生刺梨主要分布在我国的贵州、云南、四川、陕西、湖南等地。刺梨不仅具有经济价值，也具有重大的生态价值，是我国西北和西南地区防沙固土、治理沙漠化和石漠化的重要生态资源。我国西南地区是石漠化和贫困程度最深的地区，加大刺梨产业发展，不仅能够防治石漠化的发展，提高当地人民群众的经济收入，还能解决刺梨鲜果原材料市场供应不足的问题，生态效益和经济效益比较明显。

扩大刺梨的种植面积，可以结合生态保护和经济发展，从国家层面出台相应的区域刺梨发展专项政策，按照区域生态保护功能和特色林业经济发展的定位，鼓励生态环境脆弱的地方扩大刺梨种植面积。一是西北地区，由于常年降雨量小，气候干旱，风沙对生态环境侵蚀严重，可以鼓励和支持陕西、甘肃、宁夏等地，在气候适宜的区域扩大人工刺梨种植面积，对生态效益良好的企业和种植户给予政策和资金扶持。二是西南地区，石漠化比较严重，尤其是贵州、广西、云南等地。国家在制定林业规划过程中，可以把刺

梨产业作为西南地区重要的林业经济资源，鼓励和支持西南地区扩大刺梨产业发展，规划发展刺梨产业连片产区，相关部门给予专项产业资金和政策支持。三是华中地区，野生刺梨分布面积广，主要是湖南、湖北、浙江等地，可以鼓励和支持华中地区有条件的地方扩大人工刺梨种植面积，积极发展刺梨产业，提高地方林业经济收入。

扩大刺梨种植面积，可以结合地方林业经济发展，从地方层面出台相应的刺梨发展专项政策，加大对刺梨产业发展的支持。地方政府可以围绕刺梨苗圃市场供给，重点支持以刺梨产业为主的特色优势农产品良种繁育基地和商品生产基地建设，加快刺梨苗圃培育。围绕产业化发展，重点培育和引进一批农业产业化龙头企业，以刺梨产品生产基地为依托，形成若干具有当地特色和资源优势的刺梨产业化示范基地。围绕品牌化打造，规划建设标准化、规模化、科技含量高的优质刺梨种植核心连片产区，不断扩大优质刺梨的种植面积，带动地方刺梨种植业的发展。

通过扩大刺梨的种植面积，不仅能够推动林业经济发展、保护生态环境，还能为刺梨生产加工企业提供源源不断的刺梨鲜果供应，解决市场鲜果供给不足问题。

（二）加大研发投入，提高刺梨产品附加值

刺梨产品研发投入不足，是影响刺梨附加值提高的重要因素。加大刺梨研发投入，不仅是生产企业的责任，也是地方政府和科研机构的责任。从企业的研发投入来看，主要是对市场新产品、新技术、新工艺的开发研发投入以及对基础研究商业化开发的研发投入。从政府的研发投入来看，主要是技术管理、应用领域层面的研发投入，包括对技术开发、生产管理、医药应用、保健品应用、饲料应用等领域的研发投入。从科研机构来看，主要是理论层面的研究投入，尤其是在基础研究阶段，购买大量实验室设备等投入。加大研发投入，需要政府加强与高校、科研院所、企业、国际研究机构的科研合作，通过建立重点刺梨研究实验室和科研基地等，整合政府、企业、研究机构等研发资源，凝聚研发投入力量，推动刺梨资源从理论研发到应用研

发的商业化转化，形成刺梨研发产业链、生态链，不断推动刺梨新产品的开发，提升刺梨产品的市场附加值。

从刺梨产品消费市场来看，要加大刺梨食品饮料产品开发和保健医药产品开发科研投入，推动刺梨高附加值产品工业化、现代化、科技化发展。一是加大对食品饮料产品的研发投入，目前刺梨食品饮料产品种类只有20多种，很多还处于初级加工阶段，附加值不高，需要进一步加大生产工艺改进提升，进而实现规模化、现代化生产。同时还需要开发新产品，发现新领域。二是加大对保健医药产品的研发投入，目前，大多数刺梨保健医药产品还停留在实验阶段，临床应用水平能力有限，需要进一步加大科研投入，提高产业化、标准化、市场化水平。加大产品的研发投入，一方面，企业可以通过加强与高校、科研院所合作，整合投入资源，促进新技术、新理论转化为新产品。另一方面，生产企业可以通过收购、并购等方式，整合同类企业的研发力量，加大研发投入，推动产品市场附加值的提升。

（三）加快人才培养，提供产业化人才支撑

人才是产业发展的重要支撑，刺梨产业市场化发展离不开人才。从目前国内刺梨产业人才来看，主要是农业部门技术人才、高校人才和科研机构人才，数量有限，不能满足刺梨产业市场发展的需求。

加快刺梨产业市场人才培养，一是要加快基层人才培养，尤其是农村技能人才、管理人才、市场拓展人才。通过技术培训，高校、科研院所联合培养等方式，加快培养农村刺梨种植技能人才、管理人才和市场拓展人才。二是要加快企业人才培养，企业是产业市场化发展的重要主体，人才是企业的重要资源，企业人才培养一方面是生产加工技术人才培养，另一方面是产品市场拓展的人才培养。缺乏市场拓展人才，企业生产的产品将很难在市场上进行推广。三是要加快基础应用研究人才培养。刺梨基础应用研究是刺梨新技术、新产品开发的基础。基础应用研究人才短缺，是刺梨保健医药产品开发速度慢的根本原因。加强基础应用研究人才培养，不仅有利于刺梨产品市场空间拓展，更有利于新产品、新技术的开发和新应用领域的发现。四是要

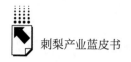

加快刺梨产业发展人才培养。目前，国内刺梨产业化发展人才比较短缺。在刺梨产业化发展过程中，专业的产业发展人才队伍，是推动刺梨产业化、规模化、标准化、现代化发展的主要力量。

从政府产业发展来看，刺梨产区的地方政府要加快引进和培养一批刺梨产业发展人才。一方面是加快人才引进，主要是引进与刺梨产业发展相关专业和技能人才，另一方面是加快本土人才培养，通过选派学习、联合培养、返校进修、集中学习等方式，培养一批懂技术、懂管理、懂市场的产业发展人才。从企业产品开发来看，生产企业要培育一批业务能力强、懂管理、懂技术的企业后备人才，同时也要引进一批产品技术开发人才，增强新技术、开发新产品、拓展新领域、扩大企业市场生存空间。

总之，加大刺梨资源人才培养，是刺梨资源产业化、市场化、品牌化发展的重要支撑和内容。

（四）优化产品市场，推动刺梨品牌化发展

目前，国内最大的生产市场主要集中在西南地区，以贵州、云南、四川等地为主；西北地区主要是陕西、甘肃、宁夏等地；华中地区主要是湖北、湖南、浙江等地。从刺梨市场产品供给来看，西南地区占比90%以上，尤其是贵州产量全国占比最大。从产品销售市场来看，主要销往东部沿海地区，部分已经远销韩国、日本、新加坡等地。在国内产品市场，食品饮料产品种类繁多，小品牌杂乱，市场占有率低，没有形成具有较强影响力的产品品牌。

优化产品市场，鼓励和支持地方龙头生产企业整合农村加工小作坊，推动刺梨产品工业化、现代化、标准生产，提升产品质量和卫生标准。引进生产实力强的加工企业，并购周边区域零散小企业，通过强强联合，建立行业标准、国家标准、国际标准等推动刺梨产品品牌化打造。例如，针对贵州刺梨饮料小品牌多的发展现状，可以通过扶持龙头企业，收购生产能力弱、市场前景有限的小企业，整合市场产品，打造具有地方特色和优势的区域性、国际性刺梨品牌，提升产品国际国内市场影响力。优化产品市场，一是加强

区域合作，可以通过技术合作、企业合作，共同打造全国最大刺梨生产加工基地。地区之间分工协作，发挥区域技术优势和市场优势，建立西南、西北、华中等具有区域特色的刺梨研究科研基地，开发刺梨新产品。推动国内刺梨产业化、品牌化、国际化发展，共同拓展国际国内市场。二是优化供给市场，目前，由于国内鲜果产量不足，很多国内刺梨生产加工企业生产潜能发挥有限。优化供给市场，主要是根据区域市场需求，扩大区域种植面积，满足市场加工需求。对于无法满足生产加工需求的企业，可以选择技术合作的方式，加强与其他企业的合作，推动自身技术产品的开发和推广，促进区域产品品牌化的打造。三是优化需求市场，主要是优化国际国内市场，通过会展、投放广告、市场营销等手段，把刺梨产品推广到国际市场，产生国际市场影响力，形成市场品牌效应，促进刺梨产品高端化、品牌化、国际化发展。

参考文献

王维芳：《解读刺梨产品研究现状和发展前景》，《农家参谋》2019 年第 5 期。

汪凯莎：《刺梨的研究进展》，《北京农业旬刊》2015 年第 14 期。

查钦、张翔宇等：《贵州省刺梨产业现状梳理及思考》，《中国现代中药》2020 年第 1 期。

李玉红：《工业化带动贵州刺梨产业快速发展》，《当代贵州》2019 年第 47 期。

张银、任廷远：《刺梨果渣生产功能性饲料的开发利用》，《农产品加工》2019 年第 19 期。

王怡、李贵荣、朱毅：《刺梨食品研究进展》，《食品研究与开发》2019 年第 18 期。

肖杰、熊康宁等：《喀斯特石漠化治理区不同地形土壤养分与刺梨果实品质相关分析》，《江苏农业科学》2019 年第 14 期。

黎静河、郭恩等：《贵州省发展刺梨产业的路径研究》，《理论与当代》2019 年第 3 期。

刘明、何欢：《我国刺梨产业发展存在的问题及对策》，《乡村科技》2018 年第 33 期。

夏仕青、张爱华：《刺梨的营养保健功能及其开发利用研究进展》，《贵州医科大学

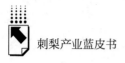

学报》2018 年第 10 期。

林凤、钟晓红、戴思慧：《刺梨开发及其利用研究进展》，《园艺学文集——湖南省园艺学会第八次会员代表大会暨学术年会论文集》，2005 年 8 月。

任启鑫：《为刺梨产业化高质量发展注入动力》，《贵州日报》2019 年 10 月 24 日，第 6 版。

B.4
中国刺梨产业链发展分析报告

杨明锡*

摘　要： 随着刺梨产业的快速发展，刺梨的营养价值、药用功效和保健功能进一步凸显。文章分析了刺梨产业链发展过程中自然形成的供给推动型产业链存在的产业链条短、产业链各环节衔接不紧密、深加工滞后、科研力量薄弱、产业链不完善等问题。提出构建以加工环节为核心、以加工企业为主导的刺梨产业链，并对刺梨产业链的延伸发展方向进行探讨，最后提出构建新型刺梨产业链的对策建议。

关键词： 刺梨产业　产业链构建　产业链延伸

一　刺梨产业基本情况

20 世纪 40 年代，我国著名营养学家罗登义教授首先阐述了刺梨的营养价值。其果肉中维生素 C 的含量居各类水果之冠，比梨高 500 倍，比柑橘高 100 倍，比猕猴桃高 9 倍；刺梨含有非常丰富的营养素，其中所含的 SOD、抗坏血酸和 Rutin 已被证实为非常好的抗氧化剂。刺梨具有健胃、消食、滋补、止咳、消炎、抗癌和抗衰老的药用保健功效。

随着国内刺梨加工技术开发不断深入，目前，已经形成三大类几十个刺梨产品。食品类有：刺梨糖果脯、刺梨软糖、刺梨糕、刺梨夹心饼干、刺梨

＊ 杨明锡，博士，贵州省社会科学院对外经济研究所助理研究员，研究方向：国民经济。

云片糕、刺梨蜜饯、刺梨果酱、刺梨罐头、刺梨糯米酒、刺梨小香槟、刺梨浓缩汁、刺梨黄芪汁、刺梨柠檬汁、刺梨儿童果奶及果茶等;保健、药品类有:SOD 刺梨营养液、SOD 刺梨胶浆、SOD 刺梨口服液、SOD 刺梨葡萄醋、SOD 刺梨饮、SOD 刺梨粉、刺梨保健茶、刺梨抗感冒液等;饲料类有:刺梨渣饲料添加剂。

刺梨主要分布在我国贵州、湘西、云南等地。贵州是我国最优质的刺梨产区,也是人工种植刺梨面积最大的地区。贵州六盘水市被誉为"中国野生刺梨之乡",目前刺梨种植面积已经超过 100 万亩,全省规模最大。据不完全统计,目前贵州刺梨种植规模达 154.86 万亩,主要布局在六盘水市、毕节市、安顺市和黔南州等地,其中六盘水市 100.76 万亩、毕节市 12.92 万亩、安顺市 3.89 万亩、黔南州 28.72 万亩、黔西南州 1.9 万亩,其他市州 6.67 万亩。

1982 年,贵州农学院从省内野生刺梨品种共选出"贵农 5 号""贵农 7 号""贵农 57 号""贵农 95 号"等 30 多个优良单株通过了省级认定,为刺梨产业发展奠定良好的种苗基础。但长期以来,由于刺梨商品化、产业化程度低,国内外对于贵州刺梨的认知并不多。

二 刺梨产业链概念界定

产业链一般指属于同一产业或不同产业之间的行业或企业,基于一定的技术经济关联形成的具有价值增值功能的生产集合。处于生产过程中的生产主体由于技术经济联系逐渐形成了长期的生产服务协作体系,这种联系一般通过企业之间的技术、经济、社会、法律关系等形式表现出来。体现了具有某种内在联系的企业在生产集合中上游、中游、下游之间的相互关系和影响。

刺梨产业链是指提供刺梨相关产品以实现价值增值的企业之间,以刺梨企业为主导、刺梨种植户为主体,将刺梨研发、种植、生产、加工、流通、营销、品牌建设等各个环节紧密连接,依据前后向关系和时空布局合理配置资源,追求整链价值最大化的利益共同体。

三 刺梨产业链构成

目前，国内刺梨产品的生产领域以食品和饮料为主，包括药品类、饮料类、营养保健类、原汁、酒类等几大类产品。主要刺梨产品有天然刺梨果汁饮料、刺梨罐头食品、刺梨蜜饯、果刺梨、刺梨儿童果奶、刺梨果汁配制酒、刺梨发酵酒、刺梨保健品、SOD 营养口服液等数十个品种，覆盖了饮料、原浆、休闲零食以及医药保健等领域。

刺梨产业链由众多相关产业环节组成，这些环节包括不同行业以及不同行业中的相关企业。具体来看，刺梨产业链的上游环节：刺梨种植环节包括土地供应与流转、农场建设与经营、生物资源开发利用等环节，也包括农药、化肥、农具等基础资料的农资供应环节。另外，主要是种植环节和种源研发环节处于刺梨产业链的前端，是整个产业链创新能力的源泉，种源研发对整个产业链条具有很大的导向作用，包括高校、科研单位、部分企业的研发部门。

刺梨产业链的中游环节：刺梨加工生产处于产业链的中游，包括对刺梨产品进行粗加工和精深加工，加工成品具有较高的附加值。这一环节是上游技术研发的生产实现，是构建刺梨产业链的关键环节。初加工环节包括刺梨鲜果、干果等食用产品的分拣加工生产。精深加工环节包括刺梨原汁、刺梨饮料、刺梨酸奶、刺梨酒和花粉酒等相关发酵食品，以及刺梨保健品、美容产品等多种刺梨产品的加工生产。

刺梨产业链的下游环节：从事刺梨及其加工产品的储存、运输和销售，是整个产业链价值实现的环节。包括流通、消费环节，由仓储、物流、批发、零售、电商等部门构成。

四 当前刺梨产业链问题分析

1. 自然形成的供给推动型产业链脆弱

在当前刺梨产业中，由于缺乏协调一致的产业链规划建设，产业发展自然形成了供给推动型产业链。这种产业链以种植环节为核心，以刺梨种植企业为主导。种植企业属于产业链的上游企业，对上游刺梨种植企业来说，企业关心的主要是种植过程中的管理、技术以及销售等问题，至于刺梨加工的最终产品是什么，有哪些品牌，物流渠道是什么，销售方式是什么，目标顾客有哪些，这些都不是种植企业所关心的事情。供给推动型产业链内的种植企业、加工企业、销售企业彼此之间没有形成统一的整体，产业链上的企业被动地将产品从上游环节推向下游环节，只是通过产品的自然流通单纯地把不同产业环节的企业连接在一起，导致了产业环境遭到破坏、产业链条断裂、产业成长缓慢等问题。因此，这样的产业链条是非常脆弱的。

2. 产业链条短

一般来说，随着产业链的延伸，链条越长，产品的综合利用率越高，产生的附加值也越大。现阶段我国刺梨产业种植面积并不广泛，加工环节也处于由粗加工向精深加工迈进之中。虽然随着对刺梨的药用价值和功能性价值的开发，其综合利用程度越来越高，但是刺梨产品涉及范围还较为狭小，导致了整个刺梨产业链短且附加值较低。

3. 产业环节衔接松散

相对来说，龙头企业是产业链中资源的支配者，对产业链各环节具有黏合功能。龙头企业由于具有规模效应，可以通过交易的内部化来降低产业链各环节之间的交易成本，对紧密联系产业链上下游发挥着至关重要的作用。目前我国的刺梨相关企业普遍规模偏小，缺乏能整合多个环节的龙头企业，现有企业难以承载产业链中核心组织作用，导致产业链各环节之间组织较为松散。

4. 科研力量薄弱，开发力度欠缺

近几年，随着刺梨产品交易规模不断扩大，刺梨产业发展得到相关地区、部门的重视，对刺梨的种源、新技术、新产品等方面进行研究也不断加强，但是专业人才仍然十分紧缺，科研力量还是十分薄弱。特别是对刺梨药用价值和功能性开发的研究力度还有待加强。另外，既懂经济又会管理的经营管理人才的不足，也制约了整个产业链的发展。

5.产业链条不健全

从企业链角度来看，刺梨产业链技术链短，信息链断裂，导致上下游企业间联系不紧密，交易成本较高。从供需链角度来看，刺梨产业各环节发展不均衡。如加工环节由于建设周期短，进入门槛相对较低，发展迅速，加工生产能力出现过剩；而市场销售环节尚处于培育发展阶段，销售渠道狭窄。从空间链角度来看，刺梨产业空间发展不平衡。整个产业向西南地区集聚，在贵州、云南、湘西等地区形成了相对优势产业带，其中，贵州占了绝大部分。从价值链角度来看，当前刺梨产品以满足中低端需求为主，技术含量较低，产业增值程度不高。

五 刺梨产业链构建与延伸

1.加工主导型刺梨产业链构建

自然发展形成以供给推动主导的刺梨产业链，随着产业的发展壮大，已经不能适应产业发展的需要，逐渐成为制约刺梨产业发展的瓶颈，需要对产业链进一步升级优化，打造以加工环节为核心，以加工企业为主导的产业链。

当前，由于研发不够、市场开发滞后等原因，刺梨产业链存在链条短、环节少、与横向产业联系程度低等缺陷。因此刺梨产业链构建，应以产业链纵向整合为主、横向融合为辅为主要思路，以加工环节为核心，在刺梨产业的上、中、下游，以企业为主体纵向关联延伸，以结构调整、产品品种调整、空间布局调整等方式进行横向跨产业融合。

以加工环节为核心、以加工企业为主导构建刺梨产业链，刺梨加工企业是产业链构建的组织者和实施者。刺梨加工企业根据市场需求特点和规模对刺梨产品生产全过程进行统筹，保证供需一致、渠道畅通、质量合格。由此推动产业链上游企业发展，促进种植技术、种植规模、种苗培育、质量管理等方面改善。同时拉动下游产品包装、销售等环节发展。刺梨加工企业的规模越大、行业影响力越强，对产业链的整合能力就越大，相对来说，产业链构建效率越高。

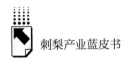

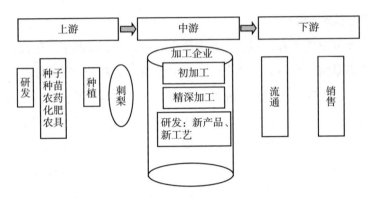

图 1　加工主导的刺梨产业链环节示意

这种产业链模式构建的关键是培育龙头加工企业。这就要求龙头企业必须具有较强的实力，拥有精深加工的能力和较高的管理水平，以先进技术和高新技术为先导，将研发、种植、加工、运输、销售有机结合起来，形成"风险共担、利益共享"的紧密产业链。

2. 种植环节延伸

刺梨产业链在种植环节的延伸，包括刺梨种子、种苗、肥料等农资供应链。首先是种子产业链，包括育种－制种－销售三个环节，其中育种环节是种子产业的核心部分；制种环节是中游环节，是不同类别的种子由研发到产成品的过程；销售环节是下游环节。种子产业链可进一步向研发环节延伸，如种子研发、关键设备研发和相关配套农资的开发等。

其次是育苗产业链，包括种苗繁育－种植推广－技术服务等环节。需要对刺梨种苗进行优苗筛选、种苗培育、种苗生产管理等方面提供技术服务和平台支撑。包括基地建设、配套农资，种苗注册认证、品牌销售等环节，以提供刺梨种苗为载体，为刺梨全产业链服务。

随着食品安全问题逐渐得到重视，食品安全需求将进一步催生种子、种苗安全需求，从而提高刺梨产业对有机肥、疏花疏枝、蜂蜜授粉、物理生物防治等无公害刺梨生产技术的需求，种植环节的下一步延伸方向应以构建绿色种植链为主要导向，实现产业绿色化发展。

3. 加工环节延伸

刺梨加工环节包括围绕刺梨产业的整个产业链从刺梨采摘开始到各类产品生产的关键技术环节点，再到最后刺梨渣的开发利用等工业化生产过程。刺梨加工环节延伸要以当前名优刺梨产品为导向，大力开发刺梨饮品、刺梨食品、刺梨调味品、刺梨保健品、刺梨医药品等刺梨产品，推进产业链延伸。

对初级加工链进行延伸，主要延伸方向是绿色化生产、绿色化包装等方向。而对深加工链的延伸一是纵向上利用刺梨中富含多种维生素、多种氨基酸、硒、钙、磷、铁、锌等营养物质，通过研发和利用新技术，积极发展刺梨保健饮料、调味品、休闲零食等新型食品，大力开发刺梨果脯、刺梨干、刺梨原汁、刺梨酒、刺梨口服液、刺梨维 C 片、刺梨精粉、刺梨胶囊等高附加值产品，不断提高刺梨精、深加工产品的比重。二是横向上与生态链相结合，建立绿色循环刺梨生产体系，实现复合养殖业、果业、沼气等产业深度融合。

4. 文旅方向延伸

刺梨产业链向文旅方向的延伸，要把现有刺梨产业优势做强，通过与文化、旅游产业的结合，形成"以刺梨促旅游，以旅游促刺梨"的良性循环，拓宽和延长刺梨产业链条，促进刺梨产业链核心价值创造和附加延伸型价值创造的实现。

由于刺梨种植园多位于生态环境优美的山区，可以在刺梨园内尝试打造休闲旅游、康养旅游基地，在适当地点修建有机食品小吃一条街、有机刺梨品味一条街等休闲消费场所，通过开放式的刺梨产品手工技艺的展示，吸引游客、顾客现场购买和消费。游客可以在刺梨园内游览欣赏刺梨园美景，体验采摘刺梨的劳动乐趣，也可以入住刺梨馆、刺梨吧，游刺梨街，既增加了刺梨园的人流，又能实现部分刺梨的即产即销。

将刺梨与当地少数民族文化有机融合在一起，形成特有的刺梨文化。由于刺梨的分布多在边远少数民族地区，可通过发展一村一品、一乡一业、多村一品等模式，加强刺梨文化与少数民族地区的特色文化的相互融合，并与旅游业结合起来，打造以读刺梨文化、赏刺梨花、采摘品尝刺梨

鲜果为主的生态美景和畅饮刺梨美酒、品绿色农家乐等以刺梨为主的生态文化旅游观光精品，不仅能推动旅游业的发展，还有利于提升刺梨产业链内涵。

5.研发方向延伸

目前，国内从事刺梨研究的高校和科研院所有 20 家左右，但大部分研究停留在实验阶段，很难形成工业化产品生产。加强"产学研"链接，将院校、科研机构与刺梨加工企业等以产业为基础、企业为主体、市场为导向联合组织起来，进行资源开发、产品开发和技术开发，打造科技密集型刺梨产业发展的新模式。

延伸方向一是种植环节无公害标准化栽培技术研究和推广，加强刺梨生产技术培训工作，提高农户生产技术水平。二是刺梨加工产品种类的拓展研发，加强刺梨药品、保健品、饮料等系列产品的研发，扩大产品范围。三是加工设备研发，如洗果机、灌装机、刺梨汁浸提设备等。四是提升技术工艺，如超过滤及反渗透技术、高温间灭菌工艺等技术工艺。

6.产业服务环节延伸

首先是建立质量标准体系，加快制定国家标准、无公害地方标准、无公害行业标准和企业标准，指导实施优质、有机、绿色食品生产。制定《刺梨病虫害无害化技术规程》《刺梨产地环境标准》《刺梨加工技术规范》《刺梨种质资源描述规范与种子育苗标准》《刺梨产品质量标准》《刺梨采收与等级标准》等系列标准。

其次是建立信息服务体系，建立刺梨销售信息服务中心，面向市场网络全面提供种子、种苗、加工、就业、销售等供需信息，构建刺梨市场信息无障碍流通机制，提高透明度。积极利用互联网、大数据等信息技术，不断扩大网上销售比重。

最后是建立中介服务体系，以乡镇林业站、农技推广站为主体，为刺梨产品生产企业提供技术咨询、信息咨询等社会化服务，支持刺梨协会和中介服务组织开展工作，建设完备的刺梨中介服务网络。

六 对策与建议

1. 加强核心企业组织能力的培养

由于种植和加工环节的相关企业长期处于分散种植、小农经营、小规模加工的状况，目前还没有形成可以承担刺梨产业链构建的龙头企业。一些地方龙头企业起步晚，产业整合能力不足，导致刺梨产业集约化、体系化、集团化经营程度低，还没有形成集土壤监测改良、良种良木培育、病虫害防治、产品研发创新、品牌整合传播为一体的刺梨产业经营体系，刺梨产业链条缺、短、窄的状况较为明显。

通过引进培育刺梨龙头企业，发挥龙头企业在刺梨产业中的带头作用，提高刺梨产业规模化、标准化以及集约化经营的水平，增强刺梨产业的竞争力以及市场活力。着力培育引进大中型龙头企业，围绕刺梨低、中、高端产品，完善刺梨产业链，增加刺梨产品的附加值。

2. 构建刺梨品牌体系

目前，市场上刺梨产品品牌有"刺梨王""天刺力""金刺梨""山王果""恒力源"等多达十几个，但基本上处于竞争关系，并没有形成合力。在产业链构建中，要充分发挥各地的地理、经济、人文优势，积极培育和精心打造一批著名的刺梨品牌。以品牌建设为引领，以加工环节为核心，带动种植与销售，逐渐形成全产业链加速发展格局。以省为单位，整合各地公用品牌和公用商标，构建品牌与商标共建、共享、共管相结合的品牌管理机制，鼓励通过实施品牌战略开拓新的刺梨市场。标准化种植和生产刺梨产品的同时，加大刺梨产业品牌的构建，鼓励刺梨产业"三品一标"认证目标，走高端技术路线的同时提升产品品质。建立起金字塔层级支撑体系，打造企业品牌、产业品牌、区域品牌、国家品牌、国际品牌体系。利用互联网、报刊、广播电视等媒介，加强刺梨产业发展的宣传推介，提高刺梨产业发展的影响力。

3. 提高产业研发创新能力

加工主导型刺梨产业链受到刺梨产业创新能力的限制。应加强刺梨产业

标准化、绿色化等方面的研究。在产业分工日益细化的背景下，产业链要不断向核心产品和核心技术的方向发展和延伸，这就要求提高整个产业的研发创新能力，支持刺梨企业开展刺梨产业产品深加工的研究与开发。

一是刺梨产业要加强与科研院校联系，加快推进产学研联合体制机制，加强刺梨加工、提炼等技术创新，加强新产品开发；二是改造升级传统设备、技术和工艺，大力研究刺梨产品深加工技术，加强产品宣传与价值开发，提高刺梨产品的质量和附加值；三是要重视人才的培养和使用，合理配置研发、生产、销售人员，为企业科技创新注入新的活力。

4. 加强标准化体系建设

充分发挥政府引导作用，鼓励支持刺梨相关企业与科研单位合作培育新的刺梨品种，制定刺梨种质资源、产地环境、育苗、栽培管理、病虫害防治、采收、加工、产品质量、贮藏、运输、销售等相关标准。健全质量监测体系，建立企业诚信评价体系，促进标准的有效实施，加大对违反标准规定的处罚力度。建立健全市场的准入及退出制度，加强质量监督、认证及生产许可等工作力度，通过监测刺梨产业投入及加工品质，实现刺梨种植、加工、流通的质量监控管理。

5. 完善服务体系

一是健全刺梨市场体系，培育交易主体，搭建交易平台，畅通流通渠道，在刺梨主产区建立刺梨种植园、产业园等加工基地；二是完善技术服务体系，通过政府、企业、高校、科研部门的合作，形成多部门互助式技术创新服务体系，并向区、县进行延伸；三是搭建服务平台，建立刺梨产业投融资服务平台，建立融资担保体系，用好省市相关投融资政策，拓宽刺梨产业发展的资金来源。

参考文献

王云：《苹果价值链研究》，西北农林科技大学博士学位论文，2017。

权锡鉴、花昭红：《海洋渔业产业链构建分析》，《中国海洋大学学报》（社会科学版）2013 年第 3 期。

张海峰：《农村茶叶产业链构建与整合的策略研究》，《四川农业科技》2018 年第 8 期。

杨加猛：《林业产业链的演进、测试与拓展模型研究》，南京林业大学博士学位论文，2008。

杨昌勤：《乐业县有机刺梨发展对策研究》，广西大学硕士学位论文，2007。

杨玲等：《推进农产品质量安全追溯体系建设的思考》，《农产品质量与安全》2018 年第 2 期。

杨晓梅、侯海兵等：《贵州刺梨产业化发展对策及其在退耕还林中的应用——以龙里县为例》，《贵州科学》2011 年第 4 期。

聂继云、李志霞等：《新鲜水果食品添加剂种类及使用准则》，《中国果树》2012 年第 4 期。

麻丽平：《苹果产业价值链研究》，西北农林科技大学硕士学位论文，2012。

臧宏伟等：《水果质量安全风险来源及对策》，《现代农业科技》2015 年第 17 期。

赵菲等：《刺梨加工技术及其加工产品研究进展》，《农产品加工》2017 年第 8 期。

B.5
中国刺梨产业质量安全报告

牟 琴*

摘　要：　随着社会经济不断发展，刺梨产业也逐渐日新月异，刺梨新
产品及加工新技术得到更新，但刺梨产业的质量安全问题也
随之突出。本文主要分析了刺梨及产品安全隐患来源以及刺
梨产业的生产质量安全现状，并通过分析部分刺梨产业的发
展现状，提出加大农业科技投入、加快建立监督管理机制、
增加安全风险评估工作等提高刺梨及产品质量安全水平的建
议，以促进刺梨产业的发展，为今后进一步推动刺梨产业的
发展奠定坚实的基础。

关键词：　刺梨　质量安全　产业发展

　　我国是农业大国，农产品是人们赖以生存及发展的重要物质基础，所谓
农产品，是指来源于农业的初级产品，即在农业活动中获得的植物、动物、
微生物及其产品。自改革开放以来，我国丰富的农产品出口到世界各地，一
系列有利于农业农村经济发展的政策措施出台并落实，20世纪90年代后
期，农业发展进入新的阶段，我国谷物、水果、肉类等六类食用农产品总产
量就已经位居世界第一，商务部统计报告显示，我国农产品进出口总额已占
世界较大份额，由此可见，农产品的发展也已经逐渐受到贸易发展、消费者
需求提升等各方面的挑战。

＊　牟琴，贵州省地理标志研究中心助理研究员，研究方向：食品工程。

　　随着社会经济的快速发展以及人们物质条件和生活水平的不断提升，为顺应亿万农民对美好生活的向往，决胜小康社会、实现现代化国家，在"两个一百年"的交汇期实现奋斗目标，根据我国社会经济发展状况及社会主要矛盾，在党的十九大中以习近平同志为核心的党中央领导提出了实施乡村振兴的战略，对农业、农村、农民——"三农"的工作做出了重大的决策部署，编制了《乡村振兴战略规划（2018～2022年）》。

　　如今农产品生产加工过程中涉及化学药品和新型技术被广泛使用，农产品经济逐步全球化，农产品贸易也得到进一步的发展。同时丰富的农产品作为食品链的源头，其质量安全受到全世界的共同关注，也关系整个国家的经济发展和国际形象。近年来，我国食品质量安全的事故常有发生，劣质食品的报道也层出不穷，如"非洲猪瘟"、"苏丹红"、"红心蛋"、"瘦肉精"、全球"疯牛病"等一系列食品安全事故，严重威胁了农产品产业健康发展，损害和削弱了消费者的身心健康及消费信心，给和谐稳定的社会带来了诸多负面的影响。引起农产品安全隐患的因素有很多，如残留于农产品中的化肥、农药等；残留于畜、禽、水产品体内的抗生素、激素等；土壤、水、空气中出现重金属污染；添加剂使用量超过 GB 2760《食品添加剂使用标准》的最大限量；病原微生物控制不当；转基因食品的潜在危险等。所以长期以来，党中央、国务院对农产品质量安全高度重视，相继发布过一系列条例和做出重要安排，2019 年 6 月由国务院食品安全委员会印发了《2019 年食品安全重点工作安排》，2019 年 2 月，国务院办公厅印发《地方党政领导干部食品安全责任制规定》等一系列关于食品安全的重要文件。2019 年上半年国家农产品质量安全例行监测，按照 2018 年同口径统计，总体合格率为97.6%，同比上升0.5 个百分点，说明安全水平持续稳定。因此各省、直辖市及自治州应该主动落实党中央、国务院关于促进农业战略的决策方案，加快农产品技术标准体系和质量认证体系的建设，加速推动质量兴农、绿色兴农，提升农产品质量安全水平。

一　刺梨及加工质量安全风险来源

（一）产地环境污染

产地环境状况是确保刺梨及产品质量安全的重要前提，优质安全的生长环境条件对于刺梨的品质与产量影响较大。产地环境污染情况主要包括：土壤、水和大气的污染。

1. 气候

近年来，关于气候对刺梨种植的影响、刺梨种植技术、刺梨种植效益等方面的研究越来越多，气候对刺梨果品质质量、刺梨果生长效益有重要的影响与作用。随着全球的气候变化，贵州刺梨种植、生长势必受到影响，韩余庆等人研究表明，由于贵州东部和南部的海拔较低，气温和积温均偏高，因此东部和南部种植刺梨的不适宜区比例较高；西部地区，如毕节市西部，由于海拔较高，气温和积温过低，刺梨种植适宜区比例也较低，全省中西部地区气温和积温适中，这使得中西部地区成为贵州省刺梨种植高度适宜区和中度适宜区。

2. 水质

水体是刺梨果树和刺梨果品质的重要影响因素之一，水体中的营养元素、污染物会从刺梨根系被吸收。水环境的污染主要有农业生产污染、农村工业污染、农村生活污染。在农业生产中的水环境污染源主要有化肥农药、养殖废水。贵州是农业大省，主要农作物水稻、茶叶、辣椒、中草药等都需使用化肥和农药，为了提高农产品产值、产量，在种植过程中需要大量使用化肥、农药等投入品，农业现代种植基地和园区情况稍好，个体农户化肥与农药使用量尤其突出；养殖废水的排放会导致地下水、地表水、土壤以及空气受到严重污染，间接或直接地影响农作物和人们的身体健康，未经过处理的养殖废水中含有大量的污染物，废水进入河流会大量消耗水中的溶解氧，使水体发臭变黑，污染水资源。高浓度养殖污水还会导致土壤孔隙堵塞，使土壤透水性和透气性下降，土壤容易发生板结和盐化，严重破坏土壤的质量，阻碍农作物的生长，甚至造成农作物或水产物死亡的现象。农村工业污染源主要来源于现代工业不断促进新农村的快速建设，农村地区不断设立工业园。由于企业的耗水、耗能和污染的现象逐渐从城市退到农村，污染也因此转移到农村。农村生活污染源主要是由于堆放垃圾不当、湿垃圾过多或降雨引起垃圾液渗透而出，从而污染水环境。贵州村落较多，近年来，农产业＋旅游业逐渐得到开发，乡村旅游逐渐吸引人们的眼球，由于快速发展的农家乐、宾馆饭庄产生的污水不同于一般农村的生活污水，这类水污染主要聚居于湖水边，因此此类水质污染应该得到格外的重视。

3. 重金属

我国工业化与城镇化快速发展，给生态环境造成越来越大的危害。土壤污染容易造成植物重金属污染，主要是由于重金属本身在植物体内很难降解，长时间的积累，导致植物重金属残留超标，间接危害人类的健康，常见的重金属污染有 Pb、As、Hg、Cd 等。

刺梨作为贵州重点开发的特色绿色资源，具有防治水土流失、耐干旱、耐贫瘠、易繁殖等优势。贵州地势条件、地质特殊，属于典型的喀斯特地貌，土壤中镉（Cd）含量就是全国土壤 Cd 含量值的 3.4 倍。有学者采用原子吸收光谱仪和原子荧光光谱仪测定贵州刺梨不同部位重金属含量表明，Hg 是影响土壤重金属污染程度的主要贡献因子，基地土壤 Cd、Cr 可能来源于成土母质，As、Pb 可能来源于农业活动，Hg 污染可能来源于大气沉降，对刺梨种植基地抽样 45 批土壤样品，发现重金属 Pb、As、Hg、Cd 平均值均低于国家土壤二级标准限定值，符合中药材种植规范基地土壤中重金属限量规定要求。

（二）刺梨生产中农业投入品不当

1. 农药与化肥使用

（1）农药

虽然农药对刺梨果生长有着非常重要的促进作用，但农药对环境的威胁

也不容忽视。农药不仅能够直接对环境中的土壤、大气和水体产生危害，而且能在生物体和气象环境因素之间形成循环，并扩大农药的污染范围，导致整个生命系统均被农药及其残留物污染。随着社会的逐渐进步和人们对食品安全的重视，有关部门对农药的管控力度越来越严，2018年贵州省食品药品监督管理局针对农产品农药残留情况进行了专项抽查，抽检发现食用农产品中农药残留指标不合格数占不合格总数的63.6%，比2017年同期下降27.1个百分点。但是，食用农产品中农药残留指标不合格问题依然比较突出。

2019年贵州省旨在大力发展优质农产品，提升农产品的品质质量，提高农产品的种植和养殖效率，持续整治农药销售、管理和使用问题，严格把控农药使用量，持续推进农药使用量零增长的长期行动，利用科学治理办法防控病虫害，普及生态调控、生物防治等手段和在新型植保机械设备推广下进一步提高农药利用率。

（2）化肥

施用化肥可以使农作物获得高效的产出率，提高农产品品质质量，带来巨大的经济效益。已有国内外有关专家进行了大量的科学实验和生产实践，发现施用1kg化肥可使农产品增产5~10kg，施肥的贡献率达到40%。因此化肥给人们带来的农产增效和经济增值，足以使人们忽视大量施加化肥带来的严重后果，出现了无证生产的化肥生产商、未经有关部门认证的化肥经销商，农户盲目购买自以为效率高的化肥。大量研究表明，人们对农药和化肥认知水平普遍性不高。由于认知水平低下，在农产品的生产过程中，从业者往往依据自己的种植经验选择农药和化肥的种类和使用量，勾兑比例不当、使用超量等不按照规定操作是常见的现象。

农户不按照相关规定随意使用农药化肥的主要原因有：对农药化肥的认知水平低，缺乏正确使用农药和化肥的意识；对病虫害的防控和消除意识不全，不了解病虫害发生的规律和原因，找不到病虫害防治的关键点和防治期；不能正确选择相应的农药与化肥，使用效率低或重复使用；把控不了正确使用的量和时间，化肥与农药施用方式不当，效率低下，重复施加。调查发现，在很多农产品生产过程中，普遍存在农药和化肥施用没有进行登记，农户始终会倾向选择价格便宜、效果突出的农药和化肥，从而导致农产品农残超标，给农产品产业发展造成阻碍的同时严重损害了自然生态。

贵州气候属于亚热带高原季风湿润气候，光照条件差、日降雨量多、相对湿度较大且地势高低悬殊，在垂直方向气候差异较大，立体气候比较明显，因此刺梨的生长严重受到环境因素的影响，随着刺梨种植规模的不断增加，刺梨病虫害带来的危害也逐年加重，病害主要有白粉病、褐斑病、烟煤病等，虫害主要有梨小食心虫、食叶害虫、月季长管蚜等。其中病害刺梨白粉病的发生尤为严重且普遍。

a. 褐斑病

褐斑病主要危害叶片，老叶受害最重，5～10月为发病期，7～8月为发病盛期。主要的科学防治方法有加强水肥管理，增强树势；发病初期喷70%代森锰锌600倍液或50%多菌灵800倍液，每15天喷1次，共防治4次，防治效果可达85%以上。

b. 烟煤病

烟煤病主要是通过寄生在蚜虫和白粉虱的蜜露（粪便）上，对刺梨的危害主要是叶片和枝条，危害初期表现为黑褐色的霉点，经过逐渐扩散蔓延，形成一层黑色的煤状物，在植株茂密和阴湿地段经常发生。因此，通过烟煤病发生的原理来控制烟煤病最有效。

c. 白粉病

白粉病主要危害刺梨的嫩梢、花蕾、花和幼果实等，目前学术界对刺梨白粉病的防治研究初见成效，如利用生物制剂6%抗坏血酸水剂能诱导刺梨植株产生系统抗性，有效抑制白粉病对刺梨的危害；10%苯醚菌酯、25%腈菌唑、25%嘧菌酯、25%己唑醇等化学药剂对刺梨白粉病也表现了较好的预防效果；生物制剂哈茨木霉能最好地防治白粉病对刺梨的危害；25%乙嘧酚磺酸酯微乳剂，对刺梨白粉病田间防治也能达到最好的防治效果。

d. 梨小食心虫

梨小食心虫对刺梨前中期有不同的危害性，前期刺梨表现为花果脱落，

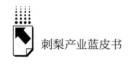

中期刺梨果实内部呈现黑色的粪物，对刺梨的产值、产量和产品质量具有严重的破坏力。梨小食心虫的防治应该采用物理防治与药物防治相结合的方法，物理防治主要是对刺梨果园进行修剪以及田间管理；药物防治主要选用 50% 辛硫磷乳油 7.5kg/hm^2 混合细土 375kg/hm^2，或呋喃丹 15kg/hm^2 混合细土 225kg/hm^2 拌成毒土在 4 月中下旬撒施。

e. 食叶害虫

刺梨食叶害虫主要有黄刺蛾、蔷薇叶蜂、黄尾毒蛾和苹枯叶蛾等，黄刺蛾对刺梨果树的危害为一年两次，老虫在树枝上生茧越冬，来年 6 月中旬幼虫成年危害严重，9 月份为第二次危害，此时幼虫较少，危害比较轻微。蔷薇叶蜂主要是通过幼虫聚集在刺梨叶子的背面，一年分为 2 代危害，6 月中旬时危害最严重，8 月第二代又开始聚集造成危害。黄尾毒蛾对刺梨果树的危害主要是幼虫以刺梨叶为食物，一年同样危害两次，6 月中下旬幼虫危害严重，第二代在 9 月危害较为轻微。

食叶害虫的防治办法主要是通过清理刺梨林间的垃圾和废物，在幼虫初孵期喷 70% 辛硫磷 1000 倍液，可取得较好的效果。

f. 月季长管蚜

月季长管蚜对刺梨果树的危害主要集中在花蕾和嫩梢，一年中主要发作时间在 4～11 月。5 月和 10 月分别是发作的高峰期。月季长管蚜的防治办法主要有物理防治和药物防治相结合，物理防治主要是秋后剪掉有虫的枝条，对杂草和落叶及时进行铲除；维护和使用寄生性的蜂类和捕食性的瓢虫类天敌；虫灾大面积严重发作时，喷施 25% 灭蚜威（乙硫苯威）1000 倍液，或 0.5% 醇溶液（虫敌）500 倍液，或 50% 辟蚜雾 1500 倍液防治均可。

刺梨产业的扩大离不开科学的施肥、施药，但急功近利势必造成刺梨及制品中农药及污染物超标，长期大量使用化学肥料，会严重破坏土壤结构，造成板结、退化、土壤耕性变差、耕层变浅、维持水肥的能力下降，从而增加农业投入成本，影响产品的质量和产量。同时，不科学和不规范地使用农药，会导致残余农药直接进入土壤及地表水中，不仅破坏了土壤的生态，使各种有害物质在土壤中积累，改变土壤的酸碱度，还会使农药通过根系进入植株内部，并通过农产品进入食物链危害人类与其他动植物的健康，造成不可逆的伤害。

目前，我国严格禁止使用的农药有 39 种：六六六、滴滴涕、甲基硫环磷、磷化钙、毒杀芬、二溴氯丙烷、杀虫脒、二溴乙烷、除草醚、艾氏剂、狄氏剂、汞制剂、砷、铅类、敌枯双、氟乙酰胺、特丁硫磷、氯磺隆、胺苯磺隆、甘氟、毒鼠强、氟乙酸钠、毒鼠硅、甲胺磷、甲基对硫磷、对硫磷、久效磷、磷胺、苯线磷、地虫硫磷、磷化镁、磷化锌、硫线磷、蝇毒磷、治螟磷、甲磺隆、福美肿、福美甲肿、百草枯。

根据 GB 2762《食品安全国家标准　食品中污染物限量》，表 1 所示为部分刺梨污染物最大限量情况。

表 1　部分刺梨污染物最大残留量

污染物	食品类别/名称	限量(以 Pb 计)
铅	刺梨制品	0.1(mg/kg)
	刺梨饮料	0.5(mg/L)
镉	刺梨制品	0.05(mg/kg)
	刺梨饮料	0.005(mg/L)
砷	刺梨饮料	0.01(mg/L)
锡	刺梨饮料	限量(以 Sn 计) 150(mg/kg)
亚硝酸盐	刺梨饮料	0.005mg/L(以 NO_2^- 计)

2. 刺梨及制品贮藏保鲜过程中添加剂的使用

刺梨采收后在一定的环境下，随着贮藏时间的延长，刺梨制品会因为环境因素导致产品品质下降、货架期缩短等。食品添加剂在提升食品色香味的同时还可以起到防腐、保鲜等作用。食品添加剂可分为人工合成物质和天然物质。近年来，果蔬及其制品的贮藏技术日益改善，如冷库冷藏技术、改良通风库、气调贮藏，食用级保鲜膜、辐射技术以及化学防腐剂等等。刺梨中含有大量的酚类物质，因此刺梨及其制品均容易发生褐变反应。刺梨中抗坏血酸极其不稳定，罗呈等人通过研究表明不同热处理（4℃、20℃、37℃）

下由于非酶促褐变对刺梨果汁的抗坏血酸影响较为明显，因此刺梨产品在不适宜的贮藏条件下抗坏血酸含量将会受到严重的影响。研究发现，刺梨果汁发生非酶促褐变主要由氨基酸态氮与抗坏血酸共同造成。在防褐变技术方面赵光远等人利用微生物和化学方法将刺梨产品置于40℃、500MPa下时刺梨产品的黄酮含量无显著差异，置于50℃~60℃、同样压强时刺梨产品的色泽得到改善，但刺梨产品中的抗坏血酸具有一定程度的损失。许培振等人通过在刺梨果汁中添加葡萄糖氧化酶，分析其对刺梨果汁酶促褐变的影响，研究发现葡萄糖氧化酶达到一定添加量时（28U/L）刺梨汁中溶解氧得到吸收，抑制5-羟甲基糠醛产生的同时抗坏血酸和氨基酸态氮含量显著性降低，因此添加葡萄糖氧化酶对刺梨果汁发生褐变具有明显的抑制作用。综上所述，刺梨的保藏技术离不开化学与物理的协同作用。

随着世界经济全球化及国际食品贸易的快速发展，发达国家对进口农食产品的市场准入门槛不断提高，技术性贸易限制措施成为制约我国农食产品出口的瓶颈，近年来，我国向美国、欧盟、日本以及韩国等出口的食品贸易中不断因为食品添加剂的使用问题遭到通报，对我国农产品出口以及外贸经济形成巨大的壁垒，因此食品添加剂的使用问题在国际上已不是单纯的技术问题，在各国都已经上升到各自的经济利益以及政治利益，也成为国际上有效的贸易措施手段。显而易见，了解添加剂的使用对我国农产品外贸经济活动具有重要的作用。根据GB 2760《食品添加剂使用标准》规定，部分水果制品添加剂使用最大限量情况见表2、表3、表4。

表2　水果干添加剂使用最大限量

添加剂	功能	最大使用量/（g/kg）
N-[N-(3,3-二甲基丁基)]-L-α-天门冬氨-L-苯丙氨酸1-甲酯（又名纽甜）	甜味剂	0.1
二氧化硫,焦亚硫酸钾,焦亚硫酸钠,亚硫酸钠,亚硫酸氢钠,低亚硫酸钠	漂白剂、防腐剂、抗氧化剂	0.1
硫磺	漂白剂、防腐剂	0.1

添加剂	功能	最大使用量/(g/kg)
三氯蔗糖(又名蔗糖素)	甜味剂	0.15
双乙酰酒石酸单双甘油酯	乳化剂、增稠剂	10.0
糖精钠	甜味剂、增味剂	5.0
天门冬酰苯丙氨酸甲酯(又名阿斯巴甜)	甜味剂	2.0
诱惑红及其铝色淀	着色剂	0.07
麦芽糖醇和麦芽糖醇液	甜味剂、稳定剂、水分保持剂、乳化剂、膨松剂、增稠剂	按生产需要适量使用
乳酸钙	酸度调节剂、抗氧化剂、乳化剂、稳定剂和凝固剂、增稠剂	按生产需要适量使用
植酸(又名肌醇六磷酸),植酸钠	抗氧化剂	0.2
爱德万甜(N-{N-[3-(3-羟基-4-甲氧基苯基)丙基]-L-α-天冬氨酰}-L-苯丙氨酸-1-甲酯)	甜味剂	0.12
ε-聚赖氨酸盐酸盐	防腐剂	0.30

表3 刺梨果酱添加剂使用最大限量

添加剂	功能	最大使用量/(g/kg)
N-[N-(3,3-二甲基丁基)]-L-α-天门冬氨-苯丙氨酸1-甲酯(又名纽甜)	甜味剂	0.033
红花黄	着色剂	0.2
β-胡萝卜素	着色剂	1.0
环己基氨基磺酸钠(又名甜蜜素),环己基氨基磺酸钙	甜味剂	0.65
氯化钙	稳定剂和凝固剂、增稠剂	1.0
柠檬酸亚锡二钠	稳定剂、凝固剂	0.3
偏酒石酸	酸度调节剂	按生产需要适量使用
日落黄及其铝色淀	着色剂	0.1
三氯蔗糖(又名蔗糖素)	甜味剂	0.25
天门冬酰苯丙氨酸甲酯(又名阿斯巴甜)	甜味剂	1.0
天门冬酰苯丙氨酸甲酯乙酰磺胺酸	甜味剂	0.35
胭脂红及其铝色淀	着色剂	0.1

续表

添加剂	功能	最大使用量/(g/kg)
乙酰磺胺酸钾（又名安赛蜜）	甜味剂	0.3
异麦芽酮糖	甜味剂	按生产需要适量使用
甜菊糖苷	甜味剂	0.27
麦芽糖醇和麦芽糖醇液	甜味剂、稳定剂、水分保持剂、乳化剂、膨松剂、增稠剂	按生产需要适量使用
乳酸钙	酸度调节剂、抗氧化剂、乳化剂、稳定剂和凝固剂、增稠剂	按生产需要适量使用
植酸（又名肌醇六磷酸），植酸钠	抗氧化剂	0.2
爱德万甜(N-{N-[3-(3-羟基-4-甲氧基苯基)丙基]-L-α-天冬氨酰}-L-苯丙氨酸-1-甲酯)	甜味剂	0.12
ε-聚赖氨酸盐酸盐	防腐剂	0.30

表4　刺梨饮料添加剂使用最大限量

添加剂	功能	最大使用量/(g/kg)
苯甲酸及其钠盐	防腐剂	1.0
赤藓红及其铝色淀	着色剂	0.05
靛蓝及其铝色淀	着色剂	0.1
对羟基苯甲酸酯类及其钠盐（对羟基苯甲酸甲酯钠，对羟基苯甲酸乙酯及其钠盐）	防腐剂	0.25
黑豆红	着色剂	0.8
红花黄	着色剂	0.2
红曲黄色素	着色剂	按生产需要适量使用
红曲米,红曲红	着色剂	按生产需要适量使用
β-胡萝卜素	着色剂	2.0
β-环状糊精	增稠剂	0.5
焦糖色(加氨生产)	着色剂	5.0
焦糖色(普通法)	着色剂	按生产需要适量使用
焦糖色(亚硫酸铵法)	着色剂	按生产需要适量使用
L(+)-酒石酸,dl-酒石酸	酸度调节剂	5.0
菊花黄浸膏	着色剂	0.3
蓝锭果红	着色剂	1.0

添加剂	功能	最大使用量/(g/kg)
亮蓝及其铝色淀	着色剂	0.025
萝卜红	着色剂	按生产需要适量使用
玫瑰茄红	着色剂	按生产需要适量使用
密蒙黄	着色剂	按生产需要适量使用
氢化松香甘油酯	乳化剂	0.1
日落黄及其铝色淀	着色剂	0.1
桑椹红	着色剂	1.5

二 保障刺梨生产质量安全的对策

为解决刺梨水果质量安全问题，首先要提高刺梨种植生产管理水平，其次要加强法律法规的制定与执行以及政府部门的监管，政策的干预，风险评估管理，完善产品追溯制度，大力开发"三品一标"的认证，加强对刺梨消费安全知识的宣传与普及等。

（一）产地环境

绿色刺梨产品的生产环境应该全面符合无公害、绿色食品以及有机食品产地环境的相关要求。注意附近的生活垃圾及工业垃圾的排放和污染物质的排放量。果园及附近的大气、土壤和灌溉水对刺梨生长影响较大，各项指标严格执行低于国家规定标准。为了防治来自多方面的污染，须采取多项有效措施，并实时监控刺梨产地环境及果品质量，杜绝任何潜在污染源危害刺梨质量。主要杜绝方式有：第一，从源头上大力控制刺梨质量安全问题，随着农药的使用，刺梨果树病虫害会形成抗逆性甚至变异，所以对于刺梨果树农药的研究不能停滞不前，严格按照国家标准执行，创建刺梨种植管理和病虫害研究团队，带动刺梨农户科学合理地解决病虫害、规范地管理果园，减少农药与化肥的使用，做好对刺梨农户质量安全防控的知识培训工作，增强刺梨农户对食品安全、生态保护的意识。管理部门加大对化肥与农药的监管力度，严

厉打击三无化肥与农药售卖商。第二，为减少化肥与农药的使用，保证刺梨质量安全，维持生态平衡，可大力开发使用量少、利用率高的农药与化肥。

（二）加大农业科技投入

长期使用化肥对土壤、水质等具有严重的破坏性，与此同时不利于无公害、绿色水果以及有机水果的生产。若果树在生长过程不再提供有机肥，土壤中大量的有机质含量会日益减少，水果品质难以提高，阻碍刺梨产业的发展，因此，刺梨施肥和农药使用方面应遵循刺梨的生长规律以及科学投入品管理，避免盲目施加投入品对刺梨生长产生阻碍作用。大力倡导和施用传统有机肥料，能够有效推广有机刺梨产业的发展，要不断加大农业科技投入，实现科技兴农。对病虫害重点进行防治，减少病虫害对刺梨产业的危害，充分利用现有的生物、农业、矿物类药物措施来综合防治。将一些先进的无害栽培技术进行嫁接、整合应用于刺梨的栽培与种植，形成一套完整的有机生产技术体系。

（三）加强刺梨产品加工管理

造成食品质量安全的因素有多种，第一是生产环境和生产条件达不到标准；第二是落后的生产技术和生产工艺达不到相应的技术要求；第三是生产者为提高产量，违规使用添加剂以及其他有害物质。刺梨从种植基地到消费者手中必须保证产品加工的每一个技术环节。从纵向的管理模式分析，食品的加工监管应实行"从基地到餐桌"一条龙的管理模式，并着重强调管理制度与行政管理共同使用，大力发挥政府职能，明确监管主体、职权分工、动态监管一切环节，设定严格的食品安全标准以及市场准入制度；从横向的管理模式分析，应健全并完善食品加工的危害分析与关键点控制，加工企业必须制定合格的检验检测体系、标准体系、市场准入制度等且严格执行，要定期对员工进行生产操作培训、食品安全教育宣传等；组织科研、管理团队定期凝聚散户刺梨种植基地，进行点对点食品安全、生态安全、刺梨种植、化肥与农药使用等知识宣传和培训，不能遗漏任何一个村落，切实做到科学合理地种植刺梨，从源头保证干净的刺梨果；制定更加科学可行的管理标准，标准要落实到基层，深度改善化肥与农药的使用情况，化肥与农药补贴和专营店落实要到位；支持和鼓励刺梨精深加工和研究工作，鼓励刺梨农户使用政府规定的农药与化肥，实行奖惩制度，积极参与绿色、有机茶园的认证；重新核查刺梨产业的种植、加工、销售的大数据，以大数据为基础，建立刺梨的区块链产业；深度开发刺梨产业系列产品，特别是功能产品，发挥第三代农业中贵州的环境资源优势与价值。

（四）安全风险评估

要持续推进刺梨及其相关产品质量安全风险评估工作的开展，收集大量重金属、农药残留以及添加剂等动态的监测数据，并在初步调研的基础上做好风险的全面防范与管理，对刺梨生产区域进行定期抽样调查，针对刺梨产品不同的风险因子进行风险评估，如发现刺梨及其制品存在潜在的风险隐患时要及时消除。与此同时，相关科研部门、行政部门以及加工企业应该对刺梨产品存在的质量安全隐患进行定期的科普宣传，在质量安全方面大力提高消费者的消费信心。在消除刺梨产品质量安全的途径上积极借鉴欧洲、日本等国家的先进技术和宝贵经验，以此提高刺梨产品的质量安全。

三 结语

自改革开放以来，我国丰富的农产品出口到世界各地，国家和地方出台一系列有利于农业农村经济发展的政策措施。我国是农业大国，刺梨作为贵州特色的农产品之一，在实际刺梨种植、生产、贮藏以及运输管理过程中依然存在许多潜在的质量安全问题，一旦产生质量问题流入市场将会严重威胁消费者的身心健康，影响消费者的消费信心，从而使刺梨产业的健康发展受到严重的威胁，对构建和谐、稳定的社会带来许多负面影响。因此在脱贫攻坚和乡村振兴两大举措的背景下，在2020年进入全面小康社会建成之年，在符合国家有关技术规程和质量安全的条件下，积极推动刺梨产品品牌效

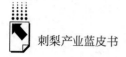

应，积极打造"三标一品"，实现刺梨产品的可追溯系统，打造透明、安全、绿色的刺梨产品，助力绿色刺梨产业走向世界。

参考文献

刘明、何欢：《我国刺梨产业发展存在的问题及对策》，《乡村科技》2018 年第 33 期。

严凯等：《5 种杀菌剂对刺梨白粉病的防治效果》，《农药》2018 年第 8 期。

韩会庆等：《气候变化对贵州省刺梨种植气候适宜性影响》，《北方园艺》2017 年第 5 期。

孟满等：《不同物理方法处理刺梨果渣理化性质分析》，《食品科学》2017 年第 15 期。

B.6
中国刺梨加工技术发展报告

彭渊迪*

摘　要：　刺梨的知名度和认知度逐步提升，被越来越多的消费者认可和购买。这直接触发了刺梨由原来的野生采集到现在的规范化、标准化种植，由原来单一的鲜果销售到现在各类加工产品及深加工功能性产品的开发和销售。刺梨的独特风味及各类功能功效产品借由不同的加工技术，最终以完美的商品形态呈现在消费者面前。追根溯源，除刺梨自身品质的优劣外，刺梨产业的未来发展，加工技术是核心关键。初级农产品的商品化、多样化、深度化、品牌化都必须建立在加工技术的基础上。本文对刺梨加工技术做了较全面的调研、汇总、整理、分析，以了解刺梨加工技术的现状和发展，并通过最终研究，以期能对刺梨加工技术发展给予一些指向性的发展意见。

关键词：　刺梨　加工技术　品牌化发展

一　中国刺梨加工技术的历史沿革

刺梨，作为一种珍稀、独特的野生山果资源，药食同源。于药于食，以刺梨二字入药典的最早见于《本草纲目拾遗》（卷八∕果部下∕刺梨）①，《宦游

---

* 彭渊迪，贵州省地理标志研究中心助理研究员，研究方向：地理标志与地方标准。

① 赵学敏：《本草纲目拾遗》，乾隆三十年（1765年）。

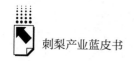
笔记》载："刺梨形如棠梨，多芒刺不可触，味甘而酸涩，渍其汁同蜜煎之，可作膏，正不减于楂梨也。花于夏，实于秋，花有单瓣、重台之别，名为送春归，蜜萼繁英，红紫相间，植之园林，可供玩赏。独黔中有之，移于他境则不生，殆亦类优昙花之独见于南滇耶。食之已闷消积滞（笔记）。"随后出版的《贵州草药》①《中药大辞典》②《中华本草》③等均对刺梨进行了收录与记载，并且明确了刺梨的性味归经——刺梨，性平，味甘、酸涩，归脾、肾、胃经，主健胃、消食、止泻，治食积饱胀、肠炎腹泻等。不仅如此，这些文献典籍还对刺梨治疗食用的方式方法进行了论述与记载，不难看出对刺梨的开发利用及加工技术有书面记载的时间可追溯至清朝年间，而老百姓之间口授心传的刺梨食用加工方法发展延续时间较之可能更早。不过就当时的科技水平，刺梨的加工技术相对来说较为简单，大多是以刺梨汁、刺梨膏、刺梨酒等为最终形态的煎、熬、泡等为主的加工技术和方法。

随着科技水平的发展，对刺梨内含物质功能功效的研究不断深入，刺梨的功能功效及产品性能被不断地导向和拓宽。市场上不同研究领域及方向的有关刺梨记载的众多书籍如《中国农业百科全书 果树卷》④《实用抗癌草药》⑤《中国军事本草》⑥《化妆品植物原料大全》⑦《中国食物药用大典》⑧《中美食物养生大全 典藏本》⑨《黔本草》⑩《中华食材》⑪等都直接反映了刺梨所蕴含的营养功能物质丰富多样，且直接指明了刺梨值得开发利用和研究的方向，这无疑为刺梨最终商品形态的多样性提供了基础理论依据和研发

① 贵州省中医研究所编《贵州草药》，贵州人民出版社，1970。
② 江苏新医学院：《中药大辞典》，上海科学技术出版社，1979。
③ 《中华本草》编委会编《中华本草》，上海科技出版社，1998。
④ 中国农业百科全书编辑部编《中国农业百科全书 果树卷》，农业出版社，1993。
⑤ 常敏毅：《实用抗癌草药》，中国医药科技出版社，1998。
⑥ 肖小河、杨明会主编《中国军事本草》，人民军医出版社，2012。
⑦ 王建新主编《化妆品植物原料大全》，中国纺织出版社，2012。
⑧ 谭兴贵、廖泉清、谭楣主编《中国食物药用大典》，西安交通大学出版社，2013。
⑨ 王焕华编著《中美食物养生大全 典藏本》，广东科技出版社，2013。
⑩ 汪毅主编《黔本草》（第1卷），贵州科技出版社，2015。
⑪ 陈寿宏编著《中华食材》，合肥工业大学出版社，2016。

可能性，进而促使刺梨加工技术的改进和新加工技术的诞生。刺梨各类加工技术在这一时期呈多样性蓬勃发展。但这一时期最为突出的是以刺梨汁、刺梨原汁、刺梨饮料、刺梨酒、刺梨果脯等为主的刺梨压榨、萃取、糖浸、酿酒等的加工技术，加工技术相对成熟，且掌握的企业相对较多，如贵州省贵阳龙泉食品厂生产的刺梨浓缩汁、刺梨蜜饯，花溪酒厂生产的花溪刺梨糯米酒，石阡饮料厂生产的刺梨露，龙里县糖果食品厂生产的刺梨汁，贵州泰安科工贸实业有限公司生产的刺梨汁，贵州神力实业总公司生产的刺梨果汁、刺梨果茶、刺梨果奶，平塘刺梨酒厂生产的刺梨酒，浙江省衢州宫宝集团公司生产的绿林牌刺梨系列产品、中国刺梨汁、宫宝牌刺梨汁、SOD 刺梨汁，衢望远实业有限公司生产的 SOD 刺梨汁，宫宝滋补品有限公司生产的 SOD 刺梨汁；四川省中外合资港蜀宝泉饮料有限公司生产的宝泉牌刺梨汁；江苏省南京市青龙山矿泉饮料厂生产的刺梨原汁、刺梨果茶、刺梨矿泉饮料等；陕西中国科学院西北植物研究所饮料厂生产的科飞牌刺梨系列饮料、野刺梨巴林、富硒刺梨汁等；广西南宁市亚光实业总公司生产的 SOD 浓刺梨汁、刺梨果茶，乐业县刺梨食品厂生产的天然刺梨汁、中华刺梨酒等。其中贵州所生产的刺梨原汁及刺梨浓缩汁还出口至日本、韩国、新加坡、马来西亚等主要国家。可见当时刺梨汁（原汁/浓缩汁）等的加工生产技术已趋于成熟和完善。不仅如此，刺梨在医药方面的加工技术也在逐步发展，湖北省武汉市辛安渡制药总厂生产的九头鸟口服液，浙江省杭州娃哈哈集团公司生产的儿童抗感冒液；山东省济南三株福尔制药有限公司生产的三株口服液，都直接反映出刺梨在医药方面的加工技术已经有所突破并在持续发展。

根据《庆祝建国三十五周年　贵阳市科学技术发展简况汇编 1949 ~ 1984》①、《果品与蔬菜加工、贮藏和保鲜国外专利技术汇编 170 例》②、《贵

---

① 贵阳市科学技术委员会编《庆祝建国三十五周年　贵阳市科学技术发展简况汇编 1949 ~ 1984》，1984。

② 山东省科技情报研究所：《果品与蔬菜加工、贮藏和保鲜国外专利技术汇编 170 例》，1985。

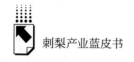

州省农副产品加工综合考察文集》①、《食品工业新成就集锦》②、《水果蔬菜和食品加工技术》③、《中国运动营养——第 24 届奥运会中国代表团专用运动饮料营养补剂评选会论文资料集》④、《贵州省科学技术进步奖获奖项目简介 1987 年》⑤、《全国农业科技成果选编 1980～1986》⑥、《中国科学院新技术新产品汇编》（第 1 分册　农业、生物技术和制品、食品）⑦、《食品加工》⑧、《食品加工技术、工艺和配方大全》（下）⑨、《中国技术成果大全》（总第 72 期/贵州宁夏专辑）⑩、《中国技术成果大全》（1992 年第 5 期总第 85 期　农业专辑之三）⑪、《农副产品加工技术 233 例》⑫、《1980～1994 获农业部科学技术进步奖项目名录》⑬、《食品加工技术、工艺和配方大全》（续集 2 下）⑭、《实用果蔬汁生产技术》⑮、《食品加工技术、工艺和配方大全》（续集 3 下）⑯、《糖类制品》（下）⑰、《果品加工专利项目精选》⑱ 等

① 贵州省科学技术协会：《贵州省农副产品加工综合考察文集》，1985。
② 轻工业部食品工业局：《食品工业新成就集锦》，1986。
③ 国家科委科研成果办公室编《水果蔬菜和食品加工技术》，科学技术文献出版社，1986。
④ 武福全主编《中国运动营养——第 24 届奥运会中国代表团专用运动饮料营养补剂评选会论文资料集》，1988。
⑤ 贵州省科学技术委员会：《贵州省科学技术进步奖获奖项目简介 1987 年》，1988。
⑥ 山西农业大学科研处编《全国农业科技成果选编 1980～1986》，1988。
⑦ 中国科学院信息咨询中心：《中国科学院新技术新产品汇编》（第 1 分册　农业、生物技术和制品、食品），1990。
⑧ 李朝林：《食品加工》，贵州科学技术出版社，1990。
⑨ 刘家宝等编《食品加工技术、工艺和配方大全》（下），科学技术文献出版社，1990。
⑩ 中国技术成果大全编辑部编《中国技术成果大全》（总第 72 期/贵州宁夏专辑），科学技术文献出版社，1991。
⑪ 中国技术成果大全编辑部编《中国技术成果大全》（1992 年第 5 期总第 85 期　农业专辑之三），科学技术文献出版社，1992。
⑫ 李思光、周庆华编著《农副产品加工技术 233 例》，江西科学技术出版社，1994。
⑬ 农业部科学技术司：《1980～1994 获农业部科学技术进步奖项目名录》，中国农业出版社，1995。
⑭ 刘宝家：《食品加工技术、工艺和配方大全》（续集 2 下），科学技术文献出版社，1995。
⑮ 李正明、王兰君主编《实用果蔬汁生产技术》，中国轻工业出版社，1996。
⑯ 刘宝家等主编《食品加工技术、工艺和配方大全》（续集 3 下），科学技术文献出版社，1997。
⑰ 张文玉等主编《糖类制品（下）436 例》，科学技术文献出版社，2003。
⑱ 程晋美：《果品加工专利项目精选》，金盾出版社，2015。

此类有关刺梨加工技术的文献记载，更加清晰和有力地证明并体现出刺梨加工技术的技术力量、加工方向以及加工技术的不足之处。从这些记载不难发现，刺梨食品包含刺梨汁（原汁）、刺梨饮料、刺梨软糖、刺梨果脯、刺梨蜜饯、刺梨干、刺梨酒等的加工技术发展历史相对较为久远，且加工工艺相对较为容易掌握和开发，加工技术亦随着科技发展一步一步日趋完善，开发的相关类型产品也越来越丰富，感官指标及内含物物理指标也随之提高。而在保健品、化妆品、医药品等方面，就可见的记载或研发出的商品而言加工技术则稍显空白和缺乏。

二 刺梨加工技术的现况

随着时间的进展，刺梨一代一代、一年一年发展至今。在这个一切都以快和新为核心的消费时代，商品尤其是食品，其产品要有安全性、多样性、便捷性、健康性、功能性，同时还必须兼具外观上的时尚性和口感上的满足性成为消费者追求的方向，也成为生产者努力的方向。刺梨产业也必然遵循现代农业这一发展模式，这就促使刺梨的加工技术必须紧跟现代初级农产品的发展战略，更加凸显刺梨加工技术是刺梨产业发展道路上的重中之重。刺梨加工技术经过在经验上和科技上长时间的淘洗，弃旧研新，在现代科技和技术设备的运用加持下，焕发出新的光彩，加工技术呈多元化、聚焦化、深度化发展。所谓多元化，指的不仅是根据刺梨所具备的各种功能性营养物质和特性分别在食品、药品、保健品、护肤品等不同领域所需要的不同的加工技术，还包括在不同加工技术生产线上分门别类的加工设备；聚焦化指的是刺梨在每一个加工环节需要达到的预期效果的加工技术，比如，刺梨的保鲜技术、刺梨汁的防褐变技术、刺梨果脯的防流糖技术、刺梨渣的运用技术等等；最后的深度化指的则是在刺梨分门别类的加工工艺中将按照产品功能所需最大限度地保留或萃取出刺梨中的一种或多种功能性营养物质。合三者为一，实则就是根据刺梨产品的最终形态、类别将刺梨的价值最大化地用加工技术体现出来，实现刺梨附加值最大化。

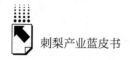

根据上述多元化、聚焦化、深度化三个方面所指代的刺梨加工技术，就目前可查证的资源，包括书面记载、官方渠道、上市产品等，据不完全统计，目前关于刺梨的加工技术具体如表1所示。

表1 刺梨的加工技术

序号	刺梨加工技术名称
1	一种用于刺梨果分级的设备
2	一种用于刺梨的压榨系统
3	一种刺梨酒发酵系统
4	一种刺梨饮料配方
5	一种刺梨柚子果茶
6	刺梨果酱的制作方法
7	一种刺梨中维生素C颗粒剂的制备方法
8	刺梨中芦丁的提取及其抑菌效果的研究
9	一种火龙果刺梨果酒的制备方法
10	一种刺梨菇类口服液及其制备方法
11	一种具有改善肠道环境、缓解便秘功能的固体饮料
12	一种减肥饮品
13	一种低浓度刺梨汁的高压脱水浓缩装置
14	一种刺梨采摘手套
15	一种刺梨压榨设备
16	一种刺梨果茶的制备方法
17	一种SOD复合酶的制备方法
18	一种刺梨去蒂除籽装置
19	一种扦插刺梨的方法
20	响应面法优化刺梨中单宁提取工艺研究
21	刺梨原汁酒总糖的含量测定
22	刺梨根多酚提取工艺考察和含量测定方法建立
23	基于SPME-GC-MS与PCA的不同萃取头萃取刺梨汁香气成分效果比较
24	不同干燥温度下刺梨果糕的非酶褐变通径分析
25	不同贮藏温度下刺梨汁挥发性风味物质的变化特征
26	刺梨果实中维生素C积累与相关酶活性的关系
27	刺梨不同药用部位中鞣花酸的含量测定及其醇提物体外抗氧化活性研究
28	刺梨籽油超临界CO_2萃取工艺研究
29	刺梨叶总黄酮超声辅助提取工艺优化

续表

序号	刺梨加工技术名称
30	刺梨的化学成分鉴定及其抗菌活性
31	刺梨及其近缘种质叶片主要活性物质含量及抗氧化性分析
32	基于主成分分析与聚类分析综合评价不同菌种发酵刺梨果渣的香气品质
33	刺梨多酚氧化酶的提取工艺及其抑制剂研究
34	刺梨果渣多糖的发酵制备工艺优化及其抗氧化活性研究
35	刺梨果渣栽培平菇及其酶法提取菌糠氨基酸工艺研究
36	水解释放刺梨汁键合态香气化合物及糖基组成解析
37	黔产刺梨复合型饮料的研制
38	刺梨叶片愈伤组织培养体系建立及其主要活性物质分析
39	微波辅助超声法提取刺梨总皂苷的工艺研究
40	刺梨果渣生产功能性饲料的开发利用
41	一种刺梨水果袋泡茶的制备工艺
42	一种刺梨饮料及制作方法
43	一种刺梨薄荷饮料及其制备方法
44	一种刺梨保健口服液及其制作方法
45	一种刺梨菊花饮料及其制备方法
46	一种食用刺梨面粉及其制作方法
47	一种刺梨精粉及其制作方法
48	一种刺梨面条及其制作方法
49	一种刺梨红薯根条及其制作方法
50	一种甜味刺梨面条及其制作方法
51	一种有保健功效的刺梨面条及其制作方法
52	一种刺梨膳食纤维片
53	一种刺梨苹果酵素的制备方法
54	一种刺梨灵芝水果酵素的制备方法
55	一种刺梨水果膳食纤维片的制备方法
56	一种刺梨肥料及其制备方法
57	一种刺梨中 SOD 的提取方法
58	β - 环糊精修饰壳聚糖对刺梨果汁单宁和色素的吸附动力学研究
59	刺梨酵素发酵工艺优化及发酵前后风味与活性成分分析
60	刺梨凝固型酸奶的发酵工艺研究
61	发酵法制备刺梨果渣可溶膳食纤维的工艺优化
62	刺梨糯米糍的研制
63	刺梨自然发酵后抗氧化物质含量与抗氧化活性分析

序号	刺梨加工技术名称
64	Box-Behnken 试验设计优化刺梨果汁饮料工艺
65	响应面法优化刺梨总黄酮提取工艺
66	蓝莓、刺梨复合口服液的研制
67	微波辅助提取刺梨多糖的工艺优化
68	响应面法优化刺梨果醋的发酵条件
69	热处理刺梨汁香气物质的 SPME – GC – MS 检测与主成分分析
70	发酵法制取刺梨果渣膳食纤维工艺优化及其特性分析
71	刺梨总三萜的提取及含量测定
72	一种刺梨滚洗设备
73	一种刺梨白酒的制作方法
74	一种投产刺梨有机肥料及其加工方法
75	一种紫苏风味刺梨果脯的制作工艺
76	一种刺梨清洗压榨系统
77	一种刺梨维生素 C 微泡腾片及其制备方法
78	一种刺梨切柄机
79	一种野生刺梨口服液及其制备方法
80	一种红枣刺梨酒的制作方法
81	一种刺梨糕及其生产工艺
82	一种发酵型刺梨青梅酒的制备方法
83	一种刺梨采摘装置
84	刺梨酵素发酵工艺优化及发酵前后风味与活性成分分析
85	刺梨的主要医学功效及应用研究进展
86	单因素试验结合响应面法优化刺梨维生素 C 的提取工艺
87	单功能化壳聚糖对刺梨果汁单宁及色素吸附的研究
88	刺梨口含片的制备工艺研究
89	刺梨中维生素 C 的闪式提取工艺研究
90	正交试验法优化刺梨黄酮提取工艺研究
91	刺梨酵素的制备及活性测定
92	一种含刺梨种子油雪花膏的制取
93	便携式变径球形刺梨采摘器的设计
94	刺梨茶总黄酮的提取工艺的建立及其抗氧化活性
95	野生刺梨果渣超微粉加工技术研究
96	巴氏杀菌在刺梨果浆中的应用
97	刺梨果渣的干燥模型建立及品质分析

续表

序号	刺梨加工技术名称
98	响应曲面法优化五味子刺梨复合功能果酱的工艺研究
99	聚丙烯酰胺对刺梨提取液的澄清作用研究
100	刺梨 – 松花粉复合饮料的稳定性研究
101	刺梨黄酮的半仿生法提取工艺及组分研究
102	刺梨酱的加工制作
103	超声波法提取刺梨多酚的工艺优化及体外抑菌活性研究
104	微波辅助水蒸气法提取金刺梨挥发油工艺研究
105	刺梨胶原蛋白片的制备
106	刺梨胶原蛋白饮料配方及稳定性的研究
107	超低温真空冷冻干燥法在金刺梨产品加工中的应用
108	金刺梨酥的研制
109	热处理条件对刺梨果汁风味物质和营养成分的影响研究
110	大孔吸附树脂对刺梨果汁单宁脱除及其色泽的影响
111	响应面优化微波辅助法提取刺梨水不溶性膳食纤维工艺
112	芹菜刺梨复合功能性饮料的研制
113	刺梨半成品加工方式探讨研究
114	刺梨饮料的研发
115	刺梨复合果酒发酵研究
116	刺梨中黄酮的超声提取及 HPLC 测定
117	椪柑刺梨复合果汁的研制
118	响应面优化超声辅助提取刺梨多糖工艺研究
119	刺梨黄酮的精制及其抗氧化活性比较
120	刺梨蜂胶饮料配方及其稳定性研究
121	刺梨涂膜保鲜技术的初步研究
122	刺梨果冻配方的研究
123	曲面响应法优化黔产野生刺梨干中 VC 超声提取工艺
124	刺梨鲜果块真空冷冻干燥工艺研究
125	刺梨总三萜提取方法及其 α – 葡萄糖苷酶抑制活性研究
126	包装材料对刺梨品质及生理活性的影响
127	刺梨加工机传动机构设计及运动仿真
128	水浸法提取刺梨中多糖
129	超临界 CO_2 萃取无籽刺梨挥发油及 GC – MS 分析
130	苹果 – 刺梨混合果汁饮料浑浊稳定性控制
131	真空糖渍对刺梨果脯品质及风味的影响

刺梨产业蓝皮书

续表

序号	刺梨加工技术名称
132	发酵型刺梨黑豆饮料的生产工艺及配方研究
133	刺梨软糖的研制
134	雪莲果、梨、刺梨混合发酵果酒澄清效果探讨
135	复方刺梨合剂的制备、质控及治疗黄褐斑临床观察
136	无糖型胶原蛋白刺梨咀嚼片的研制
137	核桃刺梨饮料工艺及配方研究
138	蓝莓刺梨复合饮料的生产工艺技术
139	浑浊型刺梨果汁饮料配方及其稳定性研究
140	刺梨渣制备刺梨果醋的工艺优化
141	刺梨果粉喷雾干燥工艺研究
142	刺梨果渣软糖配方工艺优化研究
143	单宁酶对刺梨果汁单宁的脱除作用
144	微波辅助酸解释放刺梨汁键合态香气物质的效果
145	刺梨果实冷冻贮藏保鲜及取汁技术研究
146	刺梨多糖脱色工艺研究
147	正己烷提取刺梨籽油中脂肪酸成分的 GC－MS 分析
148	湘西野生刺梨果酒加工工艺优化
149	响应面分析法确定刺梨醋的加工工艺
150	刺梨果汁澄清技术研究
151	刺梨糕的研制
152	刺梨果汁的加工
153	马铃薯微孔淀粉对高 VC 刺梨浓汁的吸附保藏研究
154	超声波法提取刺梨黄酮的工艺研究
155	刺梨黄酮提取工艺研究
156	刺梨汁的澄清脱涩技术研究
157	刺梨果奶生产工艺及稳定性研究
158	刺梨果酒发酵技术研究
159	刺梨半乳糖内酯脱氢酶的酶促反应条件优化
160	响应面分析法确定刺梨酒的加工条件
161	刺梨黑糯米酒香气成分的 GC/MS 分析
162	利用 CTAB 法从刺梨中提取核酸的效果分析
163	刺梨果醋加工技术研究
164	刺梨保健醋生产工艺研究
165	高速逆流色谱法分离制备刺梨黄酮成分

080

序号	刺梨加工技术名称
166	苹果 - 刺梨混浊汁加工过程中的品质控制研究
167	热协同超高压处理对苹果 - 刺梨酱品质的影响
168	刺梨汁澄清工艺的研究进展
169	刺梨醋发酵生产工艺研究
170	刺梨果醋饮料的研制
171	凝固型刺梨百合酸乳的生产工艺
172	苹果 - 刺梨混浊汁生产工艺的研究
173	刺梨压榨取汁技术及设备
174	蜂蜜刺梨保健酒工艺研究
175	刺梨果酒制作工艺的优化研究
176	刺梨蛋糕加工工艺的研究
177	可溶性甲壳质澄清刺梨汁的研究
178	JA 剂涂膜保鲜刺梨的研究
179	野刺梨营养酒饮料的研制
180	康艾扶正片
181	金刺参九正合剂
182	刺梨康倍佳口服液
183	强化 SOD 刺梨汁
184	刺梨利康饮
185	五味降脂散
186	血脂平胶囊
187	高浓度 SOD 刺梨糖浆
188	SOD 强化刺梨汁
189	刺梨糖浆
190	鲜刺梨根煎剂
191	刺梨干粉
192	刺梨冻干粉
193	超氧化物歧化酶合剂
194	一种刺梨洗发液
195	一种刺梨花叶茶的生产工艺
196	一种手持式刺梨花蒂剜除设备
197	一种刺梨花瓣发酵酒及其制备方法
198	一种刺梨花瓣酱及其制备方法
199	刺梨花粉蜂蜜刺梨汁饮料

续表

序号	刺梨加工技术名称
200	一种刺梨花洁面乳及其制备方法
201	一种刺梨花香果酱及其制备方法
202	含有隔山消和刺梨叶的药物组合物及其制备方法
203	刺梨叶总黄酮超声辅助提取工艺优化
204	一种刺梨叶茶的加工方法
205	一种刺梨叶茶的制备工艺
206	一种刺梨提取物的制备方法
207	一种刺梨冲剂及其制备方法
208	一种刺梨叶清热解暑口服液及其生产方法
209	一种刺梨红茶的加工工艺
210	一种刺梨叶茶的制备工艺
211	一种刺梨叶植物水
212	一种刺梨叶含片
213	一种刺梨叶速溶植物饮料
214	一种止血消炎的中药散剂
215	一种刺梨叶谷甾醇的提取工艺
216	一种刺梨三叶茶
217	一种刺梨嫩叶快速发酵红茶及其制备方法
218	一种刺梨叶发酵茶及其制备方法
219	一种三刺降三高的冲剂及其制备方法
220	一种刺梨叶袋泡茶及其制备方法
221	一种刺梨红汤饮品及其制备方法
222	刺梨叶片中总黄酮和水溶性多糖的提取工艺
223	刺梨籽油超临界 CO_2 萃取工艺研究
224	一种刺梨籽振动筛选装置
225	一种苦荞刺梨营养粉的加工方法
226	一种含罗汉果刺梨养生露酒及其制备方法
227	一种治疗肝炎的苗药
228	木瓜刺梨黄酒的酿造方法
229	一种用于老年人饮用的养心保健茶饮
230	一种袋装植物型醒脑提神茶饮
231	一种止泻药剂及其制备方法
232	一种具有促进排铅作用的中药组合物

资料来源：根据"中国及多国专利审查信息查询"（http：//cpquery. cnipa. gov. cn）、"中国知网"（https：//www. cnki. net）、相关图书及企业资料，由作者统计而来。

从以上统计的结果来看，刺梨加工技术围绕着整个刺梨产业链从刺梨采摘开始到各类产品的关键技术环节点到最后刺梨渣的开发利用，刺梨加工技术已经能支持并贯穿整个刺梨产业生产线，且形成一个较为完整的闭环。这其中，有已经申请专利固定下来的某一环节点的特定加工技术或加工设备，也有产学研合作带来的对各类产品在各自工艺环节中所需的、经过长时间试验后可实施的特定加工技术，还包括来自高校、科研单位、实验室等针对刺梨中某一种或多种功能性营养物质进行萃取、提炼等深度化的特定单项目加工技术。

其中令人欣喜的是对刺梨功能性营养物质的开发利用及加工技术已经能成熟地运用于相关医药品中，但关于刺梨在护肤品中的加工利用技术仍呈现出相对较为稀缺的状态。正是这些刺梨加工技术的研发，才为我们带来了琳琅满目的刺梨产品。如刺梨饮品，包括刺梨汁、刺梨原汁、刺梨复合饮料、刺梨酒等；刺梨食品，包括刺梨干、刺梨果脯、刺梨软糖、刺梨糕、刺梨饼、刺梨糯米糍、刺梨罐头等；刺梨调味品，包括刺梨醋、刺梨酵素、刺梨果酱、刺梨茶等；刺梨保健品，包括刺梨 SOD 软胶囊、刺梨 SOD 口服液、刺梨利康饮、刺梨康倍佳口服液等；刺梨医药品，包括康艾扶正片、金刺参九正合剂、五味降脂散、血脂平胶囊等；其他，包括刺梨干粉、刺梨冻干粉、刺梨超细微冻干粉等。

三 刺梨加工技术的发展

刺梨本就是一种多功能营养物质适开发性水果，其加工、开发利用的价值远大于其本身的价值，其加工产品所带来的经济附加值亦远大于其鲜果本身。也就是说，刺梨加工技术发展的水平及深度直接影响和决定了刺梨产业发展的速度、规模及经济效益。刺梨是一种花、叶、果、籽、根皆具功效的已被驯化并培养定种的野生山果，《本草纲目》记载"其花、果、叶、籽皆可入药"，就已然说明刺梨全身都是宝，其花、叶、果、籽、根都具有被加工和开发利用的价值。大量刺梨研究文献及各类检测报告显示，每 100g 刺

梨鲜果含有能量 55kcal、蛋白质 0.7g、脂肪 0.1g、碳水化合物 16.9g、膳食纤维 4.1g、维生素 A 2.5mg、维生素 B1 50μg、维生素 F32 30μg、维生素 C 2500mg、维生素 P 2909mg、维生素 E 3mg、异亮氨酸 0.65mg、亮氨酸 0.20mg、色氨酸 0.62mg、苏氨酸 0.09mg、甘氨酸 0.1mg、丙氨酸 1.29mg、SOD 54000U/100ml、果糖 3.72g、钙 68mg、磷 17mg、铁 2.9mg、锌 65.2μg、硒 2.69μg、锶 51μg、单宁 1.6g、有机酸 2g。仅凭这样一份营养成分检测指标已然充分肯定了刺梨被开发利用的价值。不仅如此，刺梨鲜果所蕴含的大量生物活性成分，如刺梨多酚（单宁）、刺梨 Vc、刺梨有机酸、刺梨多糖、刺梨 SOD、刺梨甾醇（β-谷甾醇）、刺梨黄酮类化合物、刺梨挥发性成分等刺梨生物活性成分才是刺梨开发利用的精彩之处，是刺梨加工技术中核心关键所在。

关于刺梨花、叶、籽、根的加工技术。刺梨花，性平，味甘，归大肠、小肠经，主止泻、止痢，治痢疾、腹泻；刺梨叶，性凉，味苦，归肺经，主解暑热、解毒疗疮、止血，治痔疮、痈肿、暑热倦怠、外伤出血；刺梨籽，性平，味甘、酸涩，归脾、肾、胃经，主健胃、消食、止泻，治食积饱胀、肠炎腹泻；刺梨根，性平，味甘、酸、涩、苦，主健胃、消食、止泻、涩精，治胃痛、泄泻、痢疾、遗精、崩漏、带下、久咳、牙痛、喉痛、吐血、痔疮、发乳。其在药理功效上和营养成分上，大同小异，其加工工艺主要体现在因其不同的生物结构所进行的不同产品的开发上。刺梨花多关联果酱、护肤品的加工技术，刺梨叶多关联各类冲泡型茶饮或代茶饮的加工技术，刺梨籽一般分为刺梨籽、果分离的加工技术及不用籽果分离时同刺梨果一样的加工技术，刺梨根多关联合并入药的加工技术。

生物活性成分的加工技术。刺梨多酚（单宁），是刺梨抗氧化作用中重要的生物活性物质，具有清除自由基、抗脂质氧化、延缓机体衰老、预防心血管疾病、抗辐射、防癌等生物活性功能。刺梨 Vc，是刺梨最具特色的生物活性成分，刺梨维生素 C 含量极高，各类研究文献显示刺梨维生素 C 的含量是柑橘的 50 倍、猕猴桃的 10 倍。刺梨有机酸，主要是指刺梨中所含的乳酸、草酸、酒石酸、琥珀酸、苹果酸和柠檬酸 6 种有机酸以及较高含量的抗坏血酸，主要集中体现在维生素方面，是刺梨产品中风味物质的表达，还是重要的中药药效成分，作用于人体可促进消化和保持体内酸碱平衡。刺梨多糖，是刺梨不可多得的药理活性成分，研究表明其多糖 RRTP 对神经干细胞硫代硫酸钠损伤有明显的保护作用。刺梨 SOD，是刺梨最负盛名的生物活性物质，通过食用 SOD 含量较高的食品，可降低体内过氧化脂质（LPO），起到抗衰老作用。刺梨甾醇（β-谷甾醇），具有多样性生物活性功能，可促进胆固醇的代谢降解，抑制胆固醇的合成生化，促进伤口愈合，增强毛细血管循环，还可阻止胆结石的形成。刺梨黄酮类化合物，刺梨所含有的总黄酮总量平均在 0.68% 左右，刺梨黄酮最主要的生物活性功能是清除体内自由基，具有抗癌、消炎、保护心脑血管的作用。刺梨挥发性成分，主要是指刺梨中所包含的 5 种芳香族类、16 种烯烃类、8 种烷烃类、7 种醇类、6 种酸类、5 种酯类、6 种酮类以及 4 种醛类，这些都为刺梨挥发性芳香物质，是刺梨产品独特风味的体现。刺梨生物活性物质的加工技术，集中体现在对其含量的保留、对各类生物活性物质的分离萃取以及生物活性物质入药等的加工技术上。

四　结论

综上，就目前刺梨加工技术的发展而言，在刺梨食品上的加工技术已经呈百花齐放和精益求精的发展状态，已固定下来并申请专利最多的都是与刺梨食品相关的加工技术。而高端性的刺梨产品，如刺梨美白、抗皱、抗衰老护肤品，刺梨抗癌、增强免疫力、保护肠胃功能的保健品，刺梨药品、医药注射制剂等在市场上是极受消费者青睐但又极为稀缺的产品。这也就成为刺梨加工技术在今后需要钻研攻克的方向。应真正地把刺梨功能性营养物质全面有效地体现出来，并为消费者所用，实现刺梨产业的科技化、分子化以及最终的产值最大化。

主 产 区 篇

Main Production Areas

B.7

贵州省刺梨种植基地建设调研报告

贵州省林业局刺梨调研组 *

摘　要： 为深入推进贵州省农村产业革命，因地制宜并着力做大做强
特色农业，奋力实现"百姓富、生态美"的总目标，省林业
局邀请贵州大学刺梨种植专家等组成刺梨调研组，于2019年
11月中下旬先后赴六盘水的盘州市、安顺市的西秀区、黔南
州的贵定县等主产区就刺梨（含金刺梨）种植基地建设情况
实地调研，初步了解了刺梨种植与产业发展中存在的一些问
题，提出了相关对策和建议。

关键词： 刺梨　种植基地　贵州

---

* 调研组组长，张美钧，贵州省林业局局长；副组长，张富杰，省林业局副局长。调研组成员，
张乃春，省林业局总工程师；宗炜，省营林总站站长；谭方友，省营林总站副站长；刘永杰，
省林科院副院长；安华明，贵州大学教授；殷登云，省营林总站工作人员。

一　基本情况

（一）种植基地情况

截至 2019 年底，据省自然资源厅面积一亩以上遥感监测，全省刺梨基地总面积 176 万亩（人工种植为主），2020 年达到 212 万亩，主要分布在六盘水市、毕节市、黔南州、安顺市 4 个市（州）15 个县（市、区），其中六盘水市和黔南州种植面积最大，其他市（州）如遵义、贵阳及黔西南州等也有少量栽培。从县级行政区域来说，以盘州、水城、贵定、龙里、七星关区种植规模最大，通过规模化种植刺梨基地，带动全省农户 30.26 万户 108.30 万人，其中贫困户 4.39 万户 15.7 万人增收脱贫。

（二）种苗情况

据调查，全省共有育苗企业 47 家，采穗圃 18 个，苗木品种主要是贵农 5 号、7 号和金刺梨（无籽刺梨），穗条主要来源于龙里县、贵定县、西秀区、七星关区等地，目前全省拥有合格苗木 3900 多万株。47 家育苗企业主要分布于毕节、六盘水、黔南和安顺共 4 个市，该相关企业拥有的刺梨苗木能够充分满足今冬明春全省刺梨种植需求。

二　主要做法及试效

（一）加强组织领导，统筹推动发展

长期以来，在历届省委、省政府的正确领导下，贵州省制定了《贵州省推进刺梨产业发展工作方案（2014～2020 年）》《省委省政府领导领衔推进农村产业革命工作制度》等文件。2019 年，省委、省政府围绕打赢脱贫攻坚战，又做出"振兴农村经济的深刻的产业革命"的统一部署，省委书

记孙志刚提出"要举全省之力大力发展刺梨产业"。2019 年，由陶长海副省长领衔，省工业和信息化厅牵头、林业局等单位配合，成立全省刺梨产业推进工作专班，出台了《贵州省农村产业革命刺梨产业发展推进方案（2019 ～ 2021 年）》。

（二）实施利益联结，促进农民增收

刺梨种植参与面广，惠农作用明显，在实践中，产业参与各方探索出了"资源变资产、资金变股金、农民变股民"的"三变"模式，着力打造"党 + 园区 + 企业 + 合作社 + 基地 + 农户""企业 + 合作社 + 农户"等模式，形成"风险共担、利益共享"的共同体。盘州市采取农户将土地承包经营权入股到合作社的方式，公司与合作社以 7∶3 的股比构建利益联结机制，在合作社 30% 的股权中，25% 属农户所有，5% 属村集体所有。公司按照 4 元/公斤实施保底收购，并垫付种苗费、种植费、管护费和农资费。根据土地肥沃情况，农户还可获得 400 ～ 500 元/亩不等的土地流转分红资金。在刺梨进入盛果期后，以目前每亩均产 400 ～ 500 公斤计算，农户每亩每年平均可产生 1600 ～ 2000 元的收益。2018 年，盘州市刺梨产业带动 15.82 万户 53.73 万人实现增收，其中 10.49 万人实现脱贫。

（三）发挥龙头作用，做好示范引领

一是大力招商引资。通过对接，广药集团拟在贵州投资建立广州产业园、刺梨研究院、刺梨休闲食品、刺梨时尚生态产业和康养产业基地，并将贵州刺梨作为王老吉的原料供应商。二是抓示范带动。在盘州市，市委、市政府推出"5 + 8 模式"，由 5 家政府平台公司发展 8 大产业，并明确由宏财集团牵头发展全市刺梨产业，集中打造了 20 个集中连片示范区和 1 个"省级高效农业示范园区"。在盘县天富刺梨产业园，通过构建"园镇合一、集约发展、循环增效、新市场 +"管理体制，运用"园区 + 合作社 + 农户 + 市场"模式，投资 8100 万元，打造核心基地 1.35 万亩，治理石漠化山头 1200 亩，创造就业岗位 300 个，带动邻近 7 个村示范种

植 3.22 万亩，覆盖 8 个行政村，带动贫困户 423 户 842 人，稳定脱贫 257 户 685 人。

（四）创新发展模式，加快构建种植基地标准体系

一是加快构建标准体系。制定《刺梨培育技术规程》《刺梨育苗技术规程》等 6 个标准，《刺梨苗木质量标准》等其他 7 个标准正准备组织编制。二是构建产学研用一体化发展体系。在盘州市成立中国刺梨产业研究院，打造全国最大刺梨产研中心，组建硕博工作站，研发刺梨食用品系列产品 30 余种。邀请专家现场实地教学，对企业管理员、合作社负责人、刺梨种植大户等进行培训指导。

三 存在问题

（一）品种结构单一、品种储备薄弱

虽然贵州省审定的刺梨品种有 4 个，但目前主栽品种主要是"贵农 5 号"（超过 95%）和少量的"贵农 2 号"，其余资源流失严重。前期采穗圃建设以及育苗技术的不规范，导致"贵农 5 号"在多地呈退化趋势；同时，单一的品种结构无法满足目前和将来对高端、多样以及专项产品的开发需求，因此加强对新品种选育和现有品种的提纯复壮的科技投入，从目前丰富的野生刺梨资源中筛选，并通过传统育种手段如杂交育种、诱变育种以及现代生物技术手段选育不同成熟期、维生素或黄酮等活性物质含量更高、出汁率更高、抗性更强的新品种，是丰富贵州省刺梨品种储备和提升产业水平的迫切需求。

（二）基础设施短板多，基地管理不规范

贵州自古山高坡陡，地形地貌复杂。目前，全省现有的种植基地相当多还处在较为偏远的村庄，运输条件仍然落后，无法形成"毛细血管"式的

产业基地道路网络，部分基地水资源严重不足，滴灌设施简单匮乏，产品输送依然依靠人背马驮。同时，管理能力不足，由于未经过系统生产管理技术培训，管理方式粗放，在一些刺梨种植基地出现了只种不管、任刺梨植株自生自灭的现象。当前，贵州省农业基础较好的是六盘水市，即使是在六盘水市，除盘州市天富刺梨等少数基地建有生产机耕道、浇灌系统外，其余基地均无水利灌溉、产业路等基础配套设施。此外，受刺梨种植农民自身技能素质、种植基地条件等影响，基地管护总体跟不上规范化要求，基地产量有待进一步提高，种植基地在中耕除草、配方施肥、树体管理、密度调整、病虫害防控等方面工作也做得不到位，基地管理不够规范。

（三）刺梨幼林与中低产基地偏多，规范化标准化高产示范基地偏少

据不完全统计，目前，全省154.86万亩（遥感监测）刺梨种植基地，60%以上是2015年以来种植的刺梨幼林，而六盘水市水城县、毕节市七星关区、大方县和黔西县的刺梨三年生以下幼林占比甚至达70%以上，这些刺梨幼林目前尚未进入结果投产期。另外，刺梨基地单位面积的投资标准低，基地在新建时就存在整地规格偏低、基肥施入量不足的问题，基地建成后，又存在抚育除草、垦复施肥、整枝修剪跟不上和管理粗放等问题，导致全省中低产刺梨基地偏多，而像盘州市盘关镇贾西村、西秀区大坝村、龙里县茶香十里刺梨沟、贵定县沿山镇的规范化标准化的刺梨基地比较少，对全省刺梨基地建设的示范辐射带动不足。

（四）气候异常病虫害较多，影响基地建设成效

2019年4～5月间，贵州省部分刺梨（含金刺梨）产区遭受严重冰雹、低温阴雨等自然灾害，导致刺梨开花、授粉结实受到严重影响。进入7月中下旬以后，又遭遇高温干旱等自然灾害，导致2019年刺梨果实偏小、品质偏差。盘州、西秀、贵定等主产区的食心虫、白粉病、顶腐病等病虫害较为严重，一定程度上存在减产现象。由此，贵州省部分刺梨基地的单位面积鲜果产量和总产量较上年呈现一定幅度的下降，影响了种植企业、

专业合作社、种植农户的产出和收成，进而影响了贵州省部分刺梨鲜果原料供应。

四　意见建议

（一）加大投入完善设施，强化基地改培与示范带动实现提质增效

一是强化完善种植基地供水系统，强化配套水、电、路和通信等基础设施。二是加强抚育管理、品种改良、密度调整、中耕除草、垦覆施肥、病虫害防治、修枝整形等技术措施，达到建设和管护好刺梨基地，实现优质丰产增效的目的。三是针对贵州省刺梨基地目前幼林和中低产林比较多的现状，强化资金投入，积极开展刺梨基地改造培育和示范点建设，实现提质增效和示范带动的目的。四是加强如刺梨专用缓释肥料研发与节约化施肥技术、简约化修剪技术、病虫害绿色防控技术等节本增效技术开发和技术培训，以缓解目前鲜果价格不高的情况下果农不愿加大投入的矛盾。同时，加快提升基地带头人的综合素质、农业专业知识、科学技术应用及推广能力和刺梨经营管理水平，使刺梨种植真正成为乡村振兴的得力助手、脱贫攻坚的有力帮手和改善生态的绿色抓手。

（二）加快培育经营主体，促进种植基地资源有效配置

一是优化投资和营商环境。建议简化刺梨种植基地经营主体相关注册手续以及完善土地流转制度等加强政策支持，在促进经营主体规模数量增加的同时，要进一步优化营商环境，鼓励国有平台公司与民营企业组成混合型企业，增强种植企业和专业合作社规模化、标准化种植水平，助推刺梨产业发展。二是整合涉农资金。包括石漠化综合治理、植被恢复费、产业结构调整等资金，用国有平台公司融资，实施主体、企业、专业合作社投资入股，农户土地入股等方式筹措刺梨产业发展前期种、管、抚资金。三是加大奖补力度。进一步拓宽刺梨种植企业、合作社等经营主体的融资渠道，建议省政

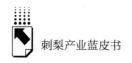

刺梨产业蓝皮书

府、省财政等加大对种植基地改培和示范点建设的奖补力度，采取以奖代补、先建后补等方式，重点支持刺梨种植经营主体培育，壮大种植企业，坚实产业基础。四是强化市场资源配置作用。从目前刺梨鲜果销售情况看，要强化市场引导作用，适度控制种植规模，以品种优良化、种植规范化、管理精细化开展刺梨基地建设，促进产业提质增效。

（三）加大科技研发，构建完善标准体系，合理布局种植规模

一是要加快标准制定。加快贵州省刺梨品质区域化建设和相关标准制定，充分发挥各区域主要基地刺梨果实质量特点和优势，深挖内涵、优化布局，为加工产品的特色化、优势化和多样化服务，避免产品同质化和同类产品的恶性竞争。集中打造"贵州刺梨"公共品牌，通过统一标准，提升基地建设质量，提高单位面积鲜果产量及果品附加值，拓展新市场，进而延伸产业链，增强新动力，快速推动刺梨种植业发展迈上新台阶。二是要强化科技支撑。充分依托国家林业和草原局刺梨工程技术研究中心、刺梨产业国家创新联盟、刺梨学会，以及其他科研单位、大专院校、种植企业等平台，重点围绕刺梨新优品种选育、节约化高效丰产栽培技术、病虫害高效绿色防控、营养保健价值挖掘、鲜果及半成品的贮藏保鲜等方面开展科技攻关，为后端专项产品研发和加工品附加值提升提供丰富、多样、优质的鲜果原材料。三是要合理布局。重点在六盘水、毕节、安顺和黔南州优势区域和基础条件优越产区集中人力、物力和资金，通过提质增效，打造刺梨（含金刺梨）优势经济种植带；同时，依据市场和产业总体规模，以销定产，科学而合理地把控全省刺梨的种植规模，健康有序推进全省刺梨产业向前发展。

表1　贵州省刺梨种植分布和新增计划

制表：贵州省林业局　　　　　　　　　　　　　　　　单位：亩

序号	地区	2018	2019		2020		
			达到	新增	达到	新增	改培
	全省	1548593	1761093	212500	2126693	365600	270000

续表

序号	地区	2018	2019		2020		
			达到	新增	达到	新增	改培
	六盘水市	100764	1111848	104200	1185648	73800	120400
1	盘州市※	565358	588558	23200	610358	21800	64000
2	水城县※	384828	437828	53000	457828	20000	53400
3	六枝特区※	55335	76335	21000	100335	24000	3000
4	钟山区	2127	9127	7000	17127	8000	0
	安顺市	38863	88963	50100	88963	0	37600
5	西秀区※	29718	34818	5100	34818	0	37000
6	普定县※	1604	12604	11000	12604	0	600
7	平坝区※	3219	6219	3000	6219	0	0
8	关岭县※	2174	24174	22000	24174	0	0
9	紫云县	1629	6629	5000	6629	0	0
10	黄果树	0	4000	4000	4000	0	0
	其他县区	519	519	0	519	0	0
	毕节市	129165	187365	58200	469165	281800	24000
11	七星关区※	80554	110554	30000	260554	150000	24000
12	大方县※	39701	49701	10000	99701	50000	0
13	黔西县※	3774	14274	10500	33774	19500	0
14	纳雍县	620	2020	1400	60620	58600	0
15	威宁县	1440	1440	0	1440	0	0
16	赫章县	2494	2494	0	2494	0	0
17	金海湖新区	0	6300	6300	10000	3700	0
	其他县区	582	582	0	582	0	0
	黔南州	287200	287200	0	297200	10000	83000
18	龙里县※	57261	57261	0	57261	0	12000
19	贵定县※	72514	72514	0	74014	1500	29000
20	长顺县※	16254	16254	0	24254	8000	21000
21	平塘县※	36290	36290	0	36290	0	5000
22	惠水县※	5691	5691	0	5991	300	6000
23	福泉市	7250	7250	0	7250	0	0
24	都匀市	27224	27224	0	27224	0	0
25	瓮安县	5861	5861	0	5861	0	3000
26	罗甸县	2045	2045	0	2045	0	0
27	荔波县	8031	8031	0	8031	0	2000
28	三都县	9791	9791	0	9991	200	3000
29	独山县	38988	38988	0	38988	0	2000

续表

序号	地区	2018	2019		2020		
			达到	新增	达到	新增	改培
	黔西南州	18963	18963	0	18963	0	5000
30	普安县	9390	9390	0	9390	0	0
31	安龙县	6170	6170	0	6170	0	5000
32	兴义市	1775	1775	0	1775	0	0
	其他县区	1628	1628	0	1628	0	0
	贵阳市	42854	42854	0	42854	0	0
33	息烽县	27691	27691	0	27691	0	0
34	清镇市	12271	12271	0	12271	0	0
35	开阳县	1551	1551	0	1551	0	0
	其他县区	1341	1341	0	1341	0	0
	遵义市	17237	17237	0	17237	0	0
36	播州区	11347	11347	0	11347	0	0
37	汇川区	1209	1209	0	1209	0	0
	其他县区	4681	4681	0	4681	0	0
	其他市州	6663	6663	0	6663	0	0

注：1. 标※为重点发展县，共15个；2. 2018年种植面积为省自然资源厅遥感数据；3. 2019年种植面积在2018年基础上累加基地新增面积。

B.8
贵州刺梨绿色产业发展报告

张剑勇　李发耀*

摘　要： 贵州的底色是绿色，刺梨是贵州的绿色食品名片，更是绿水青山金山银山的发展哲学诠释。推动刺梨绿色产业发展，引导贵州刺梨绿色经济，是贵州山地高效经济的优选产业。本报告基于贵州绿色产业发展、绿色食品制度实施、刺梨绿色经济道路三方面整理贵州刺梨产业。

关键词： 刺梨　绿色产业　贵州

一　贵州刺梨与绿色产业的历史契机

刺梨是贵州的一张生态特色食品名片，也是贵州天然的绿色产业。基于贵州丰富的刺梨资源，经贵州省绿色食品发展中心牵头努力，2020年3月中国绿色食品发展中心将刺梨及其加工产品纳入中国绿色食品标准目录，标志着贵州刺梨绿色产业全面启动，贵州刺梨绿色食品认证进入了快车道。

绿色产业的发展背景。第二次世界大战后，发达国家"农业现代化"的实现，带来农业增产的同时导致多种农用化学物质向农田输入，污染食物及危害人体健康。1962年，《寂静的春天》一书的发布，敲响了全世界对环境污染问题的警钟，20年代70年代起，美国制定的"有机农业"不断影响

---

* 张剑勇，贵州省绿色食品发展中心主任/研究员，研究方向：绿色食品与绿色产业；李发耀，贵州省社会科学院研究员，地理标志研究中心执行主任，研究方向：地理标志与公共区域品牌。

世界各国。自 1992 年联合国召开环境与发展大会，提出积极探索农业可持续发展的模式，欧洲、美国等国家纷纷加快了对生态农业的研究。在这种国际背景下，我国决定开发无污染、安全、优质的营养食品，并定名为"绿色食品"。绿色食品是以严格的环境质量控制为起点，实现"从土地到餐桌"的源头控制和过程控制的双重质量保护。好产品需要好环境。绿色食品以严格的水、土壤、大气等环境标准来确保所生产产品的生态条件，并执行严格的生产操作规程，严控农药使用品种数量和氮肥用量，积极推广绿色防控技术和农家肥堆沤发酵运用，以保证生产产品最终达到绿色食品标准规定。实行产地环境和产品质量双检测，全程安全控制和可追溯，是真正的无污染、安全、质优的农产品。

贵州刺梨是特定山地生态条件下的"土特产"。生于海拔 500～2500 米的向阳山坡、沟谷、路旁以及灌木丛中，为野生小灌木，根系发达、适生性强，有生长快、耐瘠薄、耐寒等特性。早在 20 世纪 60 年代，贵州农学院院长罗登义（国家一级教授）就提出了"3 个刺梨等于一个鸡蛋"的营养理论，现代研究表明，100 克刺梨鲜果中维 C 含量高达 2300 毫克，是名副其实的"维 C 之王"，具有药用和食用双重属性。刺梨已被列入国家卫健委批准的食品新资源名单品种，是全国首个被认定进行培育的国家森林生态标志产品，是贵州喀斯特地区石漠化治理的首选树种。

随着生活水平的不断提高，人们对健康的要求也进入了一个全新的领域。而刺梨的营养特性，正好满足了当下人们的健康消费需求。因此，我们有责任把通过绿色食品认证的刺梨产品推送给消费者，让消费者能够真正体味贵州绿色食品的原味品质。

贵州刺梨研究开发起步早，由于没有形成系统的产业链，没有自己的品牌，因此，一直发展缓慢。2018 年贵州省委农村工作会议上，省委书记孙志刚提出了"来一场振兴农村经济的深刻的产业革命"，要让贵州绿色优质农产品风行天下。贵州八山一水一分田，耕地资源十分有限，但山地资源丰富，适合发展山地高效特色农业。结合贵州的山地特色，省委、省政府把刺梨列为全省十二大产业发展目标产品，2019 年 2 月，贵州省出台《省委省政府领导领衔推进农村产业革命工作制度》，决定成立 12 个领导小组，各由一位省领导任组长领衔，明确刺梨产业由陶长海副省长具体领衔。从此，贵州刺梨迎来了发展的春天。2019 年 6 月，出台了《贵州省农村产业革命刺梨产业发展推进方案（2019~2021 年）》，提出了全省刺梨产业发展的主要目标、发展思路、重点任务和工作措施。确定了要引进和培育一批刺梨龙头企业，发展一批刺梨拳头产品，打造一批刺梨知名品牌，开发一批样板市场，建设全国刺梨种植、加工、销售大省。

在市场消费需求和政府发展引领双重机遇的叠加下，贵州刺梨绿色发展和品牌建设进入快车道。绿色食品是农业农村部一手打造的全国区域公共品牌，历经 30 年发展，已成为我国绿色农业发展的有力抓手，是家喻户晓的质量品牌。要让贵州特色优质刺梨产品风行天下，开展绿色食品认证是借船出海的最有效途径。2020 年 4 月，贵州省生态特色食品产业发展推进会在贵阳召开。会议以贯彻落实省委、省政府实施十大千亿级工业产业振兴行动有关部署，进一步推动生态特色食品产业发展。贵州刺梨产业的发展，再次迎来历史大发展的窗口期，在《2020 全省生态特色食品产业发展工作方案》中，刺梨以其独特的优势位列其中，由于刺梨维生素 C 含量极高，不宜常温储存和运输（一般鲜果储存时间不超过 12 小时，最长不超过 24 小时），需要及时采摘、加工、储存。加之刺梨味甘、酸、涩，鲜果直接销售量非常少，仅占不到 5%，95% 的刺梨鲜果需要进行工业化加工。陶长海副省长说，"刺梨为加工而生，为健康而生，必须要走加工路线，没有加工就没有前途，要把农产品变为工业品，工业品变为健康的消费品"。

这为我们高位推动，发挥资源优势，再造一张贵州绿色产业名片奠定了坚实的基础。

二 绿色食品制度与贵州绿色刺梨产业

为了进一步推进贵州农产品品牌建设，高质量打赢脱贫攻坚战，中国绿色食品发展中心在充分调研的基础上，对贵州省绿色食品发展中心上报的

"关于将刺梨及加工产品纳入绿色食品认证标准目录"请示做出了慎重批复。刺梨与苹果同属蔷薇科，属于温带水果范畴，可以执行《绿色食品 温带水果》（NYT 844—2017）标准，根据标准要求，刺梨为"其他未列入的水果"，理化指标不作为判定的依据，可以不检，其他指标按照该标准执行。刺梨果汁等加工产品适用于《绿色食品 果蔬汁饮料》（NYT 434—2016）①。

绿色食品，是指满足申报条件并通过审核，获得中国绿色食品中心颁发绿色食品证书并允许使用绿色食品标志的产品。绿色食品概念的提出是基于1992年联合国召开的环境与发展大会，提出积极探索农业可持续发展的模式。经过近30年的发展，绿色食品从概念提出到认证管理体系建立及逐步完善，实现了认证产品生产环境优良、过程可控、质量达标的品牌创建模式。绿色食品认证旨在提高生产力水平，满足更高要求，提供更高质量产品及增强市场竞争力，其认证产品须满足：一是产品或生产原材料生产环境须满足《绿色食品 产地环境要求》（NY/T 391）、《绿色食品 农药使用准则》（NY/T 393）、《绿色食品 肥料使用准则》（NY/T 394）及《绿色食品 食品添加剂使用准则》（NY/T 392）等一系列标准；二是根据中国绿色食品发展中心印发《关于绿色食品产品标准执行问题的有关规定》（中绿科〔2014〕153号）文件，文件明确现行《绿色食品产品适用标准目录》（以下简称《目录》）内的产品才可申报绿色食品，范围外的产品一律不予接受绿色食品申报，《目录》内规定了薏仁及薏仁粉等共125类产品。也就是说绿色食品认证不仅是认证程序标准化，认证的产品也必须有质量标准作技术支撑，并遵循资料申报、现场检查、环境产品检测、省级推荐、部中心专家评审通过、中国绿色食品发展中心批准方可使用绿色食品标志。农业农村部中国绿色食品发展中心统筹全国绿色食品认证、监管等工作。各省级工作机构负责材料初审、现场检查、产地环境及产品检测。企业获得绿色食品

---

① 《中国绿色食品中心关于将刺梨及其加工品纳入绿色食品标准目录的复函》（2020年3月9号）。

认证后，应每年接受中国绿色食品发展中心进行的产品监督抽检、各省级工作机构组织的风险抽检及年度检查，合格者继续使用绿色食品标识，期满前90天向省级工作机构递交续展材料，期满未递交材料视为放弃续展，取消绿色食品标识使用权。

贵州刺梨产业的发展，以打造精深加工为目标，以扩大市场、品牌培育为导向，用抓工业的思路抓刺梨产业发展，坚持走加工带动之路，完善"公司＋合作社（基地）＋农户"等利益联结机制，积极探索出刺梨产业加工带动助力脱贫的发展模式。目前，全省种植面积已达167万亩，主要分布在六盘水、黔南、毕节、安顺市等地，每年刺梨鲜果总产量近20万吨。全省从事刺梨加工的企业已超过40家，产品涵盖药品、保健品、化妆品和普通食品等30余种，总产值超过20亿元。刺梨产业带动了全省4万余贫困户脱贫，已成为真正具有贵州特色的绿色产业和带动贵州省贫困人口脱贫致富的重点产业。要把贵州的特色产业、特色产品推向全国，没有工业化理念不行、没有深加工不行、没有品牌更不行。管产业就要管品牌创建，这是市场经济的规律。为了做大、做强刺梨产业，2019年出台的《贵州省农村产业革命刺梨产业发展推进方案（2019~2021年）》中就明确提出："打造一批刺梨知名品牌"。陶长海副省长更是明确提出："要把（刺梨）农产品变为工业品，工业品变为健康的消费品"的发展理念。这与国务院《关于创新体制机制推进农业绿色发展的意见》、农业农村部《农业绿色发展技术导则(2018~2030年)》总体精神高度契合，也与国家绿色食品品牌建设要求高度一致。刺梨产品更多的消费形式应当是刺梨汁、刺梨酒、刺梨果干及有效成分衍生物加工产品，这种产品的消费形态，属于有外包装类物品，十分有利于绿色食品品牌标志的使用。所以，刺梨产业发展绿色食品不仅有政策支持，而且在产品包装形态上也高度契合。

三　贵州刺梨绿色经济建设

绿色农业是运用先进的科学技术、先进的工业装备和先进的管理理念，

以促进农产品质量安全、生态安全、资源安全和提高农业综合经济效益的协调、统一为目标，以指导农产品标准化为手段，推动人类社会和经济全面、协调可持续发展的农业模式。目前，贵州省刺梨产业的发展正向"三个先进、三个安全、一个目标"可持续发展农业模式纵深方向推进。首先，刺梨是贵州喀斯特地区石漠化治理的首选树种，主要种植在山坡地，不争农业生产用地；其次是按工业化发展思路推进生产，以加工企业为龙头，带动种植基地发展；最后是以绿色发展理念为引领，以品牌建设为抓手，以标准化生产为支撑，实现了刺梨产业的持续发展。

广药集团签约贵州刺梨成立了"贵州王老吉刺柠吉产业发展有限公司"，在惠水县投资3.5亿元建两条王老吉刺柠吉和王老吉红罐凉茶生产线；与毕节七星关区签订了《合作开发刺梨项目协议书》，拟建一个润喉糖生产基地。高端加工产业对原料的需求，极大地带动了种植业的高标准发展，遵循了市场经济发展的规律，这种产业发展模式是市场的选择。可持续发展是绿色经济的一项重要内容。英国经济学家皮尔斯1989年出版的《绿色经济蓝皮书》首次提出绿色经济。其内涵是指以效率、和谐、持续为发展目标，以生态农业、循环工业和持续服务产业为基本内容的经济结构、增长方式和社会形态。绿色经济有两方面的发展引导，一是以可持续发展观为基础所形成的新型经济发展方式，它以自然生态规律为基础，通过政府主导和市场导向，制定和实施一系列引导社会经济发展符合生态系统规律的强制性或非强制性的制度安排，引导、推动、保障社会产业活动各个环节的绿色化，从根本上减少或消除污染。二是体现出自然环境的价值，将环境资源的保护和合理利用作为其经济系统运行原则。传统经济系统坚持封闭性、独立性，认为只要系统本身不断扩大，经济就会得到永无止境的发展，不受其他任何条件的制约，这导致全球环境危机的不断加剧。

贵州刺梨绿色经济建设，可以分为三个层面。第一个层面是以刺梨产区的合作社/协会/企业等为主体按照《绿色食品　温带水果》（NYT 844—2017）、《绿色食品　果蔬汁饮料》（NYT 434—2016）标准要求展开刺梨鲜果认证和刺梨果汁等加工产品认证保护，全面推动贵州刺梨产业纳入绿色食品制度管理范畴，发挥贵州刺梨绿色产业的生态优势。第二个层面是在刺梨绿色食品管理的基础上开发更多生态功能特色食品，发挥刺梨全生态功能食品产业链的价值，刺梨花、刺梨果、刺梨叶、刺梨汁等刺梨深加工产品，把资源优势转化为经济优势，实现绿水青山就是金山银山的生态价值。第三个层面是推动全省刺梨主要产区以地方政府为主体展开全国绿色食品原料标准化基地建设。这是刺梨绿色经济建设的重点。首先，这是深化刺梨产业结构战略调整、发展刺梨生态农业、带动农民增收的重要手段。建设内容包括：成立刺梨工作领导小组；设置专职人员和基地办公室，统筹并协调相关产业发展，将松散的刺梨产业资源聚集发展；明确基地机构内工作职责，建立由政府职能部门、重点刺梨企业、刺梨农民专业协会、刺梨合作社等多方参与的建设组织体系，制定符合地方刺梨产业发展的基地规划及工作方案，明确基地创建总体目标、阶段目标、主要内容、资金分配与筹措、基地创建具体时间安排、保障措施等内容；确定基地建设范围，根据刺梨种植情况及产地环境现状，明确基地建设地点，进行基地地块划分及统一编号。其次，刺梨绿色原料基地的建设，是直接整体推动刺梨生态功能特色食品的重要绿色产业发展基础。内容包括：刺梨基地建设管理制度和环境保护制度、刺梨生产技术指导和推广制度（包括按照绿色食品技术标准制定的生产作业指导样本、基地范围内绿色病虫害统防统治具体措施、绿色防控技术推广措施等）、刺梨绿色食品专项培训制度、刺梨生产档案管理和质量可追溯制度（包含投入品购买记录、田间生产管理与投入品使用记录、收获记录、仓储记录、交售记录样本，其中田间生产管理与投入品使用记录内容应包括生产地块编号、种植者、作物名称、品种、种植面积、播种或移栽时间、土壤耕作情况、施肥时间、施肥量、病虫草害防治施药时间、用药品种、剂型规格及数量等）、刺梨产业投入品管理制度（含基地内投入品管理体系、市场准入制度、监督管理制度、基地允许使用的农药清单及肥料使用准则、基地允许使用的投入品销售及使用监管措施等）、刺梨产业综合监督管理及检验检测制度（须包括针对基地环境、生产过程、产品质量及相关档案记录的具体监督检查措施）。最后，刺梨绿色食品原料基地严格按照农业农村部《绿

色食品　产地环境质量》《绿色食品　农药使用准则》《绿色食品　肥料使用准则》标准执行，可以实现贵州刺梨产业的发展从生产到市场的可追溯，从种植、田间管理、绿色防控、采收、仓储、加工、销售等流程对刺梨产业进行全面监管，加强产品检测，全面提升刺梨产品质量安全保障，让消费者买到安全放心的绿色刺梨产品。可以说，多个绿色原料标准化基地的建设，将会形成贵州刺梨绿色产业又好又快、更好更快全面发力建设的格局，将会使贵州刺梨绿色资源快速转变成绿色经济。

B.9
中国刺梨核心产区：
黔南州刺梨产业实施方案

张风臣　周世敏　莫亮团　刘进*

摘　要： 为贯彻落实贵州省委、省政府关于农村产业革命的工作要求，优化黔南农业产业结构，实现刺梨产业高质量发展，助推全州脱贫攻坚工作，本文以发展黔南州刺梨产业的总体思路、产业目标、发展路径、保障措施为主线，分析并提出黔南州刺梨产业实施方案。

关键词： 黔南州　刺梨　产业化

一　总体思路

黔南刺梨产业围绕"稳规模、提质量、强加工、扩市场、建标准、创品牌"总体思路，打造"刺梨良种繁育基地、刺梨标准种植基地、刺梨产品加工基地、刺梨康养文化基地、刺梨科技开发基地和刺梨产品交易中心"五基地一中心，建立"公用政策、公用技术、公用品牌、公用标识、公用宣传"体系，夯实产业基础、提升产品质量、拓展产品市场、畅通产业循环，实现高质量发展。

---

* 张风臣，黔南州人民政府副州长，研究员，研究方向：林业科技。周世敏，黔南州森林资源保护中心高级工程师，研究方向：林业。莫亮团，黔南州林业科技推广中心工程师，研究方向：林业产业资源保护。刘进，黔南州林业科技推广中心高级工程师，研究方向：林业产业。

二 产业目标

到 2020 年：全州刺梨种植面积稳定在 60 万亩以上，基本建成贵定、龙里刺梨产业园区；全州年千吨以上鲜果加工企业 12 家（其中：年加工鲜果万吨以上骨干企业 2 家、省级以上龙头企业 8 家）、年鲜果加工能力达 12 万吨、综合产值达 25 亿元。到 2025 年：龙里、贵定、长顺打造刺梨生态文化康养基地各 1 个；全州年千吨以上鲜果加工企业达 18 家（其中：年加工万吨以上骨干企业 3 家、省级以上龙头企业 15 家，长顺、平塘、独山各建成年千吨以上加工企业 2 家）、年鲜果加工能力达 30 万吨、综合产值达 50 亿元。

三 发展路径

（一）标准化夯实产业基础

1. 提质基地管理

建设刺梨良种繁育基地、刺梨种质资源保存库，收集国内不同地理种源优良单株，培育不同性状、不同成熟期的功能性良种，最大限度保存刺梨种质资源基因。打造"加工企业为龙头、合作社为载体、协会为纽带、农户为基础"的刺梨产业化经营模式，提升刺梨基地标准化抚育管理水平。推广测土配方施肥、旱地绿肥和微生物肥。实施绿色防控，建立防治管理追溯制度。重点打造贵定、龙里、长顺、独山、平塘 5 个刺梨主产区，建好瓮安、福泉、都匀、惠水 4 个刺梨辐射区。〔牵头单位：州林业局；责任单位：州农业农村局、州扶贫办，各县（市）政府〕

2. 健全标准体系

开展黔南刺梨标准体系建设，制定《刺梨产地环境标准》《刺梨种质资源描述规范与种子育苗标准》《刺梨病虫害无害化技术规程》《刺梨采收与等级标准》《刺梨加工技术规范》《刺梨产品质量标准》等系列标准；支持《中国刺梨产业发展报告》编撰，在北京组织召开新闻发布会；加快刺梨应用合规性认定，积极争取将刺梨纳入《药食同源原料目录》中的保健食品和食药同源名单。支持和鼓励优强民营企业参与国际标准、国家标准、行业标准、地方标准、团体标准的制定和修订，对起主导作用的民营企业，州级财政给予国际标准30万元、国家标准20万元、行业标准10万元、地方标准5万元资金补助。[牵头单位：州林业局、州财政局；责任单位：州市场监管局（州知识产权局）、州卫生健康局、州科技局]

3. 抓好溯源认证

抓好产地环境保护和土壤质量监测，推行刺梨生产记录台账制度，严格生产全环节质量监管。企业建立产品质量检测点，园区设立质量检测监测中心，强化风险分级管理和属地责任，建立全程可追溯、互联共享的追溯监管综合平台，实行产地环境、生产过程、收储运销全链条监管。支持引导刺梨生产企业开展质量管理体系认证，对取得SC（食品生产许可证）等质量认证的企业，县级财政给予10万元资金补助。到2020年，全州通过绿色、有机认证和森林生态标志产品认证的刺梨基地20万亩以上。配合省农业部门将"贵州刺梨"列入中国与欧盟互认的农产品地理标志产品。[牵头单位：州林业局、州农业农村局；责任单位：州市场监管局（州知识产权局），各县（市）政府]

（二）集群化保证产业规模

1. 加快产业园区建设

重点打造龙里、贵定刺梨产业园区，推进长顺、平塘、独山3个刺梨产业区建设，不断完善园区基础设施配套，到2020年初具规模。到2025年建成产品研发、产品测试、生产加工、电子商贸、现代物流、金融服务等完备的产业园区，将贵定沿山现代农林产业园建成全国知名的刺梨加工园区、商贸园区、物流信息园区。（牵头单位：州工业和信息化局、州林业局；责任单位：龙里、贵定、长顺、平塘、独山等县政府）

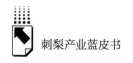

2. 加快产业联盟发展

开展刺梨产业专题招商，引进大型企业、财团等社会资本、金融资本投入刺梨产业，组建刺梨产业企业联盟。到2025年，培育年产值10亿元的企业联盟1个，年产值1亿元的龙头企业2家，年产值5000万元的龙头企业4家。[牵头单位：州林业局；责任单位：州投资促进局、州工业和信息化局、州科技局、州政府办公室（州金融办）]

（三）品牌化提升产业影响

1. 强化刺梨品牌建设

采取"1＋N"模式打造"贵州刺梨"品牌及系列子品牌，开展黔南刺梨品牌VI系统应用设计制作，实现产品外观、包装、二维码、LOGO等统一管理。组织申报国家地理标志保护产品，将全州适宜刺梨种植区域纳入保护范围。支持刺梨加工企业申报国家级、省级龙头企业及驰名商标。凡新获中国驰名商标、国家地理标志保护、国家地理标志证明商标保护产品的企业，州级财政给予20万元资金奖励。[牵头单位：州林业局；责任单位：州财政局、州市场监管局（州知识产权局），各县（市）政府]

2. 强化刺梨品牌管理

开展"贵州刺梨"品牌管理体制机制建设，建立"贵州刺梨"品牌和"好花红"商标申请、授权、监管、退出机制，确保品牌含金量；加强"贵州刺梨"品牌、"好花红"商标管理使用，依法打击侵权行为，增强商标保护意识。探索"品牌＋商标＋产品"模式，实现公用品牌和公用商标共建、共享、共管，建立"企业品牌保护、行业品牌保护、司法品牌保护"相结合的品牌管理机制。[牵头单位：州市场监管局（州知识产权局）；责任单位：州林业局，各县（市）政府]

3. 强化刺梨品牌宣传

发掘刺梨文化，讲好刺梨故事。统一组织刺梨企业到粤港澳、京津冀、长三角等发达地区，以及"一带一路"沿线国家开展宣传推介和招商引资。在荔波小七孔、平塘大射电、绿博园、汉唐影视城等州内重点景区景点、游客中心 LED 屏循环播放刺梨宣传片，支持刺梨产品入驻景区景点展销；积极争取把刺梨纳入中央电视台等国家主流媒体扶贫公益广告，提高品牌知名度和商标影响力。[牵头单位：州林业局、州委宣传部；责任单位：州扶贫办、州投资促进局、州文化广电和旅游局（州体育局），各县（市）政府、都匀经济开发区管委会]

（四）市场化促进产业循环

1. 畅通线下市场

支持贵定沿山建设刺梨物流港，完善冷链物流、仓储保鲜、产品展橱、电子结算、金融服务等市场要素，形成辐射全省、全国的交易中心；建立以龙里、贵定、长顺、平塘、独山 5 个刺梨加工园区为中心的一级市场，都匀、瓮安、福泉、惠水 4 个二级市场，以刺梨重点乡镇为三级市场的刺梨鲜果营销网络；争取将刺梨产品纳入军队采购目录，实现产业与军供融合。[牵头单位：州商务局；责任单位：龙里、贵定、长顺、平塘、独山、都匀、瓮安、福泉、惠水等县（市）政府]

2. 拓展线上市场

推动农村电商发展，建立"加工企业＋电商企业（经纪人）＋种植户"营销模式，拓宽种植户鲜果销售通道，加工企业鲜果收购渠道。鼓励支持刺梨企业在大型电商平台、跨境电商平台开设网店，支持企业扩展电商业务，发展"网上看样下单、实体店体验消费"营销模式。[牵头单位：州商务局；责任单位：州大数据局、州供销社，各县（市）政府]

3. 实施奖补政策

一是贷款贴息：刺梨加工企业年应税销售额在 5000 万元至 1 亿元的，按企业实际贷款额同期国家公布基准贷款利率的 2% 给予贴息；应税销售额在 1 亿元至 2 亿元的，按企业实际贷款额同期国家公布基准贷款利率的 3% 给予贴息；应税销售额在 3 亿元以上的，按企业实际贷款额同期国家公布基准贷款利率的 4% 给予贴息。二是资金补助：刺梨加工企业在一、二线城市开设刺梨产品专卖店、体验店，年销售额在 500 万元以上的，每店每年补助

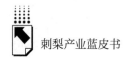

10万元。以上资金由州、县两级财政按2∶8比例分担，补助时间为3年，具体方案由牵头单位协商制定。[牵头单位：州财政局、州林业局；责任单位：各县（市）政府]

四 保障措施

1. 加强工作调度

强化州级刺梨产业发展机构，领导小组下设刺梨产业工作专班和专研团队，确保刺梨产业有人抓、有人管、有序经营。刺梨主产县比照设置刺梨产业发展专班，专抓刺梨产业发展。刺梨产业专班、牵头及责任单位切实履行工作职责，强化日常调度和指导，及时研究解决刺梨产业发展中存在的问题。[牵头单位：州林业局；责任单位：州农业农村局，各县（市）政府]

2. 鼓励产销研发

依托中国林科院、贵州大学、贵州刺梨学会、中国经济林协会刺梨分会等科研院所，开展刺梨产品研发及市场开发。积极争取国家刺梨工程技术研究中心的研发基地、产品中试基地和贵州省刺梨产品质量检验检测中心设在黔南。采取"先建后补"方式支持企业引进先进的科技成果、加工工艺和生产线，鼓励企业与本地高校开展刺梨产学研合作，建设州级刺梨工程技术科研团队。鼓励高校、科研院所选派科技人员到刺梨生产企业挂职或参与项目合作。[牵头单位：州林业局；责任单位：州科技局、州人力资源社会保障局、州市场监管局（州知识产权局）]

3. 加大资金支持

州级财政每年从农业产业化发展专项资金中安排500万元，用于刺梨宣传、标准制定、企业奖补、种质资源库建设及创新研发等；刺梨产业发展重点县（市）财政每年安排一定资金，用于刺梨产业发展和加工企业鲜果收购补贴。完善刺梨资源评估体系、刺梨风险可控体系，做好刺梨基地确权发证和林权贷款抵押，加大对刺梨企业的金融扶持。协调贵阳银行、贵州银行、农商行等建立"刺梨贷"产业发展特惠贷款产品，加大刺梨不动产证发证力度，开展质押抵押，解决刺梨经营加工企业资金瓶颈，把刺梨产业作为贵州绿色产业扶贫投资基金的重点支持对象，加大对刺梨企业的金融扶持。将"黔南刺梨·大健康中国行"专题宣传推介招商活动纳入州级对外重要招商事项。[牵头单位：州财政局、州政府办公室（州金融办）；责任单位：州发展改革局、州扶贫办、州投资促进局、州林业局，各县（市）政府]

4. 培育经营主体

加快农村"三变"改革，引导支持农户以劳动力、耕地、林地、资金等生产要素，入股龙头企业、种植公司、合作社等经营主体；支持新型经营主体通过林地、耕地流转，刺梨园收购并购、代耕代管，提高刺梨基地生产经营水平。完善农户与企业利益链接机制，让农户切实享受要素收益。[牵头单位：州林业局；责任单位：州农业农村局、州市场监管局（州知识产权局）、州自然资源局、州扶贫办]

5. 制定发展条例

将《黔南布依族苗族自治州促进刺梨产业发展条例》纳入州人大年度立法计划，以法制形式保护利用好黔南刺梨资源，促进产业可持续发展。（牵头单位：州人大法制委员会；责任单位：州司法局、州林业局）

B.10
黔南布依族苗族自治州刺梨产业发展历程

唐军 刘言生 欧国腾 牛涛*

摘 要： 本文基于黔南州刺梨发展史、刺梨开发价值及前景，结合黔
南州刺梨产业发展现状，分析了黔南州刺梨发展存在问题及
瓶颈，并提出黔南州刺梨产业发展展望及对策。围绕"中国
刺梨之州"目标，按照"刺梨良种繁育基地、刺梨标准种植
基地、刺梨产品加工基地、刺梨康养文化基地、刺梨科技开
展基地和刺梨产品交易中心"五基地一中心总体规划和"稳
规模、提质量、强加工、建标准、创品牌、拓市场"的总体
思路，着力将刺梨打造成为"四型产业"和"四品"。

关键词： 刺梨 产业发展 黔南

一 黔南刺梨发展史

刺梨在黔南历史记载丰富，清乾隆年间时任贵州巡抚爱必达所著的
《黔南识略》、嘉庆年间瓮安人傅玉书所著的《桑梓述闻》，光绪年间的《荔
波县志》及民国时期的《（民国）都匀县志稿》《瓮安县志》中均有对刺梨
的相关记载。《（民国）都匀县志稿》中就记载有"刺梨，名见《天宝本

---

* 唐军，黔南州林业局局长，研究方向：林业生态建设及产业发展。刘言生，黔南州林业局副
局长，研究方向：林业生态建设及产业发展。欧国腾，黔南州林业科学技术推广中心主任/工
程技术应用研究员，研究方向：林业科研及产业培育。牛涛，黔南州林业科学技术推广中心
工程师，研究方向：林业科研及产业培育。

草》即《蜀本草》之金樱子，宜生食、糖渍，尤佳酿酒，色黄，亦香长"①。独山县影山镇清代贵州著名学者、西南巨儒莫友芝《吕亭诗钞》有诗云"芒果说山楂，循名欲把疑。形模难适眼，风味竟舒眉。品以经霜别，芒缘入酿奇。不须忙采摘，但就菊花期"、"琐实漫阡谷，卑枝乱棘榛。花时差可喜，山国驻荒春。功亦资篱落，材原谢帝珍。元深王会里，毛帔等逡巡"。② 今有学者司有奇等著《中国水族医药宝典》《黔南本草》详细记载刺梨形态、分布、药性、方药等。特别是在 1953 年，在惠水地区布依山寨中世代流传的一首民歌，经过当地艺人王昌吉、王昌松、伍政权和谢世平再创作，再由当时著名作曲家罗宗贤及贵州省歌舞团的黄江帆、曹玉凤等采编收录，最终形成了如今传唱祖国各地的《好花红》，其优美的旋律和朗朗上口的歌词将布依民族心中的美好传递给全国各族人民。

新中国成立以来，黔南刺梨产业经历了三个重要发展时期，第一时期为 1981~1999 年，为黔南刺梨发展起步时期，以野生刺梨加工为主，小作坊加工为主，工业化生产刚起步。1981 年原省科委立项，对刺梨资源进行普查，收集 500 个优良单株，选育培育贵农 1~8 号品种。1984 年在原贵州农学院牟均富教授的指导下，龙里县食品饮料厂下线生产"刺梨晶"。1986 年贵州省平塘县酒厂下线生产姣平牌刺梨美乐醇，该产品选用当地产野生刺梨鲜果为原料，采用独特发酵工艺，于 1987 年被评为贵州省优质产品。1993 年原贵州农学院向显衡等在龙里茶香十里沟、基长镇试种贵农 1~8 号，建成良种基地 300 亩，同年原黔南州科委批准立项在龙里的谷脚镇建立 1000 亩刺梨种植基地，以贵农 5 号为主要栽种品种，贵农 7 号为授粉品种。1995 年龙里县康源刺梨开发有限公司与贵州老来福合作，加工生产刺梨原汁。第二时期为 2000~2013 年，为黔南刺梨增速发展期，2000 年以来，退耕还林、石漠化治理、水土保持及扶贫项目等多项措施的持续推进实施，有力地扩大了刺梨的栽种面积，到 2013 年底全州刺梨面积 11.03 万亩。其中人工

① 窦全曾修、陈矩纂《（民国）都匀县志稿》，贵州人民出版社，2019，第 624 页。
② 莫友芝著，张剑、陶文鹏、梁光华编辑校点：《莫友芝诗文集》，人民文学出版社，2009，第 224 页。

种植刺梨面积 7.06 万亩，野生资源面积 3.97 万亩。产品以刺梨果脯为主，小作坊遍布全州，尤其以贵定、龙里为主，贵定县沿山镇以加工果脯而出名。2004 年贵州山人酒业有限公司在贵定县盘江镇成立，引进德国酿酒生产设备及工艺，用 100% 刺梨原汁低温控温发酵，生产"山人"和"贵州红"两个品牌全汁刺梨发酵干酒，同年"山人"牌刺梨干酒即荣获"中国消费市场食品安全放心品牌"，并在 2005 年的伦敦国际评酒会摘得银奖。2008 年贵定县山野敏子食品厂创建，主营"敏子"牌刺梨干、刺梨原汁。2011 年长顺丹索亚刺梨庄园有限公司成立，该公司是集高端刺梨全汁发酵酒、刺梨浓缩汁生产与研发及优质刺梨基地建设和销售于一体的酒庄型企业。2012 年 7 月贵州省刺梨学会在龙里县成立，贵州大学农学院院长樊卫国教授出任第一任会长，同年 8 月中国经济林协会授予龙里县"中国刺梨之乡"称号。2013 年贵州奇昂生物科技有限公司在龙里高新技术产业园成立，该公司也是全省第一家生产刺梨口服液及刺梨茶产品的加工企业。同年黔南州委、州政府出台了《关于加快刺梨产业发展的意见》，并制定了《黔南州 50 万亩刺梨产业发展规划（2013~2017）》。第三时期为刺梨高速提质发展期，2014 年以来，刺梨产业发展受到省委、省政府、州委、州政府的共同高度重视，刺梨的种植基地建设、生产加工、产品研发及市场营销等全产业链都得到快速发展及壮大，刺梨的种植面积突破了 60 万亩大关，其中挂果出产的面积达到 16.8 万亩，鲜果产量接近 6 万吨。全州的刺梨加工注册企业也与日俱增，相继成立了如贵州山王果健康实业有限公司、贵州恒力源天然生物科技有限公司、贵州黔宝食品有限公司、贵州天龙投资开发有限公司、贵州金维益大健康发展有限公司、贵州绿视野绿色开发有限公司、贵州黔味飘农业发展有限公司、贵州黔之爱生物科技有限公司、贵州维多科技开发有限公司、贵州多醇科技开发有限公司等，全州刺梨年加工能力达到 12 万吨以上，其中年加工能力达到 1000 吨以上的企业就有 16 家。2014 年 9 月 16 日，贵州省刺梨产业发展现场推进会在黔南州龙里县召开，时任贵州省副省长刘远坤出席并讲话。2015 年编制发布《黔南刺梨产地营销白皮书》，包括《黔南刺梨产地营销总纲》《黔南刺梨产地品牌战略规划》《黔

南刺梨产地品牌形象手册》《黔南刺梨产地品牌管理手册》四个篇章。2017年4月黔南州人民政府印发《黔南州刺梨产业提升三年行动计划（2017～2019年）》，6月经中国经济林协会同意成立中国经济林协会刺梨分会，并召开成立大会暨首届中国刺梨产业发展研讨会，会议中一致选举贵州省中科院天然产物重点实验室副主任、教授杨小生为第一届会长。2018年，广药集团对口帮扶贵州刺梨产业，创新研发"刺柠吉"系列产品，中国经济林协会授予龙里县、贵定县"中国刺梨名县"称号。2019年4月，"刺柠吉"饮料在惠水县贵州潮映大健康有限公司正式下线生产，日产量实现50万罐，年底实现"刺柠吉"系列产品总销售额过亿，6月在北京世界园艺博览会上广药集团召开"刺柠吉"系列产品发布会，7月贵州省政府副省长陶长海到黔南开展刺梨产业调研，黔南州委、州政府印发《关于推进刺梨产业高质量发展的实施意见》，10月贵州省市场监管局批准黔南质检院组建省级刺梨产品检验检测中心。2020年1月黔南州发展和改革局印发《黔南州跨区域特色产业刺梨发展规划（2019～2023）》，5月贵州王老吉刺柠吉产业发展有限公司在惠水县正式挂牌成立。

二　黔南刺梨产业价值及前景

我国著名农业生物化学家、营养学家、中国刺梨之父——罗登义教授对刺梨做出了"刺梨两种维生素含量高于其他任何果蔬""中国独有的珍稀野生水果""最有中国和贵州特色的食药两用资源""最有开发价值的营养保健食品资源"等评价，中国工程院院士陈君石指出刺梨是"中国未来具有重大开发价值的新型营养源"，中国工程院院士袁隆平在贵州省六盘水市调研时也指出"刺梨号称维C之王，有着广泛的市场开发前景"。

从刺梨资源禀赋看，刺梨为云贵高原、攀西高原特有植物，主产于贵州，具有高营养、野生、绿色水果特质，为21世纪人类需求所崇尚。刺梨营养丰富、均衡，对人体有明显的抗氧化作用，具备超级食品特质。澳洲大溪地诺丽果、阿根廷马黛茶卖的是维生素，凭一个单品，一年就达到10亿

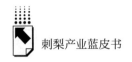

美元和8亿美元销量，消费人群多达百亿之众，而此二者与刺梨相比，刺梨所含 Vc、SOD、黄酮类更丰富、抗氧化更强，刺梨具备了做成世界级时尚大健康膳食产品禀赋。

从刺梨活性成分看，刺梨 Vc、Vp、SOD、黄酮类、三萜类等活性物质含量非常高。Vc 关系人体内多种酶、激素的生成，癌症是 Vc 缺乏症。SOD 是"生物黄金"，国内外学界一致认为 SOD 是机体内氧自由基的专一清除剂，有6000多种疾病与机体内缺乏 SOD 相关。黄酮类物质具有提升人体免疫力、降三高、抗氧化、抗肿瘤、抗衰老等功效。现代工艺可完全提取 Vc、SOD、黄酮类等生物活性成分，研发出高附加值的功能性保健品、药品、化妆品，开发潜力巨大。

从刺梨功能功效看，据上海医科大学药学院程务本等综述现代医学医药研究成果，刺梨具有以下功效：①增强机体免疫功能，实验证明刺梨对动物的非特导性免疫功能和特异性免疫功能都有显著的影响作用，能提高机体免疫力；②延缓机体衰老，刺梨丰富的超氧化物歧化酶（SOD）有明显清除体内自由基的作用，降低内脂褐素；③抗突变、防癌、抗癌，刺梨汁能有效阻断机体内强致癌物质 N－亚硝基脯氨酸的合成，起到防癌、抗癌功效；④抗动脉粥样硬化，刺梨中的多种维生素、SOD 以及黄酮类化合物，能有效预防和减轻动脉粥样硬化、高血压及冠心病等；⑤防治糖尿病，刺梨的黄酮类及三萜类物质能显著降低血清葡萄糖和甘油三酯，提升血清胰岛素，抑制醛糖还原酶，以保护胰脏；⑥降低机体内重金属危害，刺梨汁有显著的拮抗重金属导致的氧化损伤的作用，在降低高氟、高锰、高砷、高汞等对机体损害的同时，促进排出；⑦增强脾细胞增殖，促进胃液分泌、提高胃蛋白酶活性，促进胆汁分泌，健胃消食，改善肠胃消化不良；⑧保护胃黏膜、肝、肾、神经干细胞。

从刺梨文化底蕴看，史书记载刺梨有近380年历史，最早记载于康熙年间的《黔书》，之后的陈鼎《滇黔纪游（黔游记）》、康熙《贵州通志》、赵敏学《本草纲目拾遗》、刘善述《本草便方二亭集》、吴其溶《植物名实图考长编》均有记载，《中药大辞典》收载刺梨。特别是在抗日战争时期，

"中国刺梨之父"罗登义教授于1943年在《营养丛论》上发表了《刺梨的营养化学》的文章,让教授送刺梨干支援抗战前线的故事成了一段佳话。1981~1986年间,刺梨作为中国女排运动员的营养品,追随中国女排征战四方,成就了中国女排"五连冠"的霸业。而刺梨的酒文化更是源远流长,早在清道光年间《贵阳府志》中就记载有"今黔人采刺梨蒸之、爆干、囊盛之酒盎,名刺梨酒,味甚佳,甜而能消宿食"①。深厚的历史底蕴,赢得了做大做强源泉。

从刺梨产业基础看,贵州是唯一把刺梨做成产业的省,全省现有刺梨种植基地60余万亩,并已在贵定、龙里两地建成刺梨加工产业园区,园区内入驻的加工企业有恒力源、山王果、天泷刺梨港等十余家。目前全省范围内规模以上的加工企业达到16家,加上其他小规模及作坊式加工企业,总的加工能力达12万吨以上,冷链仓库的规模也在逐步扩大,其中刺梨原汁专用冷藏库就有1.5万容量。在地理标志产品认证方面,目前已有"龙里刺梨""龙里刺梨干"2个国家地理标志产品及"贵定刺梨"地理标志证明商标,贵州省著名商标有"茶香刺梨""谷脚刺梨"2个,具备产业发展基础。

从政策红利看,根据习近平总书记在党的十九大报告中提出"实施健康中国战备",以及在《国民营养计划(2017~2030年)》中提出的"发展食物营养健康产业",省委书记孙志刚、省长谌贻琴在会见广药集团时提出"举全省之力,将刺梨打造成时尚生态大健康产业",广东省委、省政府及广州市委、市政府也将推动刺梨产业发展作为贯彻落实习近平总书记关于东西部扶贫协作和对口支援工作的重要指示精神的重要举措,广州医药集团帮助贵州省进一步发展刺梨产业,凭借广药集团资金、技术、市场、营销网络等优势,黔南刺梨实现借船出海。高层重视,黔南州委、州政府针对刺梨产业不同发展阶段,相继出台了《关于加快刺梨产业发展的意见》(2013年)、《黔南州刺梨产业提升三年行动计划(2017~2019年)》(2017年)、

---

① 贵阳市地方志编纂委员会办公室编《(清·道光)贵阳府志》,贵州人民出版社,2004,第876页。

《关于推进刺梨产业高质量发展的实施意见》（2019 年）等政策，为刺梨带来更大的发展契机和空间。

三 黔南刺梨产业发展现状

（一）种植区划和基地建设

根据敖芹、谷晓平等《贵州刺梨气候适宜研究》报道，将贵州划分为最适生区、适生区、次适生区。最适生区海拔 800～1600m，5～8 月均温 18℃～21℃，其中 7 月的均温为 19.5℃～23.0℃，10℃积温（3500℃～4400℃）·d；适生区海拔 300～800m、1600～1900m，其中 1600～1900m 区域气候条件稍差，5～8 月均温 21.0℃～23.5℃、16.5℃～18.0℃；其中 7 月均温 23℃～25.5℃、18.0℃～19.5℃，10℃积温（4400℃～5000℃）·d、（3000℃～3500℃）·d。根据以上条件划定，全州范围内的龙里、贵定、福泉、瓮安、惠水、长顺、都匀、独山、平塘等县（市）大部分区域为最适生区。目前全州的刺梨栽种总面积为 60.72 万亩，其中核心栽种区为龙里、贵定、长顺、独山、平塘 5 县，面积达到 45.71 万亩，占到全州总面积的 75.3%。栽种的品种主要为贵农 5 号和贵农 7 号，2019 年的挂果面积有 16.7 万亩，鲜果产量达到 3.23 万吨，占到全省刺梨鲜果产量的 65% 以上。

（二）资源保存和良种选育

黔南作为全国刺梨的核心产区，其野生刺梨种质资源也十分丰富，同时对刺梨的品种选育及科研亦起步较早，自 1982 年以来，贵州省果树工程技术研究中心搜集了刺梨种质资源材料 178 份，向显衡、高相福、樊卫国等利用优良植株进行连续多代的实生繁殖和系统选择，共培育了"贵农 12 号"、优良无性系品种"贵农 1～8 号"及繁殖新系"贵农 9 号"等多个品种。其中"贵农 1、2、5、7 号"四个品种已取得贵州省品种审定委员会颁发的品种审定证书。向显衡、樊卫国建立了刺梨良种常规繁育技术体系。黔南刺梨良种繁育工作相比省内其他地区较早，1993 年原贵州农学院向显衡等在龙里茶香十里沟、基长试种贵农 1~8 号，建成良种基地 300 亩。在此基础上，自 2013 年分别在龙里县茶香村、贵定县火炬村建立了贵龙 5 号、贵龙 7 号刺梨采穗圃近 500 亩，截至目前培育的各品种刺梨良种壮苗近 2000 万株，在满足全州苗木需求的同时，也为其他市（州）刺梨栽种提供优质苗木，供应了全省近 80% 的刺梨良种穗条。2017 年争取到省、州、县项目投资 360 万元，在龙里县已开工建设刺梨良种繁育基地 400 亩，收集保存不同地理区域刺梨种质资源及刺梨良种 200 余份。

（三）产品研发方向

黔南州刺梨产品主要有刺梨原汁、刺梨浓缩汁、刺梨口服液、刺梨干、刺梨果脯、刺梨饮料、刺梨维 C 含片、刺梨精粉、刺梨酒等，缺少保健品、药品类产品，产品附加价值相对较低。针对黔南州刺梨产品结构，首先要持续加强同广药集团的合作力度，通过广药集团雄厚的科技、人才及市场优势，在着力刺梨时尚产品研发的同时，深入开展对刺梨医药、临床基础的研究，研制以刺梨为主的药品或医院制剂；其次是最大限度发挥贵州刺梨学会、中国经济林学会刺梨分会等组织团体的人才优势，同省内各个科研院所建立并加强合作，做好、做深对刺梨的功能性保健品、药品的开发研制，重点发展刺梨休闲食品、刺梨酒、刺梨精粉、天然维 C 含片、SOD、酵素等日常健康消费品，以及糖尿病、重金属污染、癌症疾病等的辅助治疗产品。

（四）标准体系和质量体系

目前国内现行有效的刺梨标准共 11 项，其中刺梨省级地方标准 10 项，刺梨行业标准 1 项。标准如下：《刺梨培育技术规程》（LY/T 2838 – 2017）、《刺梨白粉病绿色防控技术规程》（BD52/T 1487 – 2020）、《刺梨梨小食心虫绿色防控技术规程》（DB52/T 1488 – 2020）、《刺梨育苗技术规程》（DB52/T 1145 – 2016）、《地理标志产品　盘县刺梨果脯》（DB52/ T1079 – 2016）、《地理标志产品　龙里刺梨》（DB52/T 936 – 2014）、《无公害食品刺梨》

（DB52/T 564 - 2009），《无公害产品刺梨生产技术规程》（DB52/T 564 - 2009），《刺梨无公害栽培技术规程》（DB5227/T 041 - 2019）等，已完成《刺梨良种栽培技术规程》《刺梨良种组培苗繁育技术规程》省级标准制定，待公布实施。《刺梨原汁加工原料鲜果质量标准》《刺梨低产林改造技术规程》省级标准批准立项，正在起草《刺梨原汁质量标准》《刺梨林业有害生物绿色防控技术规程》。黔南州将继续联合省内科研院所，加快刺梨省级地方标准立项与制定。

（五）园区建设和企业培育

黔南刺梨企业众多。据省工业和信息化厅调查统计，全省范围内的刺梨加工企业有 44 家，刺梨年加工能力达 88.87 万吨，主要集中在黔南 17 家、六盘水 5 家、安顺 12 家、毕节 6 家，其他市州 4 家，规模最大的为盘州市宏财集团，效益最好的为国药同济堂及旗下子公司老来福生物科技，年销售值为 3000 万元以上。据 2019 年底统计，黔南州刺梨加工能力不断增强，王老吉、汇源果汁等大型企业入驻，新增加维多科、绿视野、黔之爱、黔味飘等 4 家加工企业，全州年加工能力达万吨的企业有 6 家，年加工鲜果能力达千吨以上的企业有 16 家，其中国家林业龙头企业 1 家，省级龙头企业 5 家，目前全州的刺梨鲜果年加工能力已达 12 万吨，已建成刺梨原汁专用冷藏库 1.5 万吨，具备一定加工基础。黔南州建成贵定、龙里 2 个刺梨加工产业园区。

（六）品牌创建和产品认证

黔南刺梨品牌集中，目前全州有国家地理标志保护产品"龙里刺梨""龙里刺梨干"两件，地理标志证明商标"贵定刺梨"一件，以及贵州省著名商标"茶香刺梨""谷脚刺梨"两件。注册的商标还有"恒力源""康赐你""苗天品""黔宝""山王果""高原苗香""敏子""嬗姨妈""九个刺梨果""天泷"等。其中"敏子牌"刺梨干及刺梨原汁在 2016 年入榜黔南州十大农特产品，"高原苗香牌"刺梨干荣获第四届"多彩贵州"旅游商品地方特色奖。"龙里刺梨干"获"贵州省名牌农产品"称号，并被认定为绿色食品标志产品。龙里县被中国经济林协会命名为"中国刺梨之乡"，贵定、龙里两县获"中国刺梨名县"称号。龙里十里刺梨沟旅游景区成功认证为国家 AAA 级旅游景区，贵州省政府批准龙里茶香刺梨产业园区为省级现代高效农业示范园区。按照 1＋N 品牌培育模式，现着力打造出"黔南刺梨"公用品牌和商标。开展二品一标和国家森林生态标志产品认证，恒力源、山王果取得有机食品认证，敏子、金维益、丹索亚申请通过有机食品认证，奇昂生物产品取得国际穆斯林食品认证，恒力源浓缩刺梨汁、刺梨原汁取得世标认证（WSF），贵定敏子食品荣获 2019 年度（首批）中国林草产业创新企业奖。贵定县成为首批刺梨国家森林生态标志产品试点县，恒力源、奇昂、山王果、天泷、敏子等 5 家企业成为首批刺梨国家森林生态标志产品试点单位。

（七）产业文化和健康生活

文化是产品的灵魂，产品是产业文化的体现，刺梨的真正价值体现在是服务人类健康、为广大消费者提供健康的产品。虽然黔南州具有以"好花红"为代表的刺梨文化资源，刺梨作为苗药布依族药也具有很高的挖掘价值，刺梨的历史文字记载使刺梨具有历史的沉淀，这些丰富的刺梨历史文化没有被充分发掘，由于刺梨在全国的认知度低，刺梨产品低端，刺梨的健康产品消费文化还没有形成，连续举办多年的龙里茶香刺梨沟赏花（品果）节及新举办的山地自行车运动为成为具有一定知名度的刺梨文化健康产品。

四　黔南州刺梨发展存在问题及瓶颈

（一）循环不畅

产品缺乏大市场销售，企业也没有根据市场消费者需求设计产品，停留在以刺梨原汁、浓缩汁、果脯为主的初级产品加工阶段，产品同质化严重，企业间内部竞争激烈。缺少在国家和省级主流媒体上开展高频率、持续性的

宣传，自媒体、新媒体宣传不够，产品市场很难打开，销售渠道不多不畅，没有形成线上线下销售，产品积压严重，导致资金积压，企业流动资金困难，出现无资金收果、赊销、压价收购等行为，出现卖果难、卖出果后要账难，挫伤果农积极性，导致全州 1/3 基地无人抚育管理。

（二）质量不高

在种植上，1/3 种植基地管理粗放，一部分刺梨基地开始老化。种植技术标准执行不到位，对刺梨基地管理监管不到位，部分区域群众过度使用化肥、农药和除草剂，严重影响鲜果质量和刺梨产品品质；在加工上，由于刺梨鲜果标准、刺梨原汁标准等核心标准缺失，企业收购鲜果质量参差不齐，企业加工环境参差不齐，出产的产品质量相差较大，品质得不到较好保证；产品开发上，药品、保健品、化妆品等功能性产品的研发力度较小，没有根据市场需求和消费需求开发出时尚生态产品，多数为低端产品，市场占有率、知晓率很低。

（三）保障不力

一是组织保障方面，各部门未形成合力，林业部门在落实政策、监管调控、推动发展等方面力度有限，成效不高；二是资金投入方面，财政投入严重不足，州、县级产业发展基金迟迟未到位，企业融资难，融资成本高，负债发展情况普遍，产品开发困难，市场开拓受阻；三是技术创新方面，产业缺乏钻研团队和运营团队，企业普遍存在技术、营销人才匮乏的问题，同时也无力加大对新产品研发、新技术、新工艺方面的资金投入；四是标准建设方面，种植标准执行不到位，加工标准严重缺失，造成产品生产无标可循的窘境，特别是刺梨的产地环境条件、鲜果质量、原汁质量三个核心标准基本为空白状态，产品质量缺乏监管，质量安全隐患较大。

（四）动能不足

一是缺乏国家标准支撑，刺梨仅列入国家卫计委公布的《药食同源原料目录》中的普通食品，没有进入保健食品和食品药品的名单，只能在饮品、普通食品方向进行开发，而不能作为保健品和药品开发，制约刺梨产业发展；二是缺乏大型龙头企业引领，现有企业小、散、乱，全州没有一家超过10万吨的加工企业引领发展，刺梨产品加工能力与逐年增长的鲜果产量矛盾凸显；三是缺乏公用品牌和公用商标带动，企业自创品牌较多，市场知名度小，虽有"龙里刺梨"是国家地理标志保护产品，但局限于龙里县，不能涵盖全州。

（五）要素不齐

刺梨是药品还是水果，至今没有定论，没有明确刺梨身份。刺梨产业发展定位不清，没有明确发展方向和发展目标。缺乏技术人才、产业经纪人和二传手，没有一支强有力的乡土人才服务队伍，在树势管理、水肥管理环节薄弱。资金投入严重不足，基地后期管护跟不上。加工企业在带动农户发展方面力度不足，企业、农户利益联结机制不健全，群众利益没有得到凸显。鲜果产、供、销信息不对等，存在群众卖果难、卖果贱现象。刺梨产业在推进村集体经济建设方面发挥作用小，村、支两委基本没有参与到刺梨发展中来。

五 黔南刺梨产业发展展望及对策

围绕"中国刺梨之州"目标，按照"刺梨良种繁育基地、刺梨标准种植基地、刺梨产品加工基地、刺梨康养文化基地、刺梨科技开展基地和刺梨产品交易中心"五基地一中心总体规划和"稳规模、提质量、强加工、建标准、创品牌、拓市场"的总体思路，着力将刺梨打造成为"四型产业"（大健康示范型产业、三产深度融合型产业、脱贫振兴型产业、组织方式创新型产业）和"四品"（饮品、保健品、化妆品、药品）。到2025年，全州的刺梨种植面积将稳定在60万亩以上，其中挂果面积达40万亩以上，以"公司＋农户"模式基地利益联结25万亩，鲜果产量突破28万吨，持续完善贵定、龙里2个刺梨产业园区的建设，年鲜果加工能力千吨以上的企业达

到 18 家，全州年加工能力突破 30 万吨，逐步建立 10 处以上以刺梨为主题的森林康养基地，刺梨相关标准体系和质量监督溯源体系更加完善，品牌管理规范，综合产值达到 40 亿元。

按照"四型"和"四品"定位，本着问题、目标、结果三个导向，围绕"市场、资金、技术、意识"四大要素，正视产业发展的困难和瓶颈，把握产业发展的方向，找准产业发力点，精准施策。

一是加强抚育提质，筑牢产业基础。组织专家深入重点乡镇、村组开展集中培训，培养一批技术二传手和产业经纪人；积极争取项目资金，高质量完成刺梨基地抚育提质 40 万亩，打造一批 500 亩以上规模化标准化示范基地；加快推进龙里刺梨良种繁育基地建设，联合国家林草局刺梨工程技术研究中心共同开展良种培育和新品种选育研究。

二是加强质量监管，确保产品安全。加强基地监管，杜绝使用高毒高残留农药，确保鲜果质量安全；大力推广测土配方施肥，全面实施病虫害绿色防控；加强产品质量检验检测，加大产品质量安全执法，确保产品质量安全；鼓励支持企业建立质量追溯体系，实现种植基地、生产加工、仓储运输、市场营销全程质量可追溯。

三是加强标准建设，推行标准管理。加快刺梨鲜果质量标准、刺梨产地环境标准、刺梨原汁质量标准、刺梨低产低效林改造技术规程、刺梨病虫绿色防控技术规程等系列标准、规程制定，做好刺梨标准和技术规程解读、培训和执行，让标准进入基地、企业、市场。

四是加强设施建设，建强发展平台。加强基地基础设施建设，提升园区生产、加工、包装、贮藏、运输、销售等一体化服务能力，健全完善冷链、物流、信息、金融服务平台；加快推进省刺梨产品质量检验检测中心建设，加快推进农村、企业电商平台建设，打造"互联网＋刺梨"发展平台。

五是加强组织创新，培育新型主体。大力推进"公司＋合作社＋基地＋农户"发展模式，统一技术指导、病虫防治、采收运输、标准分级、订单收购；大力培育多元化经营主体，发展一批种植大户、龙头企业、产业经纪人、专业营销商；加快推进病虫防治、技术创新购买制社会化服务。

六是加强利益链接，实现互利共赢。积极探索产业项目资金量化到户、入股分红、效益分成的实现机制，加快推进"三变"改革，引导支持农户以生产要素入股龙头企业、种植公司、合作社等新型经营主体，建立利益共同体；大力推行分级定价，优质优价，以此提高鲜果质量。

七是加强科技支撑，增强内生动力。鼓励支持企业与科研院所合作，开展刺梨全产业链集成技术研究，实现产学研融合发展；建立产业技术服务体系，培训一批技术二传手、产业经纪人、企业掌门人，为刺梨产业可持续发展提供人才支撑和储备。

八是加强品牌培育，规范品牌管理。采取"1＋N"模式，全力打造贵州·黔南刺梨区域公共品牌，积极组织申报"黔南刺梨"国家地理标志保护产品和国家地理标志证明商标，将全州适宜刺梨种植区域纳入保护范围；积极支持企业申报国家地理标志证明商标和开展绿色食品认证。

九是加强三产融合，畅通产业循环。持续开展好刺梨赏花节和刺梨品果节，继续推进龙里十里刺梨沟景区建设，大力推进贵定沿山大坳村、火炬村、甘溪村和独山狮山村刺梨基地旅游开发。大力支持龙里恒力源、贵定山王果和天泷、独山金维益等企业，开展刺梨工业和文化旅游，通过旅游带动刺梨产品销售。

十是加强产业联盟，增强发展能力。积极组织刺梨加工企业、政府平台、中国经济林学会刺梨分会、贵州省刺梨学会等组建黔南刺梨产业联盟，深度发挥产业联盟资源、信息、资金、技术、项目的优势，实现资源共享，优势互补，抱团发展。

B.11
广药集团贵州刺梨"情":
王老吉开发刺梨产品(刺柠吉)纪实

广州医药集团有限公司 *

摘　要: 广药集团与贵州刺梨结缘,始于2018年,在贵州省委、省政府和广东省委、省政府的共同推动下,帮扶贵州刺梨产业,3年来取得瞩目成绩,带动贵州刺梨生产加工企业销售增长30%以上,间接带动相关农户及务工人员超过2.8万人增收致富。

关键词: 广药集团　贵州刺梨　王老吉　刺柠吉

2018年11月16~17日,李希书记、马兴瑞省长率广东省党政代表团赴贵州黔南州考察,就坚决贯彻落实习近平总书记关于东西部扶贫协作和对口支援工作的重要指示精神,进一步做好对贵州毕节、黔南的扶贫协作工作进行协商交流对接工作。广州市委、市政府高度重视,张硕辅书记于11月16日晚部署落实省委、省政府指示,全力做好帮扶工作,要求广药集团负责落实帮扶贵州发展刺梨产业。

2018年11月16日晚,广药集团李楚源董事长接到市委主要领导指示后,

＊ 广药集团自承接帮扶贵州刺梨产业发展任务以来,积极提高政治站位,始终把扶贫工作放在首位,2019年贵州刺梨产业帮扶项目取得了瞩目的成绩,得到国扶办、粤黔两省和广州市主要领导的肯定和表扬。广药集团充分发挥自身的优势,通过品牌运营和市场运作,成功地把贵州刺梨推向了全国,引起了全国的关注,可乐、娃哈哈、汇源等行业巨头纷纷加入刺梨产业,广药集团刺梨系列产品也取得了超亿元销售成绩,带动贵州刺梨生产加工企业销售增长30%以上,间接带动相关农户及务工人员超过2.8万人增收致富。

火速组织包括市场、研发、中药材等部门9个人员组成临时刺梨项目工作组,于次日率队赶赴黔南州贵定县、惠水经济开发区、毕节市七星关区等多地调研。

2018年11月20~24日,广药集团正式成立由集团、相关部门及所属企业共14人组成的刺梨工作小组,兵分三路前往贵州各地以及陕西省延安市深入考察。经过15天的实地调研和认真研究,12月3日广药集团初步形成贵州刺梨时尚生态产业"136"发展方案。广药集团就《关于贵州刺梨时尚生态产业"136"发展方案》形成了专题报告报送广州市委张硕辅书记。张硕辅书记批示:"请组织发改、工信、协作办、旅游等部门充分论证,并取得贵州省支持后,抓紧推进。"

2018年12月28日,广药集团党委书记、董事长李楚源带领广药白云山常务副总经理吴长海等一行再次赶赴贵州,就帮扶贵州省刺梨产业开发与贵州省工信厅进行交流,受到贵州省委书记孙志刚、省长谌贻琴、副省长陶长海等领导会见。孙志刚书记高度赞赏广药集团雷厉风行、求真务实的作风,对广药集团提出的贵州刺梨时尚生态产业"136"发展方案给予了充分肯定并当场表态,要举全省之力打造刺梨时尚生态产业。谌贻琴省长要求贵州省各级政府像广药集团帮扶贵州那样迅速行动起来,完善配套政策和措施,为项目落地投产排忧解难,以实际行动落实"举全省之力打造刺梨时尚生态产业"的要求。李楚源表示,愿意发挥龙头企业带动作用,把贵州省刺梨产业发展为百亿级的时尚生态产业,打造除"一瓶酒(茅台酒)、一棵树(黄果树瀑布)、一幢楼(遵义会议原址)"之外的第四张贵州省名片——"一个果(刺梨)"。

2019年1月5日,王老吉大健康和王老吉药业派研发人员再次前往黔南州和毕节考察、取样,为刺梨产品研制做准备。1月13日,广药集团组织人员对研发刺梨饮料进行口味品鉴和命名;品鉴一致认可刺梨和柠檬的混合口感清爽有回味;刺梨含量12%的润喉糖口感最好。经最后论证,贵州刺梨产品通过命名:王老吉"刺柠吉",其中,刺代表刺梨、柠代表柠檬、吉代表王老吉和吉祥。

2019年1月8日,由广州市发改委牵头市政府研究室和广药集团,组织广州市5位专家对该方案进行了论证,论证专家一致认为广药集团的方案

具有较强可操作性；由此该方案得到广州市委、市政府层面的认可，为下一步工作的开展打下坚实的基础。

2019 年 2 月 21 日，王老吉"刺柠吉"饮料正式试产。从 2018 年 11 月 16 日接到任务起共 98 天，成功试产出"刺柠吉"饮料。2 月 22 日王老吉"刺柠吉"润喉糖成功试产。

2019 年春节期间，王老吉大健康和王老吉药业的研发人员加班加点开展"刺柠吉"饮料和润喉糖的设计与研发工作。

2019 年 3 月初北京"两会"期间，粤黔两省的主要领导及代表团在北京共同品尝了"刺柠吉"饮料和润喉糖，均给予了肯定的赞誉。"刺柠吉"经小范围的测试，证明已初步取得市场的认可。

2019 年 3 月 2 日，李楚源董事长与林东昕院士进行了友好座谈，双方就贵州刺梨产业发展进行了讨论，林院士愿意成为贵州和广药集团发展刺梨产业的"科技顾问"并为刺梨产业代言，为百姓健康做出贡献。

2019 年 3 月 12 ~ 14 日，广州白云山医药集团公司吴长海常务副总经理带队前往六盘水调研，考察当地的刺梨种植加工、当地医药市场和中药材种植情况。

2019 年 3 月 18 日，在贵州省会议中心，举行了广药集团王老吉"刺柠吉"产品上市仪式，广药集团与贵州省签署了《关于推动贵州刺梨产业持续快速健康发展战略合作框架协议》。贵州省委书记孙志刚、谌贻琴省长等领导与广药集团李楚源书记一行等出席新产品上市仪式。李楚源书记就新产品的宣传语"要青春、喝刺柠吉，王老吉刺柠吉、维 C 大升级"进行解说。此次活动得到中央新华社、南方日报、贵州日报、广东电视台、贵州电视台及各地级市电视台等超过 70 家媒体播发，播发及相关转发和评论累计超过 200 余篇。

2019 年 4 月 9 日，广东省长马兴瑞率团，联合粤港澳三地政府在东京隆重举办"粤港澳大湾区推介会"，接见了相关日本企业代表和政府领导，其间刺柠吉在现场进行展示。

2019 年 4 月 18 日，六盘水市政府王成刚副市长带领市林业局吴开燕副局长等一行到广药集团访问交流。广药集团李楚源董事长带领吴长海副总经理等人出席接待。双方就刺梨产业合作、药品物流配送服务等全面战略合作达成意见。同日，安顺市人民政府陈应武副市长一行到广药集团访问交流。广药集团陈伟平总经理助理带领王国举、王老吉药业丘博为等人出席接待。

2019年4月25日，李希书记再次调研广药集团时品尝刺柠吉饮料，称赞"越喝越好喝"。

2019年4月，贵州省黔南州惠水县王老吉凉茶罐装代工公司——贵州潮映饮品公司开始技改，前后历时1个多月，投入300余万元，以储备刺柠吉复合果汁的产能需求，计划5月底，刺柠吉饮料进入全面量产。

2019年5月14日，贵州省政府副秘书长宛会东一行到广药集团访问交流，广药集团李楚源董事长等人出席接待。宛会东副秘书长一行听取了广药集团推进刺梨产业情况及下一步工作计划情况介绍，随后双方前往拜访林东昕院士进行友好座谈，畅谈贵州刺梨产业大发展。

2019年5月18日，广州市委书记张硕辅率广州市代表团前往新西兰奥克兰参与三城经贸合作活动。广药集团作为广州市第二大国企随团参加，广药集团董事长李楚源在会上分享了中医药与健康的主题报告，其间刺柠吉在现场进行展示。

2019年6月5日，王老吉刺柠吉系列在北京世园会贵州馆开展的"地球绿宝石·浪漫黔南州"主题日活动中举办北京上市发布会，其作为黔南州特色生态产品被重点推介。权威专家进行刺梨主题演讲，从刺梨的营养价值、刺梨产业的发展机遇、刺柠吉消费扶贫等多维度进行深入解读。

2019年6月10日，国务院扶贫办刘永富主任就《广药集团关于帮扶贵州刺梨产业发展情况的汇报》做了批示："广药集团对贵州刺梨的产业帮扶做法值得宣传推广，对有一定发展基础和发展前途的特色优势产业，通过纳入脱贫攻坚项目和东西部扶贫协作范围，开展帮扶创新、市场开发、龙头企业带动等措施的大做法，促进大面积脱贫乃至致富，是一条好路子，要支持指导和总结经验，感谢广药集团所做工作。"

2019年6月15日，国务院扶贫办副主任洪天云在广东省委常委、广州市委书记张硕辅，广东省政府副秘书长郑伟仪，市委常委、常务副市长陈志

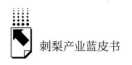

英,市委常委、秘书长潘建国等领导的陪同下,前往广药集团调研消费扶贫工作。广药集团党委书记、董事长李楚源,广药集团党委委员、广药白云山常务副总经理吴长海等陪同调研。

2019年6月24~27日,第十六届中国国际中小企业博览会(中博会)在广州举行,刺柠吉系列产品作为中博会重点推介产品亮相。中央政治局委员、广东省委书记李希和工信部副部长王江平先后参观了广药集团刺柠吉展区。广州白云山医药集团股份有限公司总经理黎洪,广药集团党委委员、广药白云山常务副总经理吴长海进行详细汇报。

2019年7月4日,贵州省陶长海副省长赴黔南州调研刺梨产业,到贵州省黔南州惠水县王老吉凉茶罐装代工公司——贵州潮映饮品公司调研。

2019年7月16日,张硕辅书记批示:"请广药集团不断巩固成果,深度开发,扩大受益面,提升产品附加值。"

2019年8月10~12日,首届"粤港澳食品大会"在潮州隆重举行,刺柠吉系列产品宣告在粤港澳地区上市。广州王老吉药业股份有限公司董事长方广宏出任大会副主席并致辞,重点推介刺柠吉系列产品。

2019年8月19~20日,广东党政代表团考察毕节途中,王老吉刺柠吉均是唯一指定饮料,并得到两省主要领导的高度赞扬,其中贵州省委书记孙志刚还专门在两省联席会上对广药集团帮扶贵州表示了感谢。

2019年8月23~26日,第27届广州博览会、海上丝绸之路国际博览会在中国进出口商品交易会展馆举行,刺柠吉系列产品亮相广博会开幕式,并在"广州扶贫馆展区""粤港澳大湾区城市展区绿色成果展"作为重点产品推介。广东省、广州市有关领导参观考察了广药集团刺柠吉展区,广药集团常务副总经理程宁,广药集团党委委员、广药白云山常务副总经理吴长海在现场进行汇报。刺柠吉系列产品作为重点援助开发产物在2019年首设的广东脱贫攻坚展展出。

2019年8月25日,贵州省刺梨行业协会在贵阳成立,广药集团董事长李楚源出任协会名誉会长。

2019年9月9日,在第九届中国(贵州)国际酒博会暨2019贵州内陆开放型经济试验区投资贸易洽谈会开幕式上，广州医药集团董事长李楚源做了广药帮扶贵州刺梨项目的报告，其中点赞贵州刺梨不仅有"颜值"有"气节"，还"真材实料"，并在大会上着重推介了王老吉刺柠吉产品，王老吉刺柠吉产品成为贵州酒博会宴请的唯一饮料。

2019年9月20~21日，广药集团党委书记、董事长李楚源应邀出席第16届中国—东盟博览会和商务与投资峰会开幕式及主要高层论坛，在博览会上，李楚源董事长向韩正副总理介绍了帮扶贵州的情况，并着重推介了王老吉刺柠吉饮料，得到韩正副总理的高度赞扬。

2019年9月28日，广东东西部扶贫协作产品交易市场开业暨第一届广东东西部扶贫协作产品交易博览会开幕式在广州举行。国扶办刘永富主任在广州市委张硕辅书记的陪同下，视察了广药集团，在认真听取了广药集团关于东西部协作帮扶的整体情况汇报后，在广药神农草堂刺梨园植下了"刺梨树"，对广药集团勇于担当的政治站位表示了肯定。

2019年10月11日，广州王老吉药业与七星关区政府签订刺梨合作意向协议。

2019年10月22日下午，贵州省人民政府副省长卢雍政等一行人员莅临广药集团神农草堂进行交流调研，广药集团党委书记、董事长李楚源，广州白云山医药集团常务副总经理吴长海等相关领导出席了本次活动。

2019年10月底，广药集团和王老吉大健康公司获得贵州省脱贫攻坚荣誉单位表彰；广州白云山医药集团吴长海常务副总经理获得"脱贫攻坚个人"先进表彰。

2019年11月8日，贵州省委孙志刚书记、谌贻琴省长在李希书记和张硕辅书记陪同下到广药集团实地调研，在认真听取了广药集团关于帮扶的汇报后，感谢广药集团为贵州刺梨行业发展做出的贡献。

2019年11月9日，广东省与贵州省"东西协作，产业合作"对接会在广州举行。会上正式发布了广药集团冠名贵广高铁"刺柠吉号"。春运开始前，广药王老吉与贵州省驻广办等单位联合开展了"让爱吉时回家"活动，针对在广东务工和上学的贵州人，为他们提供回家车票，让他们能够在春运

期间及时回家，与家人团圆。刺柠吉"让爱吉时回家"活动，充分体现了广药集团强烈的社会责任感，让贫困户春节过得更加开心、温暖。

2020年1月27日，广药集团通过广东省红十字会向湖北、广东等省份捐赠价值1200万元的药品、防护用品以及大健康产品王老吉凉茶、王老吉刺柠吉饮料等急需物资。广药集团坚守初心、齐心协力，坚持不提价、不停工、保证产品质量、保证公益为上的"两不两保"四个承诺，共同抗击新冠肺炎疫情，践行"广药白云山 爱心满人间"的企业理念。

2020年4月22日，广州王老吉药业与毕节七星关区政府正式签订合作开发刺梨项目协议书。

2020年4月28日，2020年贵州刺梨产业发展论坛暨刺柠吉2亿元扶贫消费券上线仪式在广州正式开幕，钟南山院士、李楚源董事长等领导嘉宾共同为刺柠吉2亿元扶贫消费券上线仪式启动，宣告消费券的正式上线。每卖出一箱12罐装的刺柠吉，广药王老吉捐出2元，每卖出一箱24罐装的刺柠吉捐出4元，全部用来帮助贵州当地困难群众。广药集团将立足"互联网＋"时代开辟新路径，实现刺梨产业的精准扶贫，进一步播种公益未来。

结语：

2019年，广药集团帮扶贵州刺梨产业发展取得了巨大成效：一是品牌赋能产业新活力，经济效益显著；二是品牌拉动产业新发展，社会效益显著；三是品牌带动产业新技术，创新效益显著；四是品牌引领扶贫新模式，政治效益显著。广药集团改变传统大包大揽的兜底扶贫方式，以市场为导向，因地制宜、立足长远地对贵州刺梨产业进行全方位"造血式"的帮扶，为东西协作探索出一条产扶融合的帮扶新路子，受到各级领导的肯定，广药集团帮扶贵州刺梨产业发展项目入选国务院扶贫办全国企业扶贫案例（广州市唯一入选案例）。

2020年，广药集团将再接再厉，全力以赴加快推进贵州刺梨产业帮扶项目的落地。预计2020年刺柠吉系列产品销售将超2亿元，直接消耗6000亩以上的刺梨果，间接带动相关农户及务工人员超过5000人增收致富，为加强东西部协作和打赢脱贫攻坚战贡献广药力量。

专　题　篇

Special Reports

B.12
中国刺梨产业商标保护报告

朱忠琴　苟以勇*

摘　要：　商标保护对于刺梨产业的发展具有重要意义。我国刺梨商标
注册从 1997 年 11 月 14 日开始，之后刺梨商标注册逐渐发展
起来，截至 2019 年底已经注册 438 个刺梨商标。

关键词：　刺梨商标　刺梨产业　商标保护

本报告将从当前我国刺梨商标注册的现状出发，通过对商标注册的相关
数据进行实证分析，发现当前我国在刺梨商标保护中存在的问题，最后依据
现有的条件及存在的问题提出促进刺梨商标保护的策略建议，以期更好地助
推刺梨产业的保护及发展。

---

* 朱忠琴，贵州大学公共管理学院硕士研究生，研究方向：公共政策。苟以勇，贵州省社会科
学院对外经济研究所所长，研究员，研究方向：产业经济、社会政策。

一 我国刺梨商标注册现状

商标保护是通过商标注册来保护商标注册人的一种手段，以确保商标注册人享有用以标记商品或服务，或者许可他人有偿使用商品或服务的专有权。因此，想要了解当前我国刺梨商标的保护状况必须从其商标注册的情况入手。我国刺梨商标注册从 1997 年 11 月 14 日开始，之后刺梨商标注册逐渐发展起来，截至 2019 年底已经注册 438 个刺梨商标。详细情况如表 1 所示。

表 1　我国刺梨商标注册情况

序号	申请/注册号	国际分类	申请日期	商标名称	申请人名称
1	42923549	30	2019 年 12 月 9 日	刺梨苗药	贵州奇昂生物研发有限公司
2	42835692	30	2019 年 12 月 4 日	刺梨苗药	贵州奇昂生物研发有限公司
3	42750119	11	2019 年 12 月 2 日	刺梨宝	安徽皮皮侠金融外包服务有限公司
4	42565815	35	2019 年 11 月 25 日	刺梨上市　太医无事	贵州乾之象生物科技有限责任公司
5	42488166	32	2019 年 11 月 21 日	刺梨醇	贵州三强酒业有限公司
6	42488166	29	2019 年 11 月 21 日	刺梨醇	贵州三强酒业有限公司
7	42488166	33	2019 年 11 月 21 日	刺梨醇	贵州三强酒业有限公司
8	42351739	32	2019 年 11 月 15 日	刺梨多	祁洪
9	42271761	43	2019 年 11 月 12 日	刺梨山	北京之容文化传媒有限公司
10	42206681	3	2019 年 11 月 8 日	刺梨籽 THORNPEAR	广州汇诚精细化工有限公司
11	42077405	32	2019 年 11 月 4 日	刺梨仙子	贵州四季常青药业有限公司

序号	申请/注册号	国际分类	申请日期	商标名称	申请人名称
12	41891128	3	2019 年 10 月 25 日	刺梨谷	贵州铜仁高新区米发米生态发展有限公司
13	41885196	40	2019 年 10 月 25 日	刺梨谷	贵州铜仁高新区米发米生态发展有限公司
14	41616635	32	2019 年 10 月 14 日	刺梨素	贵州四季常青药业有限公司
15	41612875	3	2019 年 10 月 14 日	刺梨素	贵州四季常青药业有限公司
16	41591997	32	2019 年 10 月 12 日	刺梨谷 CILIGU. COM	贵州铜仁高新区米发米生态发展有限公司
17	41512429	32	2019 年 10 月 10 日	刺梨爽	周万淘
18	41429199	29	2019 年 9 月 30 日	刺梨谷	贵州铜仁高新区米发米生态发展有限公司
19	41409963	32	2019 年 9 月 29 日	刺梨谷	贵州铜仁高新区米发米生态发展有限公司
20	41397369	30	2019 年 9 月 29 日	刺梨谷	贵州铜仁高新区米发米生态发展有限公司
21	41389402	32	2019 年 9 月 29 日	刺梨苗药	贵州奇昂生物研发有限公司
22	41363173	41	2019 年 9 月 27 日	刺梨谷	贵州铜仁高新区米发米生态发展有限公司
23	41361345	38	2019 年 9 月 27 日	刺梨谷	贵州铜仁高新区米发米生态发展有限公司
24	41343810	9	2019 年 9 月 27 日	刺梨谷	贵州铜仁高新区米发米生态发展有限公司
25	41343484	35	2019 年 9 月 27 日	刺梨谷 CILIGU. COM	贵州铜仁高新区米发米生态发展有限公司
26	41237546	42	2019 年 9 月 24 日	刺梨谷	贵州铜仁高新区米发米生态发展有限公司
27	41112543	5	2019 年 9 月 18 日	刺梨兄弟	贵州润贵园商贸有限公司
28	41110323	3	2019 年 9 月 18 日	刺梨兄弟	贵州润贵园商贸有限公司

序号	申请/注册号	国际分类	申请日期	商标名称	申请人名称
29	40806593	30	2019 年 9 月 3 日	刺梨红	贵州多彩黔情生态农业有限公司
30	40797617	40	2019 年 9 月 3 日	刺梨鸡 THORN PEAR CHICKEN	水城县广丰农业开发有限公司
31	40700379	35	2019 年 8 月 29 日	刺梨春天	贵州红火大数据营销策划有限公司
32	40168082	41	2019 年 8 月 6 日	刺梨娃娃	贵州润贵园商贸有限公司
33	40163469	41	2019 年 8 月 6 日	刺梨兄弟	贵州润贵园商贸有限公司
34	38975398	32	2019 年 6 月 19 日	刺梨春天	贵州红火大数据营销策划有限公司
35	38940815	30	2019 年 6 月 18 日	刺梨山	安顺市平坝区益凡养殖有限公司
36	38616826	32	2019 年 6 月 3 日	刺梨宝	贵州恒力源刺梨健康产业有限公司
37	38370964	1	2019 年 5 月 22 日	刺梨	广州市白云区人和锦晟芊舟化妆品经营部
38	38360944	3	2019 年 5 月 22 日	刺梨	广州市白云区人和锦晟芊舟化妆品经营部
39	38105114	33	2019 年 5 月 10 日	刺梨玖酱	王果芬
40	38094775	32	2019 年 5 月 10 日	刺梨村	常州市武航宾馆有限公司
41	37721298	30	2019 年 4 月 23 日	刺梨新国饮	贵州宏财聚农投资有限责任公司
42	37584807	29	2019 年 4 月 17 日	刺梨宝	贵州恒力源刺梨健康产业有限公司
43	37579737	30	2019 年 4 月 17 日	刺梨宝	贵州恒力源刺梨健康产业有限公司
44	37535710	18	2019 年 4 月 16 日	刺梨文创	杨冰洁
45	37535709	25	2019 年 4 月 16 日	刺梨文创	杨冰洁

序号	申请/注册号	国际分类	申请日期	商标名称	申请人名称
46	37481209	33	2019年4月12日	刺梨香	贵州文松发酵食品有限公司
47	37454249	30	2019年4月11日	刺梨三宝	林桂
48	37431540	32	2019年4月10日	刺梨有料	欣扬投资控股集团有限公司
49	37425453	32	2019年4月10日	刺梨CC	欣扬投资控股集团有限公司
50	37425448	32	2019年4月10日	刺梨吉	欣扬投资控股集团有限公司
51	37406247	32	2019年4月10日	刺梨一号	欣扬投资控股集团有限公司
52	37405064	32	2019年4月10日	刺梨里	欣扬投资控股集团有限公司
53	37218948	31	2019年4月1日	刺梨鸡	颜加里
54	37135281	35	2019年3月27日	刺梨新国饮	贵州宏财聚农投资有限责任公司
55	37119987	33	2019年3月27日	刺梨新国饮	贵州宏财聚农投资有限责任公司
56	37072835	29	2019年3月25日	刺梨树上	欣扬投资控股集团有限公司
57	37072835	32	2019年3月25日	刺梨树上	欣扬投资控股集团有限公司
58	37063118	3	2019年3月25日	刺梨籽 THORNPEAR	广州汇诚精细化工有限公司
59	37003279	14	2019年3月22日	刺梨文创	杨冰洁
60	37003278	16	2019年3月22日	刺梨文创	杨冰洁
61	36963265	32	2019年3月20日	刺梨荷花酿	安顺市大坝村延年果种植农民专业合作社
62	36894027	32	2019年3月18日	刺梨仙子	贵州四季常青药业有限公司

序号	申请/注册号	国际分类	申请日期	商标名称	申请人名称
63	36861858	32	2019年3月15日	刺梨新国饮	贵州宏财聚农投资有限责任公司
64	36851138	5	2019年3月15日	刺梨新国饮	贵州宏财聚农投资有限责任公司
65	36687186	38	2019年3月7日	刺梨之家	贵州新锐聚力信息科技有限公司
66	36620383	33	2019年3月4日	刺梨铂金酒	贵州天沦集团投资开发有限公司
67	36608482	35	2019年3月4日	刺梨铂金酒	贵州天沦集团投资开发有限公司
68	36438166	32	2019年2月22日	刺梨本草	北京力新建筑工程有限公司
69	36438165	5	2019年2月22日	刺梨本草	北京力新建筑工程有限公司
70	36438164	30	2019年2月22日	刺梨本草	北京力新建筑工程有限公司
71	36438163	3	2019年2月22日	刺梨本草	北京力新建筑工程有限公司
72	36438037	33	2019年2月22日	刺梨本草	北京力新建筑工程有限公司
73	36278417	32	2019年1月31日	刺梨黄金果	贵州天沦集团投资开发有限公司
74	36275708	35	2019年1月31日	刺梨黄金果	贵州天沦集团投资开发有限公司
75	36275677	33	2019年1月31日	刺梨黄金酒	贵州天沦集团投资开发有限公司
76	36272464	33	2019年1月31日	刺梨黄金果	贵州天沦集团投资开发有限公司
77	36270803	32	2019年1月31日	刺梨黄金酒	贵州天沦集团投资开发有限公司
78	36265518	35	2019年1月31日	刺梨黄金酒	贵州天沦集团投资开发有限公司
79	36208407	35	2019年1月28日	刺梨尊	陈井刚

序号	申请/注册号	国际分类	申请日期	商标名称	申请人名称
80	36201601	5	2019 年 1 月 28 日	刺梨尊	陈井刚
81	36195840	32	2019 年 1 月 28 日	刺梨尊	陈井刚
82	36195221	33	2019 年 1 月 28 日	刺梨尊	陈井刚
83	36194569	3	2019 年 1 月 28 日	刺梨尊	陈井刚
84	36181411	30	2019 年 1 月 26 日	刺梨兄弟	贵州润贵园商贸有限公司
85	36179851	32	2019 年 1 月 26 日	刺梨兄弟	贵州润贵园商贸有限公司
86	36178941	30	2019 年 1 月 26 日	刺梨娃娃	贵州润贵园商贸有限公司
87	36176611	32	2019 年 1 月 26 日	刺梨娃娃	贵州润贵园商贸有限公司
88	36175271	32	2019 年 1 月 26 日	刺梨皇	蓬溪县俊昌种植专业合作社
89	36175268	35	2019 年 1 月 26 日	刺梨皇	蓬溪县俊昌种植专业合作社
90	36174086	30	2019 年 1 月 26 日	刺梨皇	蓬溪县俊昌种植专业合作社
91	35974392	32	2019 年 1 月 16 日	刺梨春	贵州鼎盛福园食品有限公司
92	35916185	35	2019 年 1 月 14 日	刺梨帝国	贵州天泷集团投资开发有限公司
93	35911995	43	2019 年 1 月 14 日	刺梨帝国	贵州天泷集团投资开发有限公司
94	35911978	33	2019 年 1 月 14 日	刺梨帝国	贵州天泷集团投资开发有限公司
95	35911960	32	2019 年 1 月 14 日	刺梨帝国	贵州天泷集团投资开发有限公司
96	35818237	33	2019 年 1 月 8 日	刺梨御医	北京力新建筑工程有限公司

刺梨产业蓝皮书

续表

序号	申请/注册号	国际分类	申请日期	商标名称	申请人名称
97	35818232	33	2019年1月8日	刺梨太医	北京力新建筑工程有限公司
98	35812190	30	2019年1月8日	刺梨御医	北京力新建筑工程有限公司
99	35810055	30	2019年1月8日	刺梨太医	北京力新建筑工程有限公司
100	35809988	5	2019年1月8日	刺梨御医	北京力新建筑工程有限公司
101	35806760	32	2019年1月8日	刺梨御医	北京力新建筑工程有限公司
102	35806179	3	2019年1月8日	刺梨御医	北京力新建筑工程有限公司
103	35803765	3	2019年1月8日	刺梨太医	北京力新建筑工程有限公司
104	35803744	32	2019年1月8日	刺梨太医	北京力新建筑工程有限公司
105	35798233	5	2019年1月8日	刺梨太医	北京力新建筑工程有限公司
106	35600240	32	2018年12月27日	刺梨沙冰	贵州省黔菜出山食品有限公司
107	35596108	32	2018年12月27日	刺梨绿豆沙冰	贵州省黔菜出山食品有限公司
108	35566764	35	2018年12月26日	刺梨公社	贵州贵人帮电子商务有限公司
109	35368466	33	2018年12月17日	刺梨宝益生元	贵州天泷集团投资开发有限公司
110	35367367	31	2018年12月17日	刺梨宝益生元	贵州天泷集团投资开发有限公司
111	35363111	40	2018年12月17日	刺梨宝益生元	贵州天泷集团投资开发有限公司
112	35358067	32	2018年12月17日	刺梨宝益生元	贵州天泷集团投资开发有限公司
113	35353846	35	2018年12月17日	刺梨宝益生元	贵州天泷集团投资开发有限公司

序号	申请/注册号	国际分类	申请日期	商标名称	申请人名称
114	35351924	5	2018年12月17日	刺梨宝益生元	贵州天泷集团投资开发有限公司
115	35127615	33	2018年12月5日	刺梨生活	贵州天泷集团投资开发有限公司
116	35123942	31	2018年12月5日	刺梨生活	贵州天泷集团投资开发有限公司
117	35123883	35	2018年12月5日	刺梨之家	贵州天泷集团投资开发有限公司
118	35120329	29	2018年12月5日	刺梨生活	贵州天泷集团投资开发有限公司
119	35114996	30	2018年12月5日	刺梨生活	贵州天泷集团投资开发有限公司
120	35113020	5	2018年12月5日	刺梨生活	贵州天泷集团投资开发有限公司
121	35110031	35	2018年12月5日	刺梨生活	贵州天泷集团投资开发有限公司
122	35108440	40	2018年12月5日	刺梨生活	贵州天泷集团投资开发有限公司
123	35105837	41	2018年12月5日	刺梨之家	贵州天泷集团投资开发有限公司
124	35104049	32	2018年12月5日	刺梨生活	贵州天泷集团投资开发有限公司
125	35103968	43	2018年12月5日	刺梨之家	贵州天泷集团投资开发有限公司
126	35085579	30	2018年12月4日	刺梨咖	贵州铜仁高新区米发米生态发展有限公司
127	34952096	32	2018年11月27日	刺梨干	贵州天泷集团投资开发有限公司
128	34948578	32	2018年11月27日	刺梨肽	贵州天泷集团投资开发有限公司
129	34945527	35	2018年11月27日	刺梨肽	贵州天泷集团投资开发有限公司
130	34941894	30	2018年11月27日	刺梨干	贵州天泷集团投资开发有限公司

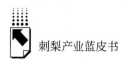

序号	申请/注册号	国际分类	申请日期	商标名称	申请人名称
131	34938798	33	2018 年 11 月 27 日	刺梨肽	贵州天泷集团投资开发有限公司
132	34935259	33	2018 年 11 月 27 日	刺梨冰	贵州天泷集团投资开发有限公司
133	34935175	30	2018 年 11 月 27 日	刺梨肽	贵州天泷集团投资开发有限公司
134	34929510	33	2018 年 11 月 27 日	刺梨干	贵州天泷集团投资开发有限公司
135	34929178	35	2018 年 11 月 27 日	刺梨干	贵州天泷集团投资开发有限公司
136	34929175	35	2018 年 11 月 27 日	刺梨冰	贵州天泷集团投资开发有限公司
137	34881240	32	2018 年 11 月 23 日	刺梨素	贵州四季常青药业有限公司
138	34623428	5	2018 年 11 月 12 日	刺梨谷	贵州铜仁高新区米发米生态发展有限公司
139	34556160	5	2018 年 11 月 8 日	刺梨咖	贵州铜仁高新区米发米生态发展有限公司
140	34161408	5	2018 年 10 月 19 日	刺梨文化节	贵州宏财聚农投资有限责任公司
141	34161401	5	2018 年 10 月 19 日	刺梨花节	贵州宏财聚农投资有限责任公司
142	34161376	3	2018 年 10 月 19 日	刺梨花节	贵州宏财聚农投资有限责任公司
143	34160364	5	2018 年 10 月 19 日	刺梨大健康产业发展论坛	贵州宏财聚农投资有限责任公司
144	34160337	3	2018 年 10 月 19 日	刺梨文化节	贵州宏财聚农投资有限责任公司
145	34158928	32	2018 年 10 月 19 日	刺梨文化节	贵州宏财聚农投资有限责任公司
146	34158879	31	2018 年 10 月 19 日	刺梨（大健康）产业发展论坛	贵州宏财聚农投资有限责任公司
147	34158391	42	2018 年 10 月 19 日	刺梨文化节	贵州宏财聚农投资有限责任公司

序号	申请/注册号	国际分类	申请日期	商标名称	申请人名称
148	34158019	33	2018年10月19日	刺梨文化节	贵州宏财聚农投资有限责任公司
149	34158013	33	2018年10月19日	刺梨花节	贵州宏财聚农投资有限责任公司
150	34156311	3	2018年10月19日	刺梨（大健康）产业发展论坛	贵州宏财聚农投资有限责任公司
151	34154599	42	2018年10月19日	刺梨（大健康）产业发展论坛	贵州宏财聚农投资有限责任公司
152	34153415	30	2018年10月19日	刺梨花节	贵州宏财聚农投资有限责任公司
153	34152853	35	2018年10月19日	刺梨（大健康）产业发展论坛	贵州宏财聚农投资有限责任公司
154	34152285	35	2018年10月19日	刺梨花节	贵州宏财聚农投资有限责任公司
155	34152251	35	2018年10月19日	刺梨文化节	贵州宏财聚农投资有限责任公司
156	34148728	31	2018年10月19日	刺梨文化节	贵州宏财聚农投资有限责任公司
157	34147054	29	2018年10月19日	刺梨文化节	贵州宏财聚农投资有限责任公司
158	34146650	33	2018年10月19日	刺梨（大健康）产业发展论坛	贵州宏财聚农投资有限责任公司
159	34144773	32	2018年10月19日	刺梨（大健康）产业发展论坛	贵州宏财聚农投资有限责任公司
160	34143731	32	2018年10月19日	刺梨花节	贵州宏财聚农投资有限责任公司
161	34143657	30	2018年10月19日	刺梨大健康产业发展论坛	贵州宏财聚农投资有限责任公司
162	34143645	30	2018年10月19日	刺梨文化节	贵州宏财聚农投资有限责任公司
163	34143620	29	2018年10月19日	刺梨花节	贵州宏财聚农投资有限责任公司
164	34143041	42	2018年10月19日	刺梨花节	贵州宏财聚农投资有限责任公司

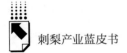

序号	申请/注册号	国际分类	申请日期	商标名称	申请人名称
165	34140772	31	2018年10月19日	刺梨花节	贵州宏财聚农投资有限责任公司
166	34140717	29	2018年10月19日	刺梨（大健康）产业发展论坛	贵州宏财聚农投资有限责任公司
167	34123940	35	2018年10月18日	刺梨姐	贵州贵定敏子食品有限公司
168	34123903	32	2018年10月18日	刺梨姐	贵州贵定敏子食品有限公司
169	34123533	30	2018年10月18日	刺梨姐	贵州贵定敏子食品有限公司
170	34123513	29	2018年10月18日	刺梨姐	贵州贵定敏子食品有限公司
171	34121964	42	2018年10月18日	刺梨姐	贵州贵定敏子食品有限公司
172	34118817	16	2018年10月18日	刺梨姐	贵州贵定敏子食品有限公司
173	34115958	43	2018年10月18日	刺梨姐	贵州贵定敏子食品有限公司
174	34110998	33	2018年10月18日	刺梨姐	贵州贵定敏子食品有限公司
175	34104293	31	2018年10月18日	刺梨姐	贵州贵定敏子食品有限公司
176	34103147	40	2018年10月18日	刺梨姐	贵州贵定敏子食品有限公司
177	33965475	29	2018年10月11日	刺梨博士	杨玉萍
178	33965464	29	2018年10月11日	刺梨菇凉	杨玉萍
179	33847343	43	2018年9月29日	刺梨庄园	贵州天泷集团投资开发有限公司
180	33842513	33	2018年9月29日	刺梨折耳根	贵州天泷集团投资开发有限公司
181	33840089	35	2018年9月29日	刺梨诺	贵州天泷集团投资开发有限公司

序号	申请/注册号	国际分类	申请日期	商标名称	申请人名称
182	33840071	29	2018 年 9 月 29 日	刺梨折耳根	贵州天泷集团投资开发有限公司
183	33837258	32	2018 年 9 月 29 日	刺梨折耳根	贵州天泷集团投资开发有限公司
184	33836593	29	2018 年 9 月 29 日	刺梨庄园	贵州天泷集团投资开发有限公司
185	33832431	33	2018 年 9 月 29 日	刺梨庄园	贵州天泷集团投资开发有限公司
186	33829014	30	2018 年 9 月 29 日	刺梨折耳根	贵州天泷集团投资开发有限公司
187	33823556	35	2018 年 9 月 29 日	刺梨折耳根	贵州天泷集团投资开发有限公司
188	33823541	30	2018 年 9 月 29 日	刺梨庄园	贵州天泷集团投资开发有限公司
189	33823537	29	2018 年 9 月 29 日	刺梨诺	贵州天泷集团投资开发有限公司
190	33821678	33	2018 年 9 月 29 日	刺梨诺	贵州天泷集团投资开发有限公司
191	33821672	30	2018 年 9 月 29 日	刺梨诺	贵州天泷集团投资开发有限公司
192	33771849	33	2018 年 9 月 27 日	刺梨王子	贵州乾之象生物科技有限责任公司
193	33766979	40	2018 年 9 月 27 日	刺梨王子	贵州乾之象生物科技有限责任公司
194	33764016	29	2018 年 9 月 27 日	刺梨王子	贵州乾之象生物科技有限责任公司
195	33327193	35	2018 年 9 月 5 日	刺梨王国	贵州乾之象生物科技有限责任公司
196	33274012	32	2018 年 9 月 3 日	刺梨王子	贵州乾之象生物科技有限责任公司
197	33272998	30	2018 年 9 月 3 日	刺梨王子	贵州乾之象生物科技有限责任公司
198	33269814	44	2018 年 9 月 3 日	刺梨王子	贵州乾之象生物科技有限责任公司

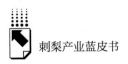

序号	申请/注册号	国际分类	申请日期	商标名称	申请人名称
199	33225012	35	2018 年 8 月 30 日	刺梨王子	贵州乾之象生物科技有限责任公司
200	33150887	29	2018 年 8 月 27 日	刺梨密码	贵州天泷集团投资开发有限公司
201	33149801	32	2018 年 8 月 27 日	刺梨复元	贵州天泷集团投资开发有限公司
202	33149698	30	2018 年 8 月 27 日	刺梨大妈	贵州天泷集团投资开发有限公司
203	33146244	33	2018 年 8 月 27 日	刺梨复元	贵州天泷集团投资开发有限公司
204	33142840	30	2018 年 8 月 27 日	刺梨懿养	贵州天泷集团投资开发有限公司
205	33142592	29	2018 年 8 月 27 日	刺梨小分子	贵州天泷集团投资开发有限公司
206	33141758	33	2018 年 8 月 27 日	刺梨密码	贵州天泷集团投资开发有限公司
207	33141451	32	2018 年 8 月 27 日	刺梨财富	贵州天泷集团投资开发有限公司
208	33141407	30	2018 年 8 月 27 日	刺梨故事	贵州天泷集团投资开发有限公司
209	33140241	33	2018 年 8 月 27 日	刺梨小分子	贵州天泷集团投资开发有限公司
210	33138310	33	2018 年 8 月 27 日	刺梨懿养	贵州天泷集团投资开发有限公司
211	33137896	32	2018 年 8 月 27 日	刺梨故事	贵州天泷集团投资开发有限公司
212	33137570	30	2018 年 8 月 27 日	刺梨小分子	贵州天泷集团投资开发有限公司
213	33135501	33	2018 年 8 月 27 日	刺梨财富	贵州天泷集团投资开发有限公司
214	33135173	32	2018 年 8 月 27 日	刺梨懿养	贵州天泷集团投资开发有限公司
215	33134595	30	2018 年 8 月 27 日	刺梨香型	贵州天泷集团投资开发有限公司

序号	申请/注册号	国际分类	申请日期	商标名称	申请人名称
216	33134588	30	2018年8月27日	刺梨财富	贵州天泷集团投资开发有限公司
217	33134052	35	2018年8月27日	刺梨密码	贵州天泷集团投资开发有限公司
218	33134018	33	2018年8月27日	刺梨香型	贵州天泷集团投资开发有限公司
219	33132999	33	2018年8月27日	刺梨大妈	贵州天泷集团投资开发有限公司
220	33132607	32	2018年8月27日	刺梨大妈	贵州天泷集团投资开发有限公司
221	33132558	30	2018年8月27日	刺梨复元	贵州天泷集团投资开发有限公司
222	33128108	33	2018年8月27日	刺梨故事	贵州天泷集团投资开发有限公司
223	33128043	32	2018年8月27日	刺梨小分子	贵州天泷集团投资开发有限公司
224	33128024	32	2018年8月27日	刺梨香型	贵州天泷集团投资开发有限公司
225	32971057	3	2018年8月17日	刺梨凉果派	贵州宏财聚农投资有限责任公司
226	32965303	35	2018年8月17日	刺梨凉果派	贵州宏财聚农投资有限责任公司
227	32958380	31	2018年8月17日	刺梨凉果派	贵州宏财聚农投资有限责任公司
228	32957463	32	2018年8月17日	刺梨凉果派	贵州宏财聚农投资有限责任公司
229	32953474	30	2018年8月17日	刺梨凉果派	贵州宏财聚农投资有限责任公司
230	32953074	29	2018年8月17日	刺梨凉果派	贵州宏财聚农投资有限责任公司
231	32953059	5	2018年8月17日	刺梨凉果派	贵州宏财聚农投资有限责任公司
232	32952567	42	2018年8月17日	刺梨凉果派	贵州宏财聚农投资有限责任公司

刺梨产业蓝皮书

续表

序号	申请/注册号	国际分类	申请日期	商标名称	申请人名称
233	32951052	33	2018 年8 月 17 日	刺梨凉果派	贵州宏财聚农投资有限责任公司
234	32803027	37	2018 年8 月 9 日	刺梨谷	贵州刺梨谷健康产品开发有限公司
235	32792403	36	2018 年8 月 9 日	刺梨谷	贵州刺梨谷健康产品开发有限公司
236	32785414	32	2018 年8 月 9 日	刺梨小子	贵州天泷集团投资开发有限公司
237	32782752	35	2018 年8 月 9 日	刺梨小子	贵州天泷集团投资开发有限公司
238	32580974	32	2018 年7 月 30 日	刺梨谷	贵州铜仁高新区米发米生态发展有限公司
239	32568038	30	2018 年7 月 30 日	刺梨谷	贵州铜仁高新区米发米生态发展有限公司
240	31750076	5	2018 年6 月 21 日	刺梨娃	贵州贵人帮电子商务有限公司
241	31720220	33	2018 年6 月 20 日	刺梨	陈晶川
242	31720102	32	2018 年6 月 20 日	刺梨	陈晶川
243	31705521	3	2018 年6 月 20 日	刺梨籽THORNPEAR	广州汇诚精细化工有限公司
244	31690573	32	2018 年6 月 19 日	刺梨坡	罗静
245	31434835	29	2018 年6 月 6 日	刺梨罐头	贵州宏财聚农投资有限责任公司
246	31433835	42	2018 年6 月 6 日	刺梨罐头	贵州宏财聚农投资有限责任公司
247	31430954	40	2018 年6 月 6 日	刺梨罐头	贵州宏财聚农投资有限责任公司
248	31427766	35	2018 年6 月 6 日	刺梨罐头	贵州宏财聚农投资有限责任公司
249	31055372	45	2018 年5 月 21 日	刺梨产业研究中心	贵州宏财聚农投资有限责任公司

序号	申请/注册号	国际分类	申请日期	商标名称	申请人名称
250	31052441	42	2018 年 5 月 21 日	刺梨产业研究中心	贵州宏财聚农投资有限责任公司
251	31049432	7	2018 年 5 月 21 日	刺梨产业研究中心	贵州宏财聚农投资有限责任公司
252	31047451	45	2018 年 5 月 21 日	刺梨产研中心	贵州宏财聚农投资有限责任公司
253	31047016	1	2018 年 5 月 21 日	刺梨产研中心	贵州宏财聚农投资有限责任公司
254	31045646	40	2018 年 5 月 21 日	刺梨产业研究中心	贵州宏财聚农投资有限责任公司
255	31045638	40	2018 年 5 月 21 日	刺梨产研中心	贵州宏财聚农投资有限责任公司
256	31044440	29	2018 年 5 月 21 日	刺梨酥	贵州宏财聚农投资有限责任公司
257	31044433	29	2018 年 5 月 21 日	刺梨蜜炼茶	贵州宏财聚农投资有限责任公司
258	31043355	35	2018 年 5 月 21 日	刺梨产研中心	贵州宏财聚农投资有限责任公司
259	31040874	42	2018 年 5 月 21 日	刺梨产研中心	贵州宏财聚农投资有限责任公司
260	31037500	35	2018 年 5 月 21 日	刺梨酥	贵州宏财聚农投资有限责任公司
261	31037466	30	2018 年 5 月 21 日	刺梨酥	贵州宏财聚农投资有限责任公司
262	31037231	44	2018 年 5 月 21 日	刺梨产研中心	贵州宏财聚农投资有限责任公司
263	31036848	1	2018 年 5 月 21 日	刺梨产业研究中心	贵州宏财聚农投资有限责任公司
264	31035815	30	2018 年 5 月 21 日	刺梨蜜炼茶	贵州宏财聚农投资有限责任公司
265	31034187	44	2018 年 5 月 21 日	刺梨产业研究中心	贵州宏财聚农投资有限责任公司
266	31033877	31	2018 年 5 月 21 日	刺梨产业研究中心	贵州宏财聚农投资有限责任公司

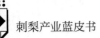

序号	申请/注册号	国际分类	申请日期	商标名称	申请人名称
267	31033871	31	2018 年 5 月 21 日	刺梨产研中心	贵州宏财聚农投资有限责任公司
268	31033057	35	2018 年 5 月 21 日	刺梨产业研究中心	贵州宏财聚农投资有限责任公司
269	31032504	35	2018 年 5 月 21 日	刺梨蜜炼茶	贵州宏财聚农投资有限责任公司
270	31031824	7	2018 年 5 月 21 日	刺梨产研中心	贵州宏财聚农投资有限责任公司
271	30699143	30	2018 年 5 月 4 日	刺梨密码	贵阳兆明羊城西饼食品有限公司
272	30685139	32	2018 年 5 月 4 日	刺梨密码	贵阳兆明羊城西饼食品有限公司
273	30647128	25	2018 年 5 月 3 日	刺梨娃	贵州乾之象生物科技有限责任公司
274	30647127	30	2018 年 5 月 3 日	刺梨娃	贵州乾之象生物科技有限责任公司
275	30380628	33	2018 年 4 月 20 日	刺梨素	贵州四季常青药业有限公司
276	30380628	3	2018 年 4 月 20 日	刺梨素	贵州四季常青药业有限公司
277	30380628	35	2018 年 4 月 20 日	刺梨素	贵州四季常青药业有限公司
278	29658122	40	2018 年 3 月 16 日	刺梨花开	广西直觉文化传媒有限公司
279	29656370	24	2018 年 3 月 16 日	刺梨花开	广西直觉文化传媒有限公司
280	29655676	31	2018 年 3 月 16 日	刺梨花开	广西直觉文化传媒有限公司
281	29655424	19	2018 年 3 月 16 日	刺梨花开	广西直觉文化传媒有限公司
282	29655401	15	2018 年 3 月 16 日	刺梨花开	广西直觉文化传媒有限公司
283	29655012	35	2018 年 3 月 16 日	刺梨花开	广西直觉文化传媒有限公司

序号	申请/注册号	国际分类	申请日期	商标名称	申请人名称
284	29653886	9	2018 年 3 月 16 日	刺梨花开	广西直觉文化传媒有限公司
285	29653855	5	2018 年 3 月 16 日	刺梨花开	广西直觉文化传媒有限公司
286	29653848	3	2018 年 3 月 16 日	刺梨花开	广西直觉文化传媒有限公司
287	29653420	44	2018 年 3 月 16 日	刺梨花开	广西直觉文化传媒有限公司
288	29652523	6	2018 年 3 月 16 日	刺梨花开	广西直觉文化传媒有限公司
289	29652383	34	2018 年 3 月 16 日	刺梨花开	广西直觉文化传媒有限公司
290	29652371	32	2018 年 3 月 16 日	刺梨花开	广西直觉文化传媒有限公司
291	29652356	30	2018 年 3 月 16 日	刺梨花开	广西直觉文化传媒有限公司
292	29651192	8	2018 年 3 月 16 日	刺梨花开	广西直觉文化传媒有限公司
293	29649722	27	2018 年 3 月 16 日	刺梨花开	广西直觉文化传媒有限公司
294	29649662	18	2018 年 3 月 16 日	刺梨花开	广西直觉文化传媒有限公司
295	29647721	16	2018 年 3 月 16 日	刺梨花开	广西直觉文化传媒有限公司
296	29647639	1	2018 年 3 月 16 日	刺梨花开	广西直觉文化传媒有限公司
297	29646187	41	2018 年 3 月 16 日	刺梨花开	广西直觉文化传媒有限公司
298	29644709	43	2018 年 3 月 16 日	刺梨花开	广西直觉文化传媒有限公司
299	29644704	42	2018 年 3 月 16 日	刺梨花开	广西直觉文化传媒有限公司
300	29644693	22	2018 年 3 月 16 日	刺梨花开	广西直觉文化传媒有限公司

刺梨产业蓝皮书

续表

序号	申请/注册号	国际分类	申请日期	商标名称	申请人名称
301	29644685	21	2018年3月16日	刺梨花开	广西直觉文化传媒有限公司
302	29642932	25	2018年3月16日	刺梨花开	广西直觉文化传媒有限公司
303	29642900	20	2018年3月16日	刺梨花开	广西直觉文化传媒有限公司
304	29642863	14	2018年3月16日	刺梨花开	广西直觉文化传媒有限公司
305	29639754	39	2018年3月16日	刺梨花开	广西直觉文化传媒有限公司
306	29639731	33	2018年3月16日	刺梨花开	广西直觉文化传媒有限公司
307	29638994	11	2018年3月16日	刺梨花开	广西直觉文化传媒有限公司
308	29638985	10	2018年3月16日	刺梨花开	广西直觉文化传媒有限公司
309	29637717	45	2018年3月16日	刺梨花开	广西直觉文化传媒有限公司
310	29637609	26	2018年3月16日	刺梨花开	广西直觉文化传媒有限公司
311	29635996	29	2018年3月16日	刺梨花开	广西直觉文化传媒有限公司
312	29635990	28	2018年3月16日	刺梨花开	广西直觉文化传媒有限公司
313	29561757	35	2018年3月13日	刺梨谷	贵州铜仁高新区米发米生态发展有限公司
314	29561756	32	2018年3月13日	刺梨咖	贵州铜仁高新区米发米生态发展有限公司
315	29561755	35	2018年3月13日	刺梨咖	贵州铜仁高新区米发米生态发展有限公司
316	29561754	29	2018年3月13日	刺梨咖	贵州铜仁高新区米发米生态发展有限公司
317	29561754	31	2018年3月13日	刺梨咖	贵州铜仁高新区米发米生态发展有限公司

序号	申请/注册号	国际分类	申请日期	商标名称	申请人名称
318	29463264	35	2018年3月6日	刺梨娃	贵州乾之象生物科技有限责任公司
319	29341306	35	2018年2月26日	刺梨土酒	李世荣
320	29335981	33	2018年2月26日	刺梨土酒	李世荣
321	29221184	43	2018年2月8日	刺梨鱼	贵州天泷集团投资开发有限公司
322	29213707	43	2018年2月8日	刺梨牛肉	贵州天泷集团投资开发有限公司
323	29213679	43	2018年2月8日	刺梨鹅	贵州天泷集团投资开发有限公司
324	29213321	43	2018年2月8日	刺梨羊肉	贵州天泷集团投资开发有限公司
325	29213299	43	2018年2月8日	刺梨鸭	贵州天泷集团投资开发有限公司
326	29210870	43	2018年2月8日	刺梨鸡	贵州天泷集团投资开发有限公司
327	29204046	43	2018年2月8日	刺梨海鲜	贵州天泷集团投资开发有限公司
328	29197040	10	2018年2月7日	刺梨金果	山东布瑞克斯电子科技有限公司
329	29195139	30	2018年2月7日	刺梨金果	山东布瑞克斯电子科技有限公司
330	29184946	3	2018年2月7日	刺梨金果	山东布瑞克斯电子科技有限公司
331	28758051	30	2018年1月17日	刺梨恋	贵州四季常青药业有限公司
332	28751085	3	2018年1月17日	刺梨恋	贵州四季常青药业有限公司
333	28748790	30	2018年1月17日	刺梨仙子	贵州四季常青药业有限公司
334	28744096	3	2018年1月17日	刺梨仙子	贵州四季常青药业有限公司

序号	申请/注册号	国际分类	申请日期	商标名称	申请人名称
335	28446866	39	2017年12月29日	刺梨谷	贵州铜仁高新区米发米生态发展有限公司
336	28441346	44	2017年12月29日	刺梨谷	贵州铜仁高新区米发米生态发展有限公司
337	28428975	43	2017年12月29日	刺梨宴	贵州天泷集团投资开发有限公司
338	28382566	33	2017年12月28日	刺梨玉米酒	张元秋
339	28258274	9	2017年12月22日	刺梨	霍尔果斯钜云信息科技有限公司
340	27559983	35	2017年11月17日	刺梨宝	义乌市浙朵云电子商务有限公司
341	27358979	32	2017年11月8日	刺梨一号	贵州鑫满园酒业有限公司
342	27357837	35	2017年11月8日	刺梨一号	贵州鑫满园酒业有限公司
343	27357816	33	2017年11月8日	刺梨一号	贵州鑫满园酒业有限公司
344	27205236	35	2017年10月31日	刺梨CP	贵州宏财聚农投资有限责任公司
345	27201895	30	2017年10月31日	刺梨CP	贵州宏财聚农投资有限责任公司
346	27196474	31	2017年10月31日	刺梨CP	贵州宏财聚农投资有限责任公司
347	27188858	29	2017年10月31日	刺梨CP	贵州宏财聚农投资有限责任公司
348	27177072	33	2017年10月30日	刺梨原浆	成都吉客优家科技有限公司
349	27173822	32	2017年10月30日	刺梨原浆	成都吉客优家科技有限公司
350	27173050	33	2017年10月30日	刺梨之乡	贵州万和酒业有限公司
351	27168789	5	2017年10月30日	刺梨原浆	成都吉客优家科技有限公司

序号	申请/注册号	国际分类	申请日期	商标名称	申请人名称
352	27165771	29	2017 年 10 月 30 日	刺梨之乡	贵州万和酒业有限公司
353	27159666	35	2017 年 10 月 30 日	刺梨原浆	成都吉客优家科技有限公司
354	27156405	32	2017 年 10 月 30 日	刺梨之乡	贵州万和酒业有限公司
355	26718959	35	2017 年 9 月 29 日	刺梨姑娘	贵州弘隆康农业发展有限公司
356	26713008	30	2017 年 9 月 29 日	刺梨姑娘	贵州弘隆康农业发展有限公司
357	26708183	32	2017 年 9 月 29 日	刺梨姑娘	贵州弘隆康农业发展有限公司
358	26702434	29	2017 年 9 月 29 日	刺梨姑娘	贵州弘隆康农业发展有限公司
359	26451409	35	2017 年 9 月 18 日	刺梨花海神镇	贵州天泷集团投资开发有限公司
360	26451408	36	2017 年 9 月 18 日	刺梨花海神镇	贵州天泷集团投资开发有限公司
361	26451407	39	2017 年 9 月 18 日	刺梨花海神镇	贵州天泷集团投资开发有限公司
362	26451406	41	2017 年 9 月 18 日	刺梨花海神镇	贵州天泷集团投资开发有限公司
363	26451405	44	2017 年 9 月 18 日	刺梨花海神镇	贵州天泷集团投资开发有限公司
364	26451404	43	2017 年 9 月 18 日	刺梨花海神镇	贵州天泷集团投资开发有限公司
365	26321779	30	2017 年 9 月 8 日	刺梨花	龙里县规范服务行业办公室
366	26319976	29	2017 年 9 月 8 日	刺梨花	龙里县规范服务行业办公室
367	26311942	39	2017 年 9 月 8 日	刺梨花	龙里县规范服务行业办公室
368	26311926	32	2017 年 9 月 8 日	刺梨花	龙里县规范服务行业办公室

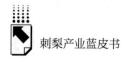

续表

序号	申请/注册号	国际分类	申请日期	商标名称	申请人名称
369	26311896	5	2017年9月8日	刺梨花	龙里县规范服务行业办公室
370	26308178	35	2017年9月8日	刺梨花	龙里县规范服务行业办公室
371	26305394	41	2017年9月8日	刺梨花	龙里县规范服务行业办公室
372	26302342	31	2017年9月8日	刺梨花	龙里县规范服务行业办公室
373	26148478	5	2017年8月30日	刺梨金果	山东布瑞克斯电子科技有限公司
374	26142853	32	2017年8月30日	刺梨金果	山东布瑞克斯电子科技有限公司
375	25830727	32	2017年8月11日	刺梨不是梨	贵州宏财聚农投资有限责任公司
376	25830712	5	2017年8月11日	刺梨不是梨	贵州宏财聚农投资有限责任公司
377	25827342	33	2017年8月11日	刺梨不是梨	贵州宏财聚农投资有限责任公司
378	25824462	31	2017年8月11日	刺梨不是梨	贵州宏财聚农投资有限责任公司
379	25819109	30	2017年8月11日	刺梨不是梨	贵州宏财聚农投资有限责任公司
380	25817624	29	2017年8月11日	刺梨不是梨	贵州宏财聚农投资有限责任公司
381	25673256	32	2017年8月3日	刺梨原汁	深圳金原生物科技有限公司
382	25491902	30	2017年7月24日	刺梨王	贵州宏财聚农投资有限责任公司
383	25488459	31	2017年7月24日	刺梨王	贵州宏财聚农投资有限责任公司
384	25484996	32	2017年7月24日	刺梨世家	贵州宏财聚农投资有限责任公司
385	25484984	31	2017年7月24日	刺梨世家	贵州宏财聚农投资有限责任公司

序号	申请/注册号	国际分类	申请日期	商标名称	申请人名称
386	25482359	30	2017年7月24日	刺梨世家	贵州宏财聚农投资有限责任公司
387	25480803	29	2017年7月24日	刺梨世家	贵州宏财聚农投资有限责任公司
388	25480782	32	2017年7月24日	刺梨王	贵州宏财聚农投资有限责任公司
389	25480768	5	2017年7月24日	刺梨王	贵州宏财聚农投资有限责任公司
390	25479234	33	2017年7月24日	刺梨世家	贵州宏财聚农投资有限责任公司
391	25479177	29	2017年7月24日	刺梨王	贵州宏财聚农投资有限责任公司
392	25475654	5	2017年7月24日	刺梨世家	贵州宏财聚农投资有限责任公司
393	25271056	32	2017年7月11日	刺梨蜜	深圳金原生物科技有限公司
394	25064248	5	2017年6月29日	刺梨素	贵州四季常青药业有限公司
395	25064248	32	2017年6月29日	刺梨素	贵州四季常青药业有限公司
396	24856670	33	2017年6月19日	刺梨百家湾	何东
397	24338960	32	2017年5月25日	刺梨王	贵州苗姑娘食品有限责任公司
398	24338844	32	2017年5月25日	刺梨果宝	贵州苗姑娘食品有限责任公司
399	24003059	3	2017年5月8日	刺梨之香	贵州乾之象生物科技有限责任公司
400	23759695	3	2017年4月24日	刺梨	佛山康格生物技术有限公司
401	23059378	33	2017年3月7日	刺梨沟	贵州万和酒业有限公司
402	22951645	3	2017年2月27日	刺梨宝	贵州恒力源刺梨健康产业有限公司

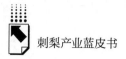

刺梨产业蓝皮书

续表

序号	申请/注册号	国际分类	申请日期	商标名称	申请人名称
403	22950810	33	2017年2月27日	刺梨宝	陈井刚
404	22949413	30	2017年2月27日	刺梨宝	陈井刚
405	22492622	33	2017年1月3日	刺梨王	贵州省仁怀市东敏酒业销售有限公司
406	22015279	42	2016年11月24日	刺梨	深圳市大角牛科技有限公司
407	21833846	30	2016年11月8日	刺梨工坊 CILI WORKSHOP	上海麦热餐饮企业管理有限公司
408	21832698	32	2016年11月8日	刺梨工坊 CILI WORKSHOP	上海麦热餐饮企业管理有限公司
409	21832653	35	2016年11月8日	刺梨工坊 CILI WORKSHOP	上海麦热餐饮企业管理有限公司
410	21832622	33	2016年11月8日	刺梨工坊 CILI WORKSHOP	上海麦热餐饮企业管理有限公司
411	21832605	43	2016年11月8日	刺梨工坊 CILI WORKSHOP	上海麦热餐饮企业管理有限公司
412	21832571	29	2016年11月8日	刺梨工坊 CILI WORKSHOP	上海麦热餐饮企业管理有限公司
413	20252831	32	2016年6月8日	刺梨露 ROSA ROXBURGHII TRATT	贵州京源生态农业发展有限公司
414	19891702	32	2016年5月9日	刺梨庄园	天津信博通科技发展有限公司
415	19891661	5	2016年5月9日	刺梨庄园	天津信博通科技发展有限公司
416	19587874	29	2016年4月11日	刺梨猪	贵州龙膳香坊食品有限公司
417	19587811	30	2016年4月11日	刺梨猪	贵州龙膳香坊食品有限公司
418	19587598	31	2016年4月11日	刺梨猪	贵州龙膳香坊食品有限公司
419	19452085	29	2016年3月28日	刺梨宝	陈井刚

序号	申请/注册号	国际分类	申请日期	商标名称	申请人名称
420	18689162	33	2015 年 12 月 23 日	刺梨春	长丰优德酒业有限公司
421	18304597	30	2015 年 11 月 11 日	刺梨茶	贵州铜仁高新区米发米生态发展有限公司
422	16640407	5	2015 年 4 月 3 日	刺梨宝	贵州恒力源刺梨健康产业有限公司
423	16640374	30	2015 年 4 月 3 日	刺梨宝	义乌市晨隆星喜庆用品有限公司
424	16640365	32	2015 年 4 月 3 日	刺梨宝	贵州恒力源刺梨健康产业有限公司
425	16516552	33	2015 年 3 月 18 日	刺梨花开	毕节市刺梨花开农业发展有限公司
426	16516464	29	2015 年 3 月 18 日	刺梨花开	毕节市刺梨花开农业发展有限公司
427	14010451	33	2014 年 2 月 11 日	刺梨范	雷玉兰
428	13662985	30	2013 年 12 月 4 日	刺梨沟	重庆银安农副产品加工厂
429	13165596	29	2013 年 8 月 30 日	刺梨维多	天辰刺梨产业开发贵安新区有限公司
430	10291393	33	2011 年 12 月 12 日	刺梨树	谭征
431	9419923	33	2011 年 5 月 4 日	刺梨玫瑰	贵州省仁怀市炎黄圣果实业有限公司
432	9419869	33	2011 年 5 月 4 日	刺梨仙子	贵州省仁怀市炎黄圣果实业有限公司
433	9419807	33	2011 年 5 月 4 日	刺梨山人	贵州省仁怀市炎黄圣果实业有限公司
434	9419758	33	2011 年 5 月 4 日	刺梨仙女	贵州省仁怀市炎黄圣果实业有限公司
435	9419632	33	2011 年 5 月 4 日	刺梨酒庄	贵州省仁怀市炎黄圣果实业有限公司
436	4982755	41	2005 年 11 月 4 日	刺梨花	费剑华

刺梨产业蓝皮书

续表

序号	申请/注册号	国际分类	申请日期	商标名称	申请人名称
437	4425749	43	2004 年 12 月 21 日	刺梨花	贵州省兴义市布谷鸟民族实业发展有限公司
438	1257166	30	1997 年 11 月 14 日	刺梨	新泰市刺梨研究所

资料来源：国家知识产权局商标局 – 中国商标网，http：//sbj. cnipa. gov. cn/，最后检索时间：2019 年 12 月 30 日。

二 我国刺梨产业商标注册状况统计分析

1. 我国刺梨产业商标注册时间情况

我国刺梨商标注册从 20 世纪 90 年代末逐渐开始，最早注册刺梨商标的是新泰市刺梨研究所，注册时间为 1997 年 11 月 14 日，随后我国刺梨商标逐渐发展起来。如图 1 所示，截至 2019 年底，我国刺梨商标注册大致可分为两个阶段。其中第一阶段为 1997～2014 年，这一时期我国刺梨商标注册数量增长缓慢；第二阶段为 2015～2019 年，这一时期随着刺梨越来越向着产业化发展，再加上其为打赢脱贫攻坚战起到积极的促进作用，是地方政府、国家都高度重视的脱贫产业，因此其呈现出急剧增长的趋势。

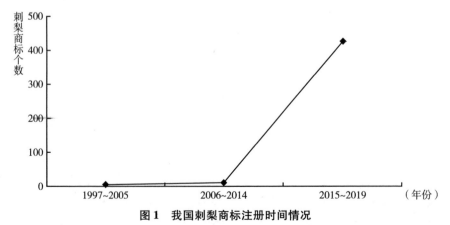

图 1　我国刺梨商标注册时间情况

资料来源：作者根据国家知识产权局商标局 – 中国商标网上的数据整理所得。

2. 我国刺梨产业商标国际分类情况

根据表 1 统计可知，在已经注册的刺梨商标中国际分类一共有 39 种，其中 32 类有 77 个，数量最多，占比为 17.6%；30 类、33 类次之，分别占 12.8%、13.2%；6~37 类数量最少。

3. 我国刺梨产业商标申请人情况

如图 2 所示，以申请人类别为横轴、刺梨商标个数为纵轴画柱状图可知目前我国刺梨商标的申请人主要有企业、个人、合作社、研究所、行业办公室五类。其中企业在刺梨商标申请中数量最多，起着主导作用，鲜有以个人名义申请刺梨商标，而以合作社、研究所、行业办公室的名义申请刺梨商标的更是寥寥无几。

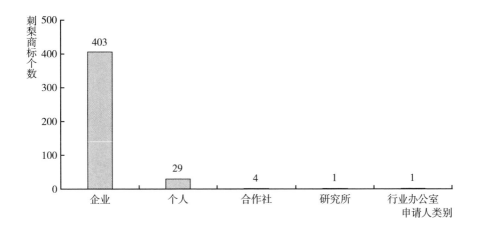

图 2　我国刺梨商标申请人情况

资料来源：作者根据国家知识产权局商标局 – 中国商标网上的数据整理所得。

4. 我国刺梨产业商标企业分布情况

就企业分布范围而言，根据我国常用的地理区域划分，本报告把我国与刺梨相关的企业划分为华中、华北、华东、华南、西北、东北和西南七个地区。具体情况如表 2 和图 3 所示。

表2　我国各地区刺梨商标基本情况

地区	商标数量	企业数量	平均商标数量
华中地区	0	0	0
华北地区	18	3	6.00
华东地区	23	8	2.88
华南地区	43	5	8.60
西北地区	1	1	1
东北地区	0	0	0
西南地区	317	34	9.32

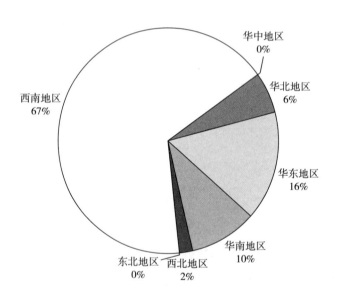

图3　我国刺梨商标注册企业数量分地区占比情况

资料来源：作者根据国家知识产权局商标局－中国商标网上的数据整理所得。

　　从表2与图3我们可以看出，华北地区共有与刺梨相关的企业3家，华东地区有与刺梨相关企业8家，华南地区5家，西北地区1家，西南地区34家，而东北和华中两个地区则没有分布。西南地区的贵州作为著名的野生刺梨生长及刺梨人工种植基地，依靠先天优势而兴起的刺梨企业在全国刺梨商标注册中排在第一位，占全国企业数量的67%。华东地区、华南地区凝聚着全国经济发达的上海、深圳、广州等地，在刺梨发展中具备一定的便捷性，其中商标注册企业数量次之，共计13家，占比分别为16%、10%。相对而言，华北、华中、东北和西北四大地区商标注册企业数量相对较少，仅有4家，占比均不超过10%，由此可知，我国刺梨商标企业在空间分布上存在一定的差异性。

5. 我国刺梨企业商标注册情况

截至2019年末，从国家商标网站查询到我国51家相关刺梨企业共注册商标数量402件，企业平均注册商标数量为7.88件。而对于七大地区来说，其刺梨商标的注册数量也存在一定的差异性（见表3）。

表3　我国各地区刺梨商标基本情况

地区	商标数量	企业数量	平均商标数量
华中地区	0	0	0.00
华北地区	18	3	6.00
华东地区	23	8	2.88
华南地区	43	5	8.60
西北地区	1	1	1.00
东北地区	0	0	0.00
西南地区	317	34	9.32
合　计	402	51	7.88

通过统计可以看出，我国刺梨商标在数量方面，各个地区存在较大的差异（见图4），但平均商标注册数量差异相对较小（见图5）。西南地区作为刺梨主要产地，其商标注册数量在全国范围内排在第一位，共注册317件；平均商标数量9.32件/家，超过了全国企业平均商标注册数7.88件/家。华南地区在商标注册数量与企业平均商标注册数两项中均排在全国第二。与此同时，华中、西北、东北三大地区在商标注册数和企业平均商标注册数上相对较少，其商标注册数量均未超过7件，平均商标数量最高仅为1件，商标保护处于欠发展态势。

刺梨产业蓝皮书

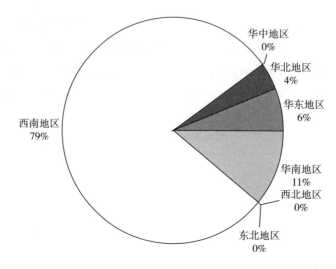

图 4　我国刺梨企业地区注册商标数

资料来源：作者根据国家知识产权局商标局 - 中国商标网上的数据整理所得。

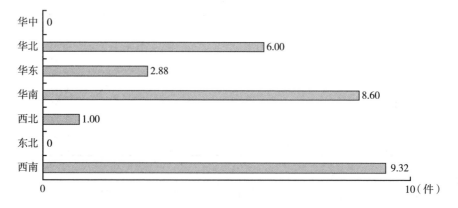

图 5　我国刺梨商标地区平均商标数量

资料来源：作者根据国家知识产权局商标局 - 中国商标网上的数据整理所得。

三　我国刺梨产业商标保护存在的问题

（一）商标注册量少，商标保护意识弱

由以上分析可知，我国刺梨商标的注册是在 2015 年后才逐渐增多，且

162

由于刺梨产业大多集中于西南贫困地区，这些地区地方政府虽然高度重视刺梨产业的发展，但对于企业或者单个刺梨生产户来说，他们的商标保护意识整体比较淡薄，因此截至 2019 年底，总商标注册量还不满 500 个。

（二）商标设计单一，创新性不高

由图 6 可知，当前我国刺梨商标的设计主要分为文字和文字拼音结合两大类，其中文字最多，占比为 98%；文字拼音结合次之，占比仅为 2%；而图形、拼音以及图形结合的商标设计几乎为零。因此，我国刺梨商标设计较为单一且创新性不高。

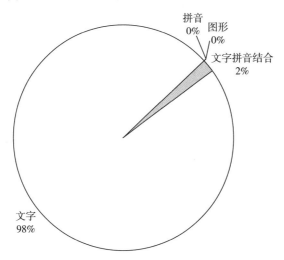

图 6　我国刺梨商标名称设计情况

资料来源：作者根据国家知识产权局商标局 – 中国商标网上的数据整理所得。

（三）相关部门保护力度不足

刺梨产业所涉及的范围十分广泛，从刺梨种植、炮制到食品、药品的研发、加工生产，单靠商标权或单靠企业、社会是不可能实现全面保护的。目前，造成我国刺梨商标保护现状的原因主要有以下两个方面：一方面，虽然刺梨产业现已成为部分地区的主导扶贫产业，受到当地相关政府部门的重

视，但总的来说，还没有形成一个专门针对刺梨的商标保护法；另一方面，目前的商标申请人主要是以企业为先导，以政府、研究所、学会、个人等名义申请刺梨商标的屈指可数。

四　我国刺梨产业商标保护的建议

（一）增强商标宣传，提高商标意识

目前，我国刺梨商标注册总量不多，很大程度上是由于相关企业、个人、组织商标意识不强而引起的，因此，我们应该充分利用相关政府官网、微信公众号、微博等新兴媒体加强商标的宣传，加强企业、组织、个人等的商标意识，从而助推我国刺梨产业的商标保护。

（二）注重商标设计创新，使刺梨商标多元化

当前我国刺梨产业商标设计较为单一，在设计商标时可引入创新意识，增加拼音、图形结合等创新元素。

（三）形成以政府为主导的多元力量保护体系

当前我国刺梨商标注册以企业为主，俗话说人多力量大，因此仅凭企业的力量是很难完成刺梨商标的保护的，更何况企业还是以盈利为主要目的，因此，想要促进当前我国刺梨商标的保护，还必须加入政府、研究所、合作社、学会等社会组织以及个人的力量，形成以政府为主导的多元力量保护体系。

参考文献

王瑜、李立郎、杨娟等：《刺梨酵素发酵工艺优化及发酵前后风味与活性成分分析》，《食品科技》2019 年第 10 期，第 74~81 页。

李贻、贺君、张鹏敏：《体外模拟胃肠消化对刺梨抗氧化成分及其活性的影响》，《现代食品科技》2019 年第 12 期，第 1~6 页。

刘云、李永和、赵平等：《无籽刺梨果汁饮料配方及其稳定性研究》，《食品研究与开发》2019 年第 14 期。

陈庆、李超、黄婷等：《刺梨多糖的理化性质、体外抗氧化和 α - 葡萄糖苷酶抑制活性》，《现代食品科技》2019 年第 11 期。

陈萍、谭书明、陈小敏等：《刺梨、蜂胶、山楂口服液的降血脂功能研究》，《现代食品科技》2019 年第 8 期。

林清霞、洪林、严红：《毕节市刺梨产业现状及发展对策分析》，《农业科技通讯》2017 年第 10 期。

黄颖、谭书明、陈小敏等：《刺梨口服液对急性醉酒小鼠的解酒护肝作用》，《现代食品科技》2019 年第 7 期。

院慧芳、张永春、蔡新华等：《刺梨黄酮对阿霉素所致心肌细胞毒性的保护作用》，《解剖学报》2019 年第 1 期。

查钦、张翔宇、阮陪均等：《贵州省刺梨产业现状梳理及思考》，《中国现代中药》2020 年第 1 期。

国家知识产权局商标局 – 中国商标网，http：//sbj. cnipa. gov. cn/。

B.13
中国刺梨产业专利分析报告

谷庆红*

摘　要：　截至 2020 年 2 月，本报告共检索到全国刺梨产业相关专利
2864 件。中国刺梨专利主权集中在贵州企业。时间方面，
2010 年以前增长缓慢，2014 年以后呈现快速增长态势。

关键词：　中国刺梨　专利　贵州

一　专利申请授权趋势分析

（一）申请趋势分析

按照申请年进行统计，得到年度申请量趋势图，具体如图 1 所示。由于
2019 年申请的部分专利尚未全部公开，因而 2019 年的数据不参与趋势
讨论。

从图 1 可以看出，专利申请趋势大致可以分为两个阶段：

第一阶段为萌芽期（1985～2010 年），该阶段专利年度申请量较低，并
且有的年份没有专利申请。该阶段专利年申请量最高的年份是 2010 年，有
37 件相关专利申请。

第二阶段为增长期（2011 年至今），该阶段专利年申请量整体呈现快速
增长趋势，直至 2018 年专利年申请量高达 684 件。

---

* 谷庆红，贵州派腾知识产权研究中心主任，研究方向：专利与产业发展分析。

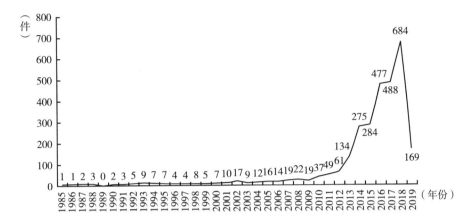

图1　全国刺梨产业相关专利申请趋势

从总体看，全国刺梨产业相关专利申请快速发展主要是从2011年开始，在近十年间快速发展。从趋势上来看，未来几年整体申请趋势处于增长期，仍保持着较高的专利申请量。

（二）授权趋势分析

按照专利授权年份进行统计，得到年度授权量趋势图，具体如图2所示。

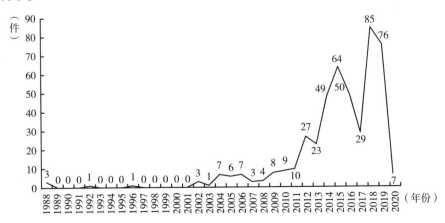

图2　全国刺梨产业相关专利授权趋势

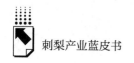

从图 2 可以看出,专利授权趋势与申请趋势大致保持一致。2010 年以前,专利年度授权量相对较少,甚至很多年份没有专利授权。2014 年之后随着申请量的增加,授权量也有所增加。图 2 中专利授权量较高的年份为 2018 年和 2019 年,分别有 85 件和 76 件专利获得授权。

二 授权专利维持年限分析

授权专利维持是指在授权专利法定保护期内,专利权人依法向专利行政部门缴纳规定数量维持费使得专利继续有效的过程。而授权专利维持年限(下述简称专利维持年限)则指专利从申请日或者授权之日至无效、终止、撤销或届满之日的实际时间。专利维持年限反映了创新主体的专利运用和管理能力,也反映了一个国家或者地区的技术创新能力;具体从刺梨产业上来看,则主要反映了刺梨产业相关企业的专利运用能力、管理能力和维持实力。

通过对刺梨产业相关专利维持年限的整理分析,可以得到如图 3 所示的刺梨产业相关授权专利维持年限占比图。

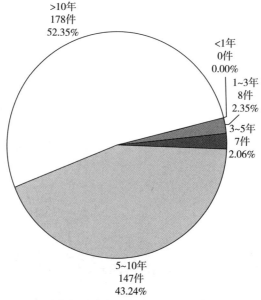

图 3 全国刺梨产业授权专利维持年限占比

从图 3 中可以看出，没有授权专利维持年限少于 1 年的专利，说明在刺梨产业领域没有授权当年就主动放弃专利权的专利权人；专利维持年限在 1~3 年的有 8 件，占总量的 2.35%；专利维持年限在 3~5 年的有 7 件，占总量的 2.06%；整体来看专利维持年限在 5 年以下的只有 15 件专利，占总授权专利量的不到 5%（4.41%），说明在刺梨产业相当少的授权专利只维持了 5 年以下，间接说明刺梨产业相关专利权人不会轻易放弃授权后的专利；授权专利维持年限在 5~10 年的专利数量较多，有 147 件，占总量的 43.24%，四成以上的授权专利都处于此部分，结合实用新型专利保护年限最高为 10 年的实际情况，可以说明在刺梨产业领域相关授权专利中实用新型占了很大的比例。授权专利维持年限大于 10 年的有 178 件，占总量的 52.35%，由于此部分专利只可能是发明专利，整体说明在刺梨产业领域授权发明专利的维持年限都是相对较高的，发明专利基本都有较高的维持年限，这说明发明专利是该领域最主要的专利保护形式。

三 专利类型－法律状态分析

对全国刺梨产业相关专利的法律状态进行统计，其中有效专利指授权并且正常维持的专利；审查中专利指已公开但尚未授权的专利申请；失效专利指因专利保护期届满、未缴费、专利无效等原因失去专利权、不再受专利法律保护的专利。具体情况如图 4 所示。

从图 4 可以看出，在发明专利中，审查中发明专利 1349 件（占总申请量的 47%），有效发明专利 199 件（占总申请量的 7%），失效发明专利 1145 件（占总申请量的 40%），发明专利中处于审查中和失效状态的数量占比较大。在实用新型专利中有效专利 141 件（占总申请量的 5%），失效专利 30 件（占总申请量的 1%），实用新型专利中有效专利占比较大。

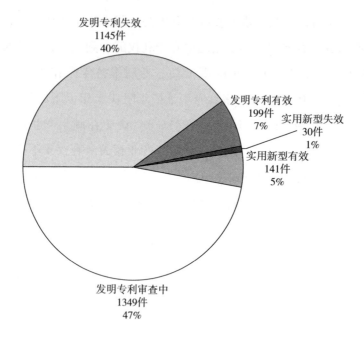

图4 全国刺梨产业专利类型及法律状态

四 发生法律事件专利分析

专利的法律事件是指在专利的生命周期内所有涉及法律关系状态变化的客观事实。其主要包括以下相关内容：

解密专利：解密后的保密专利。

获奖专利：荣获国家专利金奖或优秀奖的专利。

海关备案：专利权人就该专利已在海关进行备案保护。

无效程序：专利复审委员会已受理宣告该专利权无效的请求。

复审程序：专利申请人向专利复审委员会提出复审请求的专利申请。

口头审理：通过口头审理的方式实施专利权无效请求。

权利转移：专利权或专利申请权发生过转让的专利或专利申请。

著录变更：著录信息发生过变更的专利或专利申请。

许可备案：专利权人将专利技术许可给他人实施的专利。

权利质押：专利权人将专利权出质的专利。

质押解除：专利权出质后登记注销专利权质押的专利。

权利保全：人民法院对专利权进行财产保全的专利。

保全解除：专利权的财产保全期届满的专利。

权利恢复：专利申请人或专利权人通过相关手续恢复其专利申请权或专利权。

权利续展：专利保护期得以延长的专利。

经过对本领域专利法律事件的分析，如图5所示，刺梨专利的法律事件主要为权利转移、权利质押、复审程序、许可备案以及无效程序五种类型，其中发生权利转移的专利为106项、发生权利质押的为17项、发生复审程序的为7项、发生许可备案的为3项、发生无效程序的为1项。

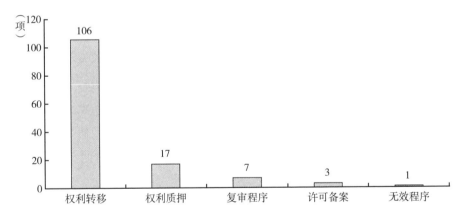

图5 全国刺梨产业相关专利法律事件分布

图中发生权利转移的专利数量远多于另外四项，同时，权利转移即专利转让，专利转让是专利申请权人和专利权人把专利申请权和专利权让给他人的一种法律行为，《中华人民共和国专利法》（简称《专利法》）中明确规定：专利申请权和专利权可以转让，其中全民所有制单位转让专利申请权或者专利权，必须经上级主管机关批准，中国人（或单位）向外国人转让专

利申请权或专利权，必须经国务院有关主管部门批准。转让专利申请权或专利权的当事人必须订立书面合同，经专利局登记后生效。在本领域发生权利转移的法律事件的专利中，多为医、药、保健品的相关专利，发生转移的原专利权人以及受让人也均为相关产业的主营企业，可以看出，发生权利转移的主体对刺梨相关产品的加工等有较为成熟的市场，发生转移的客体也与市场产品存在较大的关联，发生权利转移的主体和客体同时也可视为本领域中市场竞争较为激烈的主体及客体。

专利权质押，是指为担保债权的实现，由债务人或第三人将其专利权中的财产权设定质权，在债务人不履行债务时，债权人有权依法就该出质专利权中财产权的变价款优先受偿的担保方式。专利权质押融资是缓解中小企业融资难题、实现专利权经济价值与市场价值的重要途径。本领域中发生权利质押的专利为17项，主要为贵州黔宝食品有限公司以及贵州天刺力食品科技有限责任公司，两家公司均为贵州省本地刺梨产业的重要龙头以及支柱企业，大量的专利质押不但能够缓解企业流动资金不足的问题，同时也对本领域内的知识产权市场化应用做出了贡献，同时，其质押的相关专利也具备一定的市场应用价值，相关专利也可作为本领域重点技术专利进行参考。

专利复审程序是指专利申请被驳回时，给予申请人的一条救济途径，只有专利申请人才有权启动专利复审程序，而且必须在接到驳回通知3个月内向国家知识产权局专利复审委员会提出。根据《专利法》第四十一条的规定，专利复审委员会对复审请求进行受理和审查，并做出决定。复审请求案件包括对初步审查和实质审查程序中驳回专利申请的决定不服而请求专利复审的案件。图5中本领域涉及专利复审的数量为7件，可见相关专利对于申请人而言属于重要技术专利，对于本领域一般技术人员而言也可将其列入重点专利进行关注。

专利实施许可合同备案是专利行政管理部门或者受其委托的部门对当事人已经缔结并生效的专利实施许可合同加以留存，并对外公示的行为。对于专利权人而言，对授权专利进行许可实施是其将知识产权转化为收益的重要手段，同时也能反映出相关专利被市场认可的程度，因此，也属于重点关注专利的范畴。本领域涉及专利实施许可合同备案的仅有3项，分别为天然植物餐具洗涤剂、保健益肝茶、治疗肝性脑病和乙肝的药物组合物。

发生无效程序的专利是指被提出专利无效宣告的专利，《专利法》第四十五条规定："自专利局公告授予专利权之日起，任何单位或者个人认为该专利权授予不符合本法有关规定的，都可以请求专利复审委员会宣告该专利权无效。"本领域中发生无效程序的专利仅为1项，为1987年申请的履带式果汁压榨机，目前已经处于失效状态。

五 专利区域分布分析

对所检索到的全国刺梨产业2864件专利申请人按省份进行标引和统计，得到全国刺梨产业相关专利申请区域分布情况，如图6所示。

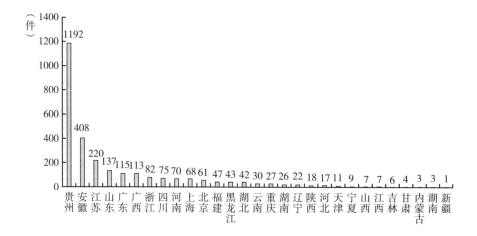

图6 全国刺梨产业相关专利申请区域分布

从专利申请总量来看，专利申请量超过100件的省份有六个，分别为：贵州省专利申请量为1192件，占全国41.62%；安徽省专利申请量为408件，占全国14.25%；江苏省专利申请量为220件，占全国7.68%；山东省专利申请量为137件，占全国4.78%；广东省专利申请量为115件，占全国

4.02%；广西专利申请量为 113 件，占全国 3.95%。其余省份专利申请量相对较少。

六　专利主要技术分布分析

对全国的刺梨产业相关专利主要涉及具体技术进行分类，通过统计分析，得到全国刺梨产业相关专利主要技术分布情况如图 7 所示。

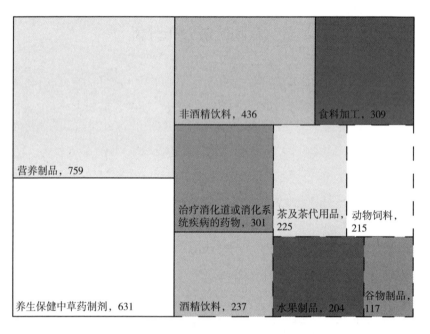

图 7　全国刺梨产业相关专利主要技术分布情况（单位：件）

从图 7 可以看出，国内刺梨产业相关专利中，专利申请量最大的为涉及营养制品方向的相关专利技术，现阶段该技术方向共计有 759 件专利申请，主要涉及技术为基于刺梨本身营养价值，结合用料间的协同促进作用，以刺梨为原材料或者配料制备有益于身体健康的营养制品相关技术，现阶段该技术方向为国内刺梨产业相关专利技术发展热点。

其次，刺梨养生保健中草药制剂方面，国内现有专利共计 631 件，也为现阶段国内刺梨产业相关专利技术的主要发展方向，主要涉及保健养生产品为治疗胃痛、治疗肝炎、治疗肿瘤疾病、治疗小儿消化不良、治疗骨质增生、治疗腰椎病、治疗肾盂肾炎、治疗胃炎、治疗肠炎、治疗扭伤、治疗痛风、治疗胆囊结石、治疗肾结石、治疗膀胱结石、治疗咽炎方面的中药制剂及中药药酒方面；所配伍中草药主要为枸杞子、淫羊藿、当归、川芎、红花、云芝、毛草龙（分布于华东、中南、西南及台湾等地，具有清热利湿、解毒消肿之功效。主治感冒发热、小儿疳热、咽喉肿痛、口舌生疮、高血压、水肿、湿热泻痢、淋痛、白浊、带下、乳痈、疗疮肿毒、痔疮、烫火伤、毒蛇咬伤等）。

以刺梨为原料，制备非酒精饮料方面相关专利也较多，也为现阶段国内刺梨产业相关专利技术的主要发展方向，针对该技术，现有专利共计436件，主要涉及技术为通过对榨汁、沉淀、浓缩等工艺进行改进，使得到的刺梨果汁饮料保持原汁的风味和营养方面；以及通过将刺梨原汁与牛奶、鱼腥草、姜汁、维生素、碳酸水、苏打水、海藻、酵素、大枣等原料进行相互添加，形成功效不同、风味各异的刺梨饮料产品方面。

以刺梨为原料的食料加工技术方面，现共有309件相关专利，主要涉及方向为刺梨粉、刺梨花粉、刺梨红汤、刺梨花瓣酱、刺梨香精等产品的开发及应用技术，上述产品具有新鲜刺梨的风味，可用于丰富产品口感。

全国范围内将刺梨用于制备治疗消化道或消化系统疾病的药物方面，现有相关专利共计301件，表明省内针对刺梨治疗用药物制剂的开发方面，尤以治疗消化道或消化系统疾病为主。相关药物主要以刺梨果、根、叶为原料，配以隔山消（是萝藦科鹅绒藤属植物。多年生草质藤本；肉质根近纺锤形，灰褐色，长约10厘米，直径2厘米；茎被单列毛。叶对生，薄纸质，卵形，长5~6厘米，宽2~4厘米。近伞房状聚伞花序半球形，着花15~20朵；种子暗褐色，卵形，长7毫米；种毛白色绢质，长2厘米。花期5~9月，果期7~10月。地下块根供药用，用以健胃、消饱胀、治噎食；外用治鱼口疮毒）、杨柳枝、三七、马兰草、马兰、车前草、麦门冬、金银花、仙鹤草（为蔷薇科植物龙芽草的干燥地上部分。夏、秋二季茎叶茂盛时采

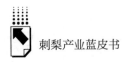

割，除去杂质，干燥，主要用于收敛止血、截疟、止痢、解毒、补虚）、仙
人掌、木香、蜘蛛香［根茎呈圆柱形，略扁，稍弯曲，少分枝，长 1.5 ~
8cm，直径 0.5 ~ 2cm；表面暗棕色或灰褐色。有紧密隆起的环节和突起的点
状根痕，有的顶端略膨大，具茎、叶残基；质坚实，不易折断，折断面略平
坦，黄棕色或灰棕色，可见筋脉点（维管束）断续排列成环。根细长，稍弯
曲，长 3 ~ 15cm，直径约 0.2cm；有浅纵皱纹，质脆。气特异，味微苦、辛］、
陈皮、青木香、樟树根等成方，制备成口服液、胶囊、颗粒等药物剂型。

国内以刺梨作为原料，制备酒精饮料产品方面，现有专利共计 237 件，
主要涉及技术为通过对刺梨发酵系统进行改进，保证刺梨酒内部的纯净及品
尝风味方面；以及通过以野生刺梨干配伍大枣、枸杞子、甘草、牛蒡根、三
七、灵芝、天麻、蓝莓等，结合配料与刺梨间的药用价值及风味互补，共同
酿造保健风味刺梨酒产品方面。

以刺梨制备茶及茶的代用品的专利技术现共计 225 件，主要茶产品为六
君茶、刺梨健身茶、六珍保健茶、刺梨三叶茶、刺梨叶袋泡茶、刺梨果袋泡
茶、山蜜草凉茶、荷叶苦瓜降脂保健茶、刺梨石竹茶、刺梨银杏茶、刺梨红
茶、刺梨减肥茶、果蔬茶、刺梨花茶、刺梨金花葵茶、刺梨白茶、罗汉果刺
梨茶、刺梨养生水果绿茶、刺梨金银花茶、刺梨降糖降脂袋泡茶、刺梨金钗
石斛花茶、刺梨桑叶茶、刺梨红枣茶、香花刺梨茶等。

以刺梨为原料制备动物饲料相关专利现共计 215 件，主要涉及青鱼、草
鱼、仔猪、鲈鱼、斑鱼、龙虾、獭兔、仔兔、牛、鸡、鹌鹑、肉兔、山羊、
石斑鱼、罗非鱼、观赏鱼、羊羔、鲤鱼、海参、七星鱼等动物用饲料及饲料
添加剂的制造技术。

国内现有以刺梨为原料制备水果制品的相关专利共计 204 件，主要涉及
产品为刺梨营养果粉、刺梨酥、天麻刺梨糕、刺梨蓝莓软糕、刺梨发酵果
干、刺梨固元膏、无籽刺梨冻干片、刺梨全果果糕、刺梨果酱、刺梨凉粉、
刺梨罐头、刺梨干等。

国内以刺梨为原料制造谷物制品的相关专利共计 117 件，主要涉及产品
为刺梨香酥、果肉醪糟、营养面条、水果麦片、粗粮糕点、保健米、糯米锅

巴、藜麦保健面粉、风味米肠、有机米粉、八宝粥、芝麻糕、水饺、粽子、糍粑、饵块粑、黄粑、脆饼、煎饼、刺梨凉糕、发糕等产品的制作技术。

七 主要专利权人分析

（一）专利权人类型分析

图8所示为刺梨领域专利权人的类型分布图，从图中可以看出，本领域专利申请的绝对主力为公司（1816项），其次为个人（658项），院校/研究所申请的数量为317件，此外，还有105件属于其他类型的申请人（当地合作社等非营利机构）。需要说明的是，该专利权人申请类型数据总量大于专利申请量总和，原因在于部分专利为多个专利权人合作申请，在进行类型分析时，应将其作为单独数据进行考量。

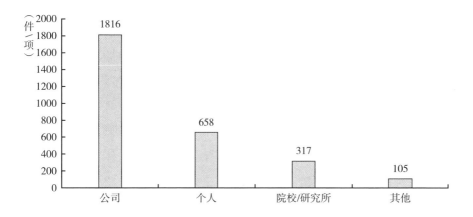

图8 全国刺梨产业相关专利权人类型分布

公司的专利在本领域中占绝对多数，说明了该领域中对专利需求最大的还是直接面对市场的公司企业，其专利不但涉及刺梨的生产、初加工以及深加工，还涉及在加工中的设备、系统等生产资料。此外，部分公司对刺梨的种植培育也有较为深入的研究，体现出极强的生命活力。同时，作为个人和

院校/研究所的申请量就大为减少，因其只是作为刺梨相关产业的支撑，很大程度上并未直接面向市场，并未参与极为激烈的市场竞争，也对专利能够产生的效益存在较大争议，其申请动力大大低于直接进行市场竞争的公司，因此申请量远远低于公司的申请量。至于其他（仅有105件）部分，其主要的申请人为各个地方的合作社，同时，部分也是与企业进行合作申请的，其距离市场较远，本身不具备将相关技术申请为专利的动力，因此，仅有数项专利。

（二）主要专利权人排名

如图9所示，刺梨产业领域中专利申请量占前十位的分别为：江苏千药堂国医研究院有限公司、贵州大学、贵州宏财聚农投资有限责任公司、贵州天刺力食品科技有限责任公司、贵州黔宝食品有限公司、贵州奇昂生物科技有限公司、龙里县柯臻科技种植有限公司、贵州恒力源天然生物科技有限公司、贵州山王果健康实业有限公司、贵州省龙里县泽洋生态科技种养殖有限公司。其中江苏千药堂国医研究院有限公司申请量为93件，排名第一；贵州大学的申请量为62件，位居第二；贵州宏财聚农投资有限责任公司共申请50件专利，申请量排名第三；其余申请人专利申请数量均未超过50件，申请量排名第4~6位的分别为贵州天刺力食品科技有限责任公司（47件）、贵州黔宝食品有限公司（45件）以及贵州奇昂生物科技有限公司（42件），随后的四家公司分别为龙里县柯臻科技种植有限公司（35件）、贵州恒力源天然生物科技有限公司（32件）、贵州山王果健康实业有限公司（32件）、贵州省龙里县泽洋生态科技种养殖有限公司（28件）。上述申请人除贵州大学属于科研院所以外，其余均属于企业，就目前而言，应当都属于贵州省刺梨产业的重点企业，应当予以重点关注。下面对上述排名中第一至六位的申请人进行进一步分析。

江苏千药堂国医研究院有限公司位于国际性新能源基地徐州，于2014年10月13日在邳州市市场监督管理局注册成立，主要经营药用植物生产技术研发、推广；食品生产、销售；食品、化妆品、药品、植物有效成分生产

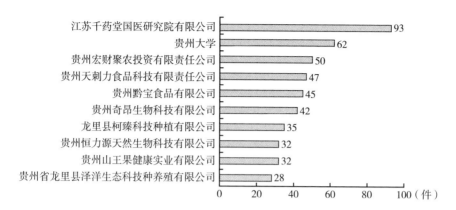

图9 全国刺梨产业专利申请人前十位申请量分布

技术研发、推广；大蒜、银杏、中药材种植、初加工、销售（限自产产品）；医药保健、营养健康咨询服务。其申请了93件含有刺梨的饲料添加剂，均于2018年5月25日申请，并且现在均处于撤回状态。

贵州大学，简称贵大，创始于1902年，位于中国贵州省贵阳市，是教育部与贵州省人民政府合作共建的国家"211工程"全国重点建设综合性大学，贵州省属重点综合性大学，全国本科统招第一批次重点大学。是"卓越法律人才教育培养计划"、"卓越农林人才教育培养计划"和"卓越工程师教育培养计划"重点建设大学。2012年成为教育部"2011计划"协同创新中心牵头高校，入选教育部"中西部高校综合实力提升工程"成为教育部在西部地区重点建设的14所高水平大学之一，"中西部高校联盟"成员，中国最早创办的大学之一。其申请的本领域相关专利主要方向为刺梨产品的加工和制备方面，如食品、饮料等的加工，其次，贵州大学在刺梨的初级生产中也有所涉猎，主要在刺梨分选装置以及环境监测方面，技术领域涉及产学研各个方向，是本领域综合性较强的申请人。

贵州宏财聚农投资有限责任公司（以下简称"聚农公司"或"公司"）为贵州宏财投资集团有限责任公司（以下简称"宏财集团"）的下属全资子公司，是盘州市的国有平台企业。2016年，盘州市委、市政府明确由宏财集团牵头发展全市刺梨产业，同年8月24日，宏财集团成立了聚农公司，

专司刺梨产业发展，公司注册资本人民币1亿元，积极投身打造刺梨"种植、加工、研发、销售"一体化产业链，旨在实现助推全市脱贫攻坚和宏财集团转型跨越的"双效应"。公司目前资产27亿元，设有9个职能部门，共有职工100余人。其在本领域申请的专利主要注重于刺梨的产品深加工，涉及食品、饮料等方面。同时，还有一件专利涉及刺梨产品开发的洗衣液，是本领域较为特殊的专业领域。

贵州天刺力食品科技有限责任公司成立于2011年11月21日，位于贵州省六盘水市盘州市两河街道办中小企业园，占地面积53亩，标准厂房15000平方米。公司以贵州特产水果刺梨为原料进行系列产品的生产、科研开发、基地种植，形成特色产业。截至目前，已建成刺梨果汁饮料、刺梨果脯、刺梨发酵酒、刺梨配制酒、刺梨高端品等14条生产线。公司荣获"国家地理标志保护产品""贵州省著名商标""贵州省名牌产品"等重大荣誉。公司累计申请专利72项；申请实用新型专利20项；作品登记证书4项；累计申请注册商标"天刺力、优维源、圣地亚"等80多个类别。该公司申请的专利主要倾向于产品的加工方面，包括饮料以及糕点类，同时，其对生产方法和设备方面也有较多涉猎，此外，其专利申请还有刺梨种植相关的技术，是一家集刺梨的种植、生产以及加工于一体的综合性企业。

贵州黔宝食品有限公司目前拥有蜜饯、糕点、糖果、饮料、果片等数条现代化标准生产线，主营产品"黔康牌"刺梨系列产品和"御酥坊"糕点系列成为贵州特色食品行业中的佼佼者。2011年，企业的"黔康"商标被认定为"贵州省著名商标"。企业还被授予"农业产业化经营县级龙头企业"及"省级龙头企业"称号。公司是贵州省地方标准 DB 52/576 - 2009《果蔬糕》、黔南州地方标准 DB 522700/T030 - 2011《龙里刺梨种植技术规范》、贵州省地方标准 DB 52/T936 - 2014《地理标志产品 龙里刺梨》的起草制定单位。"黔康"刺梨因其口味纯正、软绵化渣等特点，在消费者中有较好的口碑，"黔康牌刺梨干"于2012年被认定为贵州省名牌产品。公司现有标准化刺梨栽培基地100亩，刺梨优质种源基地50亩。并推广到周边农户进行栽种，建立了标准化种植基地500亩，为刺梨系列产品生产提供优质刺梨原料打下了坚实的基础。该企业申请的专利主要也是涉及刺梨的食品和饮料，同时刺梨产品深加工的设备以及相应的加工方法也是该公司的重点研发方向。

贵州奇昂生物科技有限公司地址位于黔南布依族苗族自治州，贵州省黔南布依族苗族自治州龙里县高新技术产业园，主要致力于刺梨系列产品开发，刺梨种苗培育、选育及农副产品销售。该公司申请的专利主要也是涉及刺梨的食品、饮料以及保健品，同时刺梨产品深加工的设备以及相应的加工方法也是该公司的重点研发方向之一。

（三）主要专利权人专利技术分布分析

通过对刺梨相关专利的国际分类号（IPC）小类以及大组，结合主要专利权人情况进行统计分析，可以了解刺梨领域主要专利权人涉及的主要技术领域和主要技术。

表1为刺梨领域主要专利权人IPC小类表，从表中可以看出，贵州奇昂生物科技有限公司申请的专利主要涉及A23L（18件）、A23N（9件）、C12G（7件）等技术领域；贵州宏财聚农投资有限责任公司申请的专利主要涉及A23L（17件）、A23N（8件）、A23G（7件）等技术领域；贵州大学申请的专利主要涉及A23L（13件）、A23F（10件）、C05G（8件）等技术领域；贵州黔宝食品有限公司申请的专利主要涉及A23N（23件）、A23L（12件）等技术领域；龙里县柯臻科技种植有限公司申请的专利主要涉及A23L（15件）、C05G（8件）、C12G（5件）等技术领域；上海奥医生物医药科技有限公司申请的专利主要涉及A23L（23件）、A23P（5件）等技术领域；龙里天乙刺梨有限公司申请的专利主要涉及A23L（14件）、C12G（5件）、A61P（4件）等技术领域；敖云霞申请的专利主要涉及A23L（23件）、A61K（5件）、A61P（5件）等技术领域；贵州天泷集团投资开发有限公司申请的专利主要涉及A23L（10件）、C12G（3件）、A61K（3件）、A61P（3件）等技术领域；贵州省黔贵兴农林种植产业有限公司申请的专利主要涉及A23L（10件）、A23N（2件）等技术领域。

表 1　全国刺梨产业相关专利主要专利权人 IPC 小类

单位：件

IPC 小类/当前申请（专利权）人	贵州奇昂生物科技有限公司	贵州宏财聚农投资有限责任公司	贵州大学	贵州黔宝食品有限公司	龙里县柯臻科技种植有限公司	上海奥医生物医药科技有限公司	龙里天乙刺梨有限公司	敖云霞	贵州天沱集团投资开发有限公司	贵州省黔贵兴农林种植产业有限公司
A23L	18	17	13	12	15	23	14	10	10	10
A23N	9	8	6	23	0	0	0	0	0	2
C12G	7	5	4	0	5	0	5	2	3	0
A23F	5	3	10	2	3	0	2	3	0	0
A61K	6	3	3	0	0	0	0	5	3	0
A61P	6	0	0	0	0	0	4	5	3	0
C05G	0	0	8	0	8	0	0	0	0	0
A23G	0	7	2	0	2	0	0	0	0	0
A21D	0	6	0	2	0	0	0	0	0	0
A23P	0	0	0	0	0	5	0	0	0	0

上表涉及 IPC 具体含义如表 2 所示。

表 2　IPC 小类代号具体含义

代号	具体含义
A23L	不包含在 A21D 或 A23B 至 A23J 小类中的食品、食料或非酒精饮料；其制备或处理，例如烹调、营养品质的改进、物理处理；食品或食料的一般保存
A23N	其他类不包含的处理大量收获的水果、蔬菜或花球茎的机械或装置；大量蔬菜或水果的去皮；制备牲畜饲料装置
C12G	果汁酒；其他含酒精饮料；其制备
A23F	咖啡；茶；其代用品；其制造、配制或泡制
A61K	医用、牙科用或梳妆用的配制品
A61P	化合物或药物制剂的特定治疗活性
C05G	分属于 C05 大类下各小类中肥料的混合物；由一种或多种肥料与无特殊肥效的物质，例如农药、土壤调理剂、润湿剂所组成的混合物；以形状为特征的肥料
A23G	可可；可可制品，例如巧克力；可可或可可制品的代用品；糖食；口香糖；冰淇淋；其制备
A21D	焙烤用面粉或面团的处理；焙烤；焙烤产品及其保存
A23P	未被其他单一小类所完全包含的食料成型或加工

表3为刺梨领域主要专利权人IPC大组表，从表中可以看出，贵州奇昂生物科技有限公司申请的专利主要针对 A23L33（17 件）、C12G3（7 件）、A23L2（6 件）、A61K36（6 件）等技术方向；龙里县柯臻科技种植有限公司主要针对 A23L2（15 件）、A23L33（14 件）等技术方向；贵州宏财聚农投资有限责任公司申请的专利主要针对 A23L33（16 件）、A23L19（6 件）、A23L2（5 件）、C12G3（5 件）等技术方向；敖云霞主要针对 A23L33（8 件）、A23L2（8 件）等技术方向；龙里天乙刺梨有限公司主要针对 A23L33（14 件）、C12G3（5 件）等技术方向；贵州大学主要针对 A23F3（10 件）、A23L33（6 件）、A23L2（5 件）、A23L19（5 件）等技术方向；上海奥医生物医药科技有限公司主要针对 A23L33（23 件）技术方向；明光市双喜粮油食品有限公司主要针对 A23L33（10 件）、A23L1（10 件）等技术方向；蒙佳主要针对 A23L19（8 件）、A23L33（7 件）、A23L7（7 件）等技术方向；贵州天泷集团投资开发有限公司主要针对 A23L33（7 件）、A23L2（7 件）等技术方向。

表3　全国刺梨产业相关专利主要专利权人 IPC 大组

单位：件

IPC 大组/当前申请（专利权）人	贵州奇昂生物科技有限公司	龙里县柯臻科技种植有限公司	贵州宏财聚农投资有限责任公司	敖云霞	龙里天乙刺梨有限公司	贵州大学	上海奥医生物医药科技有限公司	明光市双喜粮油食品有限公司	蒙佳	贵州天泷集团投资开发有限公司
A23L33	17	14	16	8	14	6	23	10	7	7
A23L2	6	15	5	8	0	5	0	0	0	7
C12G3	7	5	5	2	5	4	0	0	0	3
A23L19	4	0	6	0	4	5	2	0	8	0
A23F3	5	3	3	3	2	10	0	0	0	0
A23L7	5	0	2	0	0	0	1	4	7	0
A61K36	6	0	0	5	4	0	0	0	0	3
A61P1	4	0	0	3	4	0	0	0	0	2
A23L1	0	0	0	0	0	0	0	10	0	0
A61P39	2	2	0	4	0	0	0	0	0	0

表 3 涉及 IPC 具体含义如表 4 所示。

表 4　IPC 大组代号具体含义

代号	具体含义
A23L33	改变食品的营养性质;营养制品;其制备或处理
A23L2	非酒精饮料;其干组合物或浓缩物;其制备
C12G3	其他酒精饮料的制备
A23L19	水果或蔬菜制备;其制备或处理
A23F3	茶;茶代用品;其配制品
A23L7	含有谷类得到的产品;麦芽制品;其制备或处理
A61K36	含有来自藻类、苔藓、真菌、植物或其派生物,例如传统草药的未确定结构的药物制剂
A61P1	治疗消化道或消化系统疾病的药物
A23L1	豆类植物,即豆科植物果实的处理以制造食品或饲料;豆类制品;其制备或处理,如以磷酸盐处理
A61P39	全身保护或抗毒剂

八　主要发明人分析

通过对参与专利申请的主要发明人进行分析,可以有效明确刺梨产业主要的技术核心人员是哪些,这将大大有利于人才引进的精准性。

图 10 为刺梨相关专利主要发明人示意,图中对刺梨产业相关专利主要技术发明人及其参与专利量进行了统计,并进行了相应排序。

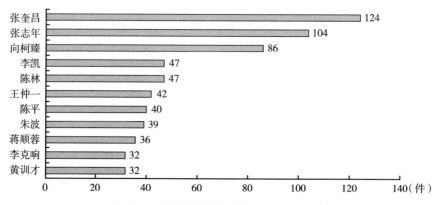

图 10　全国刺梨产业相关专利主要发明人

排名第一的张奎昌参与了 124 件发明创造，是属于江苏千药堂国医研究院有限公司的人员，其后的张志年（104 件）也是属于江苏千药堂国医研究院有限公司的人员，向柯臻（86 件）是属于贵州奇昂生物科技有限公司的人员，李凯（47 件）是属于贵州宏财聚农投资有限责任公司的人员，陈林（47 件）是属于贵州天刺力食品科技有限责任公司的人员，王仲一（42 件）是属于贵州奇昂生物科技有限公司的人员，陈平（40 件）是属于贵州省贵源生态食品有限公司和龙里县柯臻科技种植有限公司的人员，朱波（39 件）是属于贵州宏财聚农投资有限责任公司的人员，蒋顺蓉（36 件）是属于贵州黔宝食品有限公司的人员，李克响（32 件）是属于贵州恒力源天然生物科技有限公司的人员，黄训才（32 件）是属于贵州山王果健康实业有限公司的人员。

B.14
中国刺梨产业公共政策研究报告

李春艳*

摘　要：　促进中国刺梨产业实现可持续发展是帮助地区脱贫致富、实现乡村振兴的关键路径。本文在归纳 2006～2019 年中国刺梨产业公共政策文本的基础上，通过划分政策演进过程发现，中国刺梨产业发展尚不成熟，其中贵州刺梨产业发展较为领先，贵州刺梨产业的发展主要经历了由初步保护阶段向强化保护阶段的过渡，在分析阶段特性基础上总结中国刺梨产业公共政策现存问题，可以为未来中国刺梨产业的发展完善提供有益参考。

关键词：　刺梨产业　公共政策　强化保护

一　问题的提出

公共政策是政府在治理活动过程中为最大限度地满足公共利益而做出的政策安排，是政府及公共组织为实现特定时期的公共目标制定的一系列行动规则①。本文通过对地方政府制定的相关刺梨产业的公共政策文本进行分析，有助于探究刺梨产业公共政策演变特征和规律，在回顾刺梨政策文本的

---

　* 李春艳，贵州省地理标志研究中心助理研究员，研究方向：地理标志、公共政策。
　① 任弢、黄萃、苏竣：《公共政策文本研究的路径与发展趋势》，《中国行政管理》2017 年第 5 期，第 96～101 页。

基础上分析政策特征与现存问题，可以为完善未来中国刺梨产业公共政策提供可资借鉴的建议，这对于刺梨产业的优化发展具有深远意义。

二 研究设计：政策文本选择、框架构建及研究方法

引入话语分析可以提供较理想化的公共政策认知平台，外在式话语标志——以文本为主要记录的政策话语活动可以提供便于直接分析的科学对象，通过文本式分析，便于了解文本背后的逻辑过程①。本研究通过对中国刺梨产业的相关政策文本内容进行分析，便于归纳政策过程演进特征，发掘刺梨产业政策文本背后隐藏的问题，并为未来的发展提供参考建议。

（一）政策文本选择

近几年来，"健康""养生"等理念逐渐成为消费市场热捧的关键词，而刺梨作为美容养颜又养生的佳品，无疑受到消费者热捧与青睐。为了契合市场发展需求并带动地方产业发展，各省、市均积极出台了一系列政策文件以加快当地刺梨产业发展。本研究搜索范围为各省、市出台的与刺梨产业相关的政策文件，通过搜索各地方政府官网关于刺梨的"意见""规划""纲要"等信息后，最终获得研究对象共计 40 个。为了便于分析，本研究通过"文件名称""来源单位""主要内容""发布时间"等关键词进行排序，具体内容详见表 1。

表 1 全国刺梨产业相关政策文本

序号	文件名称	来源单位	内容简介	发布时间
1	《省人民政府办公厅印发关于促进农产品加工业发展意见的通知》	贵州省人民政府	全力促进白酒产业的结构调整与资产重组，形成一批中坚企业与大型企业。积极推进啤酒、果酒等新产品的发展，同时兼顾猕猴桃汁、核桃乳、蔬菜汁、刺梨汁、木瓜汁等产品的发展	2006－05

---

① 杨正联：《公共政策文本分析：一个理论框架》，《理论与改革》2006 年第 1 期，第 24～26 页。

续表

序号	文件名称	来源单位	内容简介	发布时间
2	《贵州省"十二五"民族医药和特色食品及旅游商品特色产业发展规划的通知》	贵州省人民政府	为推动贵州省大批药材品牌化发展与市场开发,以天麻、杜仲等药材和刺梨等具有贵州省特色的多功能保健药材为重心,依托当地主要制药企业,进行产业化生产相结合,包括相关产品(饮片、提取物、成药、保健品、食品、化妆品等)的开发、药材经营、规范化种植基地的建设、延伸刺梨的产业链	2011 - 01
3	《省人民政府关于印发贵州省民营经济倍增计划的通知》	贵州省人民政府	贵州省将支持刺梨、半夏、太子参、观音草、天麻、杜仲、银杏、石斛、喜树、何首乌、鱼腥草等具有贵州省特色的大宗中药民族药材的发展	2011 - 05
4	《中共黔南州委、黔南州人民政府关于加快刺梨产业发展的意见》	贵州省黔南所政府	如果明确我市的七项政策与保障措施,努力推动刺梨产业的发展,不久将有可能使塘县山区的刺梨产业成为当地的一大农业经济支柱产业	2013 - 03
5	《贵州省关于加快推进新医药产业发展的指导意见》	贵州省人民政府	为使贵州省药材产业实现"蛙跳式发展",贵州省可推动道地大宗药材录入新资源食品目录,以刺梨、天麻、太子参、半夏、银杏、薏苡仁、何首乌、金银花、桔梗、鱼腥草、灵芝、杜仲、石斛等药材为主,开发药茶、保健品、药膳、药酒等产品,打造与其相关的知名品牌,推进发展贵州省药食两用产品	2014 - 08
6	《贵州省新医药产业发展规划(2014~2017年)》	贵州省人民政府	加快贵定刺梨、惠水皂角刺以及罗甸艾纳香等产品的发展	2014 - 08
7	《贵州省推进刺梨产业发展工作方案(2014~2020年)》	贵州省人民政府	重点在六盘水市等4个产业基础较好的市(州)、14个县(区、特区)构建刺梨的生产、加工机器销售的完整产业链。预计到2020年,实现贵州省种植刺梨的面积达120万亩,包括新造刺梨基地90万亩;年产刺梨果120万吨,省内加工企业需要和消费者需求得到基本满足;预计刺梨产业年总产值达48亿元,可成为贵州省构建当代高效农业,实现精准扶贫的重要产业	2015 - 01

序号	文件名称	来源单位	内容简介	发布时间
8	《绿色贵州建设三年行动计划(2015~2017年)》	贵州省人民政府	为打造贵州省特色产业,遵义市大力发展竹、茶产业,并快速发展位于贵黄公路周边的苗木产业带;贵阳市以发展枇杷、杨梅、樱桃等绿化苗木与果园为重点;安顺市以发展金刺梨等特色水果为重点;六盘水市以发展红豆杉产业和刺梨产业为重点	2015-02
9	《贵州省医药产业、健康养生产业发展任务清单的通知》	贵州省人民政府	贵州省刺梨的种植区以龙里县、兴仁县、长顺县等县区为中心	2015-04
10	《贵州省食物与营养发展实施计划(2014~2020年)》	贵州省人民政府	基于区域资源优势,大力建设刺梨、蓝莓、火龙果、葡萄、猕猴桃等果品基地,推进特色果品产区建设	2015-05
11	《毕节市人民政府关于加快推进新医药产业发展的实施意见》	毕节市人民政府	千方百计扩大新医药产业总量,依托骨干企业和品牌产品,做大做强特色医药产业。加快包括刺梨在内的中药材种植产业化,拓展新医药衍生产业,丰富大健康产业结构	2015-06
12	《切实加强2015年秋冬季农业工作》	黔南州政府	继续加大刺梨基地的发展,把刺梨种植与农村旅游有机结合,形成花果共赢的良好效应	2015-10
13	《关于推进全省林业产业发展的实施方案》	贵州省人民政府	以贵州省14个县(安顺市、毕节市等县市)为重点,积极发展刺梨产业。新建刺梨基地截至2017年有60万亩,刺梨种植基地占有100万亩,积极研发冻干粉,刺梨饮料等产品,致力于精深加工工艺,打造产业化集群,刺梨的产业总产值高达50亿元	2015-11
14	《省人民政府办公厅关于转发〈省经济和信息化委省扶贫办贵州省中药材保护和发展实施方案(2016~2020年)〉的通知》	贵州省人民政府	需大力发掘与继承刺梨、金银花、太子参、金钗石斛、何首乌、淫羊藿、头花蓼、杜仲等道地中药材生产和饮片加工技术,形成五至七种道地大宗特色中药材标准化生产以及产地加工技术规范,推进在适宜区域推广应用的强度	2016-01

续表

序号	文件名称	来源单位	内容简介	发布时间
15	《六盘水市加快推进现代山地特色高效农业发展实施方案》	六盘水市政府	大力发展山地特色现代农业，大力推进特色农产品精深加工，延长产业链条，增加农产品附加值。建成红心猕猴桃、优质刺梨的生产基地与示范基地	2016 – 04
16	《黔南州电子商务发展三年行动计划（2016～2018)》	黔南州政府	强化农产品精深加工，集中打造茶叶、果蔬、刺梨、烤烟、中药材五大特色优势产业，为"黔货出山"提供数量充足、品质优良的特色农产品	2016 – 09
17	《中共六盘水市委、六盘水市人民政府关于农业特色产业发展"3155工程"的实施意见》	六盘水市政府	重点发展猕猴桃、茶叶、核桃、蔬菜、油菜、刺梨等特色产业，全面实施农业产业结构调整的"3155"工程	2016 – 09
18	《贵州省人民政府办公厅关于促进医药产业健康发展的实施意见》	贵州省人民政府	推动以刺梨、金银花、太子参等为原料，通过精加工后得到的天然保健饮料市场	2016 – 10
19	《黔南州刺梨产业提升三年行动计划（2017～2019年)》	贵州省中共黔南州委、州人民政府	用三年时间促成"中国刺梨之州"的建设，打造中国最大的刺梨良种繁育基地，标准种植基地、产品加工基地、康养文化基地与科技开发基地及刺梨产品交易市场	2017 – 03
20	《六盘水绿色红利凉都行动实施方案》	六盘水市	提升打造精品猕猴桃、核桃、刺梨、茶叶等绿色产业，森林覆盖率达58%，实现产值100亿元以上	2017 – 03
21	《六盘水市2017年脱贫攻坚"春季攻势"作战方案》	六盘水市	一季度围绕春耕生产，监管调运优质苗木，集中力量完成"3155工程"补植补种86万亩，着力宣传发动农户，指导完成猕猴桃、茶业、刺梨等产业规划管护216万亩	2017 – 03
22	《贵州省人民政府办公厅关于印发贵州省贯彻落实〈西部大开发"十三五"规划实施方案〉的通知》	贵州省人民政府	优化精品水果种植结构和区域布局，着重开发火龙果、猕猴桃、刺梨、苹果、蓝莓等水果产业	2017 – 05
23	《2017年黔南州绿色优质农产品促销工作方案》	黔南州政府	建立以"生态鸡"、茶叶、水果（刺梨、火龙果等）、核桃、板栗等为代表的绿色优质农产品，实现绿色黔货销售"泉涌"，推动黔南州绿色优质农产品风行省内外市场	2017 – 06

序号	文件名称	来源单位	内容简介	发布时间
24	《贵州省发展中药材产业助推脱贫攻坚三年行动方案(2017～2019年)》	贵州省人民政府	在黔西南州、黔南州,着重开发兴仁薏苡、龙里及贵定刺梨、兴义石斛与金银花、安龙白芨与金银花、罗甸艾纳香、惠水皂角刺等具有贵州省特色的产业	2017-09
25	《黔南州一类贫困乡(西凉)脱贫攻坚包保工作实施方案》	黔南州	大力动员贫困户发展李子、刺梨、贡米等产业建设,增加贫困户持续增收致富的能力	2017-12
26	《贵州省生态扶贫实施方案(2017～2020年)》	贵州省人民政府	以退耕还林工程为平台,支持增加政府财政对于贫困县的整合力度,汇集各类资源改善农产品种植结构,在考虑地方特定因素的情况下侧重发展刺梨等特色产业,打造一批高质量、高标准的果树林树基地,帮助41万贫困户顺利脱贫	2018-01
27	《黔南州促进旅游商品开发与利用的实施方案》	黔南州	开发特色旅游商品,如刺梨系列产品	2018-04
28	《水城县2018年刺梨鲜果收购实施方案》	贵州省水城县政府	全县在2018年刺梨挂果面积23998亩,预计产量为3074吨,主要分布在尖山街道、化乐镇、米箩镇、营盘乡、阿戛镇、野钟乡、花戛乡、比德镇、果布戛乡、鸡场镇、都格镇、陡箐镇、勺米镇、双水街道这14个镇(乡、街道)。在水城经开区建设刺梨加工厂"贵州初好农业科技发展有限公司",预估2018年7月第一条生产线可建成投产,5000吨以上的刺梨鲜果将会投入第一条生产线进行产品加工	2018-05
29	《关于支持安顺市大健康医药产业加快发展的意见》	贵州省人民政府	支持安顺市特色深加工种植、严把种植标准、加强建设基地并提供扶持	2018-08
30	《毕节市刺梨产业发展三年行动方案(2018～2020年)》	贵州省毕节市政府	毕节市规划至2020年,打造新的刺梨基地50万亩,强化管理现有基地后可打造超过70万亩的刺梨基地,预计的刺梨鲜果年产量大概有70万吨,加强培育后的生产能力每年可达10万吨的企业有5家以上,能够完成的总经济产值约70亿元,积极将毕节市塑造为我国比较有影响力的优势刺梨基地	2018-09

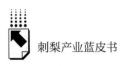

续表

序号	文件名称	来源单位	内容简介	发布时间
31	《省人民政府办公厅关于支持安顺市大健康医药产业加快发展的意见》	贵州省人民政府	大力支持安顺市特色精深加工企业以金刺梨、桔梗、薏仁、金银花等药食两用的原料进行研发药茶、保健品、药酒等产品	2018-10
32	《毕节市七星关区刺梨产业发展三年行动方案（2018~2020年）》	贵州省毕节市政府	至2020年,毕节市部分区域种植刺梨面积达1万亩,其中:2018年新增刺梨种植面积1000亩、2019年新增刺梨种植面积1000亩、2020年新增刺梨种植面积8000亩	2018-10
33	《关于建立农业专家精准服务脱贫攻坚工作机制有关事宜的通知》	贵州省毕节市政府	组建刺梨产业人才团队,积极推进专家人才服务脱贫攻坚,助推刺梨产业发展	2018-10
34	《生态优先绿色发展森林扩面提质增效三年行动计划(2018~2020年)》	贵州省人民政府	大力打造刺梨、竹、油茶、核桃、花卉苗木及木本中药材、珍贵木材、工业原料林、生态精品水果、生态有机茶叶以及国家储备林等十大林业产业基地	2018-11
35	《省人民政府关于印发〈贵州省十大千亿级工业产业振兴行动方案〉的通知》	贵州省人民政府	大力发展振兴刺梨制品产业、核桃制品、竹笋制品、茶叶制品、天然饮用水、调味品、肉制品、粮油制品、果蔬食品、软饮料以及乳制品产业等	2018-12
36	《省人民政府关于开展森林生态产业资源大普查的通知》	贵州省人民政府	重点发展贵州省的刺梨、茶叶、三叶木通、青钱柳、茎花山柚、油茶、核桃、蓝莓等本地特色品种	2019-01
37	《省人民政府关于支持黔南自治州加快推进绿色发展建设生态之州的意见》	贵州省人民政府	贵州省的省级财政部门从2018年至2020年每年划分农业专项资金给予大力支持。加快发展产出高效、产品安全、资源节约、环境友好的现代山地优质特色农业,加大绿色、有机、安全农产品的供给比重,在提高质量拓宽市场的基础上实现刺梨、精品水果、茶园、蔬菜、青梅、中药材等产业的增效,推动形成茶叶、刺梨、水果三大产业跨区域全产业链	2019-02
38	《2019年政府工作报告重点工作责任分工方案》	贵州省人民政府	积极发展贵州省的刺梨、猕猴桃、火龙果、百香果、蓝莓等精品特色水果,努力实现其相关产品的规模化生产	2019-02

序号	文件名称	来源单位	内容简介	发布时间
39	《省人民政府关于公布〈第五批省级非物质文化遗产代表性项目名录〉的通知》	贵州省人民政府	将刺梨干制作技艺(贵定县)、花甜粑制作技艺(思南县)、布依族蓝靛染织技艺(都匀市)、匀酒酿造技艺(都匀市)、独山虾酸制作技艺(独山县)、制香技艺(土香制作技艺〔册亨县〕、手工制香技艺〔独山县〕)、水族牛角雕制作技艺(三都水族自治县)、藤编技艺(平塘县、绥阳县)、苗族麻布制作技艺(福泉市)、布依族酿酒技艺(荔波县)、瑶族树膏染技艺(荔波县)纳入省级非物质文化遗产代表性项目名录	2019 - 06
40	《中共黔南州委 黔南州人民政府印发〈关于推进刺梨产业高质量发展的实施意见〉中的通知》	中共黔南州委黔南州人民政府	黔南刺梨产业围绕"稳规模、提质量、强加工、扩市场、建标准、创品牌"总体思路,打造"刺梨良种繁育基地、刺梨标准种植基地、刺梨产品加工基地、刺梨康养文化基地、刺梨科技开发基地和刺梨产品交易中心"五基地一中心,建立"公用政策、公用技术、公用品牌、公用标识、公用宣传"体系,夯实产业基础、提升产品质量、拓展产品市场、畅通产业循环,实现高质量发展	2019 - 07
41	《刺梨产业产量及理化指标测定工作方案》	贵州省六盘水市林业局	六盘水市从2014年至今将刺梨产业作为支柱产业来发展,得到各级党委、政府的高度重视,在种植、管护、基地培育等方面制定相关的政策和标准,到2018年,刺梨种植面积已达100万亩以上,部分种植区域已进入初挂果和盛挂果期	2019 - 08

（二）构建分析框架

政策工具,亦被称为治理工具,对政策工具的恰当运用是政府实现治理目标的关键步骤。依据沃尔特（Walter Zegveld）和罗斯维尔·罗伊（Roy - Rothwell）的政策工具理论,本研究将刺梨产业发展中所需的政策工具划分为供给型、需求型和环境型三类①。在此基础上，参考赵筱媛等学者的思想主张②，本研究对供给型、需求型和环境型这三类政策工具类型进行如下阐释和划分：供给型工具是以扶持为主要特征的工具，在促进刺梨产业发展的进程中，地方政府运用自身在资金、人才、信息、技术、服务等各方面的优势资源减少刺梨产业发展的障碍；供给型工具的主要内容包括资金投入、技术支持、信息支持、公共服务、人才培养等；需求型工具是具有拉动特征的工具，为了促进刺梨产业发展，地方政府运用多种措施协同拉动刺梨产业的消费、生产与研发，这些措施包括：示范工作、海外机构管理、外包、政府采购、贸易管制等。环境型工具是具有调控性质的工具，政府在制定、实施相关公共政策的基础上，可以规范刺梨产业的发展方向；环境型工具一般包含如下子工具：法规管制、金融支持、知识产权保护、目标规划、标准设计、税收优惠等。供给型、需求型和环境型这三类政策工具对促进刺梨产业发展的作用具体如图1所示。

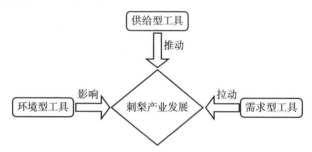

图1　政策工具对刺梨产业的作用示意

图示来源：作者自制。

分析政府在促进刺梨产业发展过程中所发挥作用与功能是立足于政策角度分析产业发展的重要部分。但是选择与使用政策工具时不仅需要政府发挥能动性，还须遵循刺梨产业发展的特点与规律，换言之，制定政策的基础建

---

① Rothwell Roy, Zegveld Walter, "Reindusdalization and technology," *London*: *Log man Group Limited* (1985): pp. 83 – 104.

② 赵筱媛、苏竣：《基于政策工具的公共科技政策分析框架研究》，《科学学研究》2007年第1期，第52～56页。

立在刺梨产业发展规律之上。由于刺梨产业的发展一般包括研发、投资、生产与消费四个阶段，因此本研究以刺梨产业的发展阶段为依据来剖析我国刺梨产业的发展状况。刺梨产业发展所处的不同阶段显示出不同的特点与性质，政府则需要在不同阶段合理运用契合发展阶段特性的政策工具，以迎合不同发展阶段的发展需求。具体如图 2 所示。

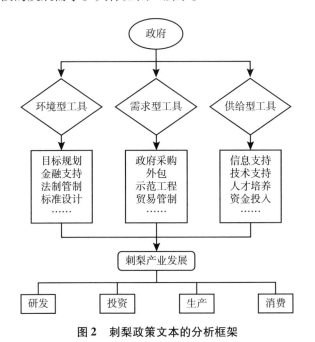

图 2　刺梨政策文本的分析框架

图示来源：作者自制。

（三）研究方法

为了满足研究需要，本研究主要采用内容分析法对与刺梨产业相关的政策文件进行分析。内容分析法（Content Analysis Method）是将各类文献作为研究对象的文献分析方法，该方法侧重规律化分析政策文本，并对政策逻辑进行质性探寻，解码政策文本句子与段落，便于探寻内容背后的意义①。

---

① 谢静：《改革开放以来我国终身教育政策文本分析》，《终身教育研究》2019 年第 3 期，第22~26 页。

本研究主要包括三个阶段：第一，收集各类相关政策文本信息，提取与刺梨产业相关的主要内容并进行归纳总结；第二，通过分析政策文本演化特征，划分出刺梨产业相关政策的演进过程，总结每个演进阶段的特征；第三，在划分演进阶段的基础上分析中国刺梨产业公共政策现存问题，并对未来发展提出相关建议。

三　政策演进过程回顾

通过对28个与刺梨产业相关的政策文本内容进行分析发现，2016～2019年，我国刺梨产业的发展主要经历了从初步保护阶段过渡为强化保护阶段的演进历程，政府对于刺梨产业的发展定位随着发展的深入逐渐清晰，刺梨产业在政府的扶持下发展日渐完善（见图3）。

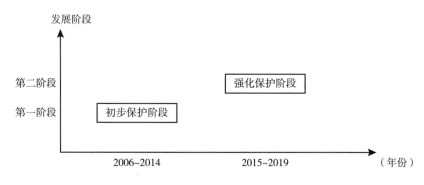

图3　刺梨政策文本的发展阶段

图示来源：作者自制。

（一）初步保护阶段：贵州省领先重视政策保护（2006～2014年）

2006年贵州省人民政府出台《关于促进农产品加工业发展意见的通知》，刺梨汁作为重要的传统产品成为政府重点扶持的项目，自此以后，刺梨产品的重要性日渐引起商界、政界、学界关注，2006～2014年这一阶段是刺梨产业化发展的初步保护阶段，政府将刺梨归为果品、食品和中药材。

该阶段政策文件相对较少，政府并未出台针对性文件对刺梨的发展做出说明，只是在相关发展规划中指出保护刺梨产业的重要性。

2011年贵州省政府出台《贵州省"十二五"民族医药和特色食品及旅游商品特色产业发展规划》，刺梨作为贵州省特色食药保健性药材的重要来源之一被列为重要开发产品。同年出台《贵州省民营经济倍增计划》，政府大力支持刺梨等特色民族药材保护与发展，该规划奠定了刺梨在贵州省医药行业中的重要地位。2013年出台的《中共黔南州委、黔南州人民政府关于加快刺梨产业发展的意见》是第一次针对刺梨产业做出的专门性文件。2014年，贵州省人民政府为了促进新医药产业的跨越升级出台了《贵州省关于加快推进新医药产业发展的指导意见》《贵州省新医药产业发展规划（2014~2017年）》，力求突出地区优势，实现创新发展。政府主张加快发展药食两用型产品，将刺梨等产品作为重点进行保健品开发，打造医药类知名品牌。

就政策内容而言，2006~2014年刺梨产业公共政策尚未成熟，主要集中在医药类与农产品行业，与刺梨产业相关的政策文本主要是加快特色药品、食品的发展与创新，直接针对刺梨产业发展的政策性文件仅有一部，刺梨产业的公共政策有待进一步完善。

（二）强化保护阶段：贵州省高度重视刺梨产业集约化发展（2015~2019年）

随着健康中国战略的持续推进，贵州大健康产业在全国的发展优势愈加突出，贵州省政府开始加大对刺梨产业的扶持力度。时至今日，刺梨产业已经成为贵州省促进经济发展的关键产业之一，长期以来致力于乡村振兴与精准扶贫工作的推进与实施，贵州省在刺梨的开发研究、技术创新升级等方面已展现出"百花争艳"的景象。该阶段呈现两个特征：一是政策文本总量增多，2015~2019年贵州省相关部门出台与刺梨产业相关的文件共计35个，可见政府对促进刺梨产业发展壮大的高度重视。二是刺梨产业凭借其强大的功能与发展前景在政府发展规划中地位提高，针对刺梨产

业的专门化政策文件逐渐出现，《黔南州刺梨产业提升三年行动计划
(2017～2019年)》等文件的出台，可以直接、高效地促进刺梨产业蓬勃
发展。

2015年，贵州省政府先后出台《贵州省推进刺梨产业发展工作方案
(2014～2020年)》《绿色贵州建设三年行动计划（2015～2017年)》《关于
推进全省林业产业发展的实施方案》《贵州省医药产业、健康养生产业发展
工作任务清单》等政策文件，要求扩大刺梨种植面积、深化产业加工链，
打造一体化生产带以提高产业经济价值。2016年，《促进医药产业健康发展
的实施意见》《省经济和信息化委省扶贫办贵州省中药材保护和发展实施方
案（2016～2020年)》进一步为刺梨产业的发展增添动力。2017年，《贵州
省发展中药材产业助推脱贫攻坚三年行动方案（2017～2019年)》《贵州省
生态扶贫实施方案（2017～2020年)》《黔南州刺梨产业提升三年行动计划
(2017～2019年)》等的出台扎实推进了刺梨产业发展的相关工作。2018年，
《水城县2018年刺梨鲜果收购实施方案》、《毕节市刺梨产业发展三年行动
方案（2018～2020年)》《贵州省十大千亿级工业产业振兴行动方案》《生
态优先绿色发展森林扩面提质增效三年行动计划（2018～2020年)》等文件
为贵州省各地区的刺梨产业发展指明了方向，刺梨产业的发展引起部分市、
县的高度重视。2019年更是迎来了刺梨产业的政策"高峰"，贵州省政府对
于刺梨产业的支持力度进一步加大，从《关于支持黔南自治州加快推进绿
色发展建设生态之州的意见》《开展森林生态产业资源大普查的通知》《第
五批省级非物质文化遗产代表性项目名录》《2019年政府工作报告重点工作
责任分工方案》《刺梨产业产量及理化指标测定工作方案》等文件可以看
出，政府日渐加大对刺梨产业的财政、专项资金与政策支持，力求实现规模
化生产。

总的来看，贵州省政府在2015～2019年间对刺梨产业的规划与发展重
视度逐渐提高。政策文件较前一阶段更加细化、具体化，并且该阶段的刺梨
产业政策有逐年增多趋势，这为日后刺梨产业的发展奠定了较为充实的政策
基础。

四　刺梨产业公共政策现存问题分析

透过刺梨产业相关政策文本的演变历程与阶段特征，可以发现目前我国刺梨产业的公共政策尚未完善，其制约着目前刺梨产业的发展壮大，在归纳政策文本特征的基础上，本研究将刺梨产业政策现存问题总结如下。

（一）横向层面：一省领先，其他各省刺梨产业政策"缺位"

我国地域辽阔，气候复杂多样，刺梨在云南、贵州、湖南、四川、湖北、安徽、浙江、江西、福建、甘肃等地均有分布，但刺梨种植仅仅引起贵州省政府的高度重视，贵州气候宜人，土地资源丰富，有利于刺梨走向规模化、产业化发展，政府的政策优势更是为贵州省刺梨产业的发展"锦上添花"，不管是刺梨种植规模还是加工工艺，贵州省近十几年的发展均处于全国前列，甚至形成"中国刺梨看贵州"的局面。

刺梨具有丰富的营养与价值，有效开发利用可以有效促进地方经济发展，帮助农民增收脱困，但是其他各省刺梨政策的"缺位"阻碍着刺梨产业的发展壮大，不利于形成中国刺梨产业"百家争鸣"的景象。

（二）纵向层面：专门化政策相对较少，政策发展尚未成熟

梳理2006～2019年刺梨产业相关政策的发展脉络发现，医药保健类、食品加工类政策中提到刺梨的文本较多，刺梨产业的发展是在医药保健行业壮大的基础上逐步完善。在所有搜集到的刺梨产业政策文本中，直接以刺梨为对象的政策文本仅仅占据所有政策文本的近20%。长期以来，刺梨产业的发展主要依赖于医药保健、农产品的发展，且这种现象在初步保护阶段更为明显，随着2006～2014年医药保健行业的产业链延伸与优化，刺梨产业逐步得到贵州省政府重视，2015～2019年专门针对刺梨产业出台的政策文本才逐渐增多。

回顾整个刺梨产业公共政策发展历程发现，刺梨产业的发展并未成熟，

就贵州省刺梨产业公共政策现状来看，我国刺梨产业仍然处于初步发展阶段，日后还需政策加强扶持力度，出台更多针对性政策文件以进一步细化刺梨产业任务分工，为壮大贵州省刺梨产业提供支持。

（三）内容层面：注重生产与投资，技术研发存在"缺位"

品质是支撑产业壮大的强有力支柱，加强技术研发、优化产品品质，才能更加契合消费市场需求。但是就目前来看，刺梨产业虽然经历了由初步保护阶段向强化保护阶段的过渡，但是这两个阶段均以扩大刺梨产业规模为发展目标；虽然强化保护阶段对刺梨产业的发展有了更加明确、具体、有针对性的要求与规划，但是并未以加强刺梨系列产品的科技研发为宗旨。

就产业发展现状而言，刺梨的初级加工产品较多，产品技术含量较低，市场占有率并不高，企业、从业人员、政府等各主体仍然在探索刺梨产业未来发展方向，如何释放刺梨产业隐含的价值是目前需要解决的关键问题，距离提升刺梨产品品质、创新刺梨加工技术还有很长一段路要走。

五 未来发展建议

未来的发展离不开对产业政策现状的经验总结，梳理已有政策特征与问题，有针对性地提出发展建议，是促进一项政策在未来顺利发展的良策。本研究在梳理刺梨产业公共政策过程的基础上，分析刺梨产业政策问题，并针对现存问题，有针对性地提出以下发展建议，以期为未来刺梨产业政策的完善提供有益参考。

（一）贵州省政府强化政策保护，加强技术创新促进产品品牌化

贵州是中国刺梨产业发展的"领头羊"，刺梨产业的做大做强与政府政策扶持密不可分。虽然贵州省已经走在刺梨产业公共政策保护的全国前列，

但是贵州本地刺梨产业的加工技术、市场宣传等发展并不成熟，刺梨产业待开发的价值仍然较多，贵州省对于刺梨产业的政策保护有待随着产业的深化发展进一步加强。强化政策保护可以为刺梨产业未来的发展保驾护航。

创新刺梨加工与生产技术是使刺梨产业永葆活力的基础，可以使刺梨产业走向精细化、集约化发展道路，这是刺梨产业由"增量"过渡为注重刺梨品质提升的关键一步。产品品质提升有助于企业做大做强，实现刺梨产品的品牌化发展目标。

刺梨作为贵州省政府重点发展的特色植物资源之一，在贵州省脱贫致富方面发挥着举足轻重的作用，为了积极响应乡村振兴战略的号召，贵州省政府加强对刺梨产业的政策扶持必不可少。贵州省政府通过积极出台相应政策，从财政税收、产品技术、宣传、政策优惠等多方面协同发力，可以减少阻碍刺梨产业发展的因素，帮助刺梨产业由"增量"阶段，逐步发展为提升产品品质阶段，实现贵州省刺梨产品的品牌化发展，做大做强特色刺梨品牌，才能使贵州省刺梨产业永葆青春活力。

（二）全国各省齐头并进，协同健全公共政策保护机制

搜索全国刺梨产业公共政策发现，除贵州省政府高度重视刺梨产业健康发展以外，其余各省对刺梨产业的政策保护意识薄弱，各省均未将刺梨产业的发展提升到政策层面，对刺梨产业的政策保护"缺位"明显，严重阻碍了各省刺梨产业的发展壮大。

刺梨的药用、美容及观赏等价值突出，具有强大的发展潜力，其余各省必须强化对刺梨产业的政策保护意识才能迎合如今的消费市场需求，顺应大健康的时代背景。为此，各省急需建立健全刺梨产业公共政策保护机制，完善刺梨产业公共政策保护体系，从政策层面凸显刺梨产业重要地位。以政府为主体，从财政入手提供产业扶持，加大产业宣传力度，提高各市场主体对于刺梨产业的开发与创意发展意识，为各省刺梨产业的发展增添动力，强化各省刺梨产业发展，才能为我国刺梨产业走向世界市场奠定基础。

六 结语

中国刺梨产业的发展壮大与各省政府对刺梨产业的政策扶持息息相关，本研究通过对 2006～2019 年中国刺梨产业公共政策文本的归纳总结，梳理刺梨产业公共政策演进过程，在划分演进阶段的基础上剖析现存的政策问题，帮助我们提升未来刺梨产业公共政策执行效率的高效路径，这有助于帮助我们树立问题意识，更加高效、全面地促进刺梨产业公共政策建设完善。

本研究只是对中国刺梨产业公共政策的初步探索，文中对刺梨产业政策文本的相关梳理与总结可能并不全面，研究框架也略显粗糙，但是在未来的道路上，我们相信会有各式各样的新见解、新思路帮助我们进一步完善中国刺梨产业公共政策的探析。在日后的研究中，我们将会继续深入挖掘中国刺梨产业公共政策的内在机理，并从实践层面进一步对我们的理论成果进行验证。

B.15
中国刺梨产业公共宣传研究报告

刘清庭*

摘　要：　公共宣传是一种重要的营销手段，对于促进产品销售、提升组织或产品知名度、改善组织形象或增加产品美誉度有着不可忽视的作用。在市场需求呈现市场多级细分化、产品品牌化与个性化、产业数据化的多元新业态下，刺梨的公共宣传与刺梨产业的发展相伴而生，通过刺梨相关公共宣传，向公众传达刺梨相关信息，增加公众对刺梨认知的深度和广度，最终刺激市场需求，促进销售。本文从公共宣传的角度出发，概述我国刺梨产业公共宣传现状，分析现存的公共宣传问题，探索未来我国刺梨产业公共宣传路线，进而提出我国刺梨产业公共宣传建设的一些建议。

关键词：　刺梨　产业发展　公共宣传

一　中国刺梨产业发展需要公共宣传

（一）公共宣传的内涵及意义

何为公共宣传？美国公共关系专家菲利普·科特勒的观点是"单位或团体以不付费的方式从新闻媒体获得编辑报道版面，使社会各界阅读或潜在

---

* 刘清庭，贵州省地理标志研究中心助理研究员，研究方向：地理标志。

顾客阅读，以达到帮助其实施销售活动的特定目的的活动"。从属性来看，公共宣传性质属于公有的、免费的，即通过不用付费或付少量费用的方式来获得报道，而广告宣传属于私有的、付费的，需要投入大量的金钱来获得报道宣传；从立场来看，公共宣传的实施是公正的、客观的，以第三方视角客观公正地进行报道，不专门为新闻事件的行为主体而服务，不以行为主体的意志为转移，旨在鼓动、刺激某种倾向性的热情。总的来说，公共宣传即以不付费或少付费的方式，通过制造新闻事件向公众传达信息，以达到刺激顾客消费选择、促进销售的最终目的，良好的公共宣传，有时效果惊人。

公共宣传是实现信息传播的一种方式和手段，是实施主体在为完成或实现某种目的过程中，根据受众性质、资金投入、产品特性等因素而选择的一种宣传手段。公共宣传作为一种宣传手段，主要具有四点作用。一是利用公共宣传来介绍新产品、新品牌，从而使新产品迅速打开销路；二是利用公共宣传来恢复人们对需求下降的产品的兴趣，以增加销售；三是利用公共宣传来引起人们的注意，提高组织和产品的知名度；四是利用公共宣传来改善组织的公共形象。

公共宣传有别于一般的商业宣传，公共宣传具有可信度高、影响面较广、促销效果好、费用水平低的特点。首先，公共宣传报道在多数情况下创造的新闻价值比商业宣传更大，更能吸引消费者；其次，多数人认为新闻报道比较公正客观，比商业广告更加可信；最后，公共宣传报道对组织来说，几乎不花费成本，只需组织积极创造各种对新闻机构和广大群众有吸引力的事件，争取"上报道""上电视"，从而达到扩大影响、提高组织或产品知名度的目的。

公共宣传最大特点就是潜在效益明显，每一次有力的公共宣传不一定带来产品销量的陡增，但能强化组织在社会公众中的形象，使组织长期受益。实施一次公共宣传一般需要以下几个过程。

（1）确定宣传目标。即确定公共宣传要达到什么目的。从宏观上看，公共宣传目标有三种类型：创牌、保牌、竞争。刺梨组织在制定公共宣传计划的时候，要考虑自己的产品所扮演的市场角色，制定相应目标。如在现阶段，刺梨行业尚属于一个待开发的市场，许多潜在消费者对刺梨产品不甚了解，我们公共宣传就要明确以市场培育和创造品牌为主，这就决定了在宣传中应着重于让消费者了解、认识刺梨特性方面的宣传。

（2）选择宣传的信息与工具。宣传信息需要通过一定的媒介才能传递给顾客，不同媒介对同一信息所起的传播作用各不相同，因此我们在充分利用不同媒体功能的基础上应选择适合的媒体。组织各种传播材料去接近和影响目标市场，如小册子、视听材料以及内部杂志等，这些资料应尽可能精美，图文并茂。还可通过召开记者招待会、旅游、展览会、竞赛、周年庆祝和运动会等来吸引大众对组织或产品的注意，要根据组织或产品的市场定位和传达的目标受众来选择宣传媒介。

（3）制定宣传方案。对刺梨企业而言，首先要了解自己的产品，是面向产业还是消费者？是初级原料还是日常消费品？是全国性的还是区域性产品？针对哪个区域投放，有什么侧重？了解自身宣传需求之后，制定相应的宣传方案，包括投放媒体，投放时间、范围、频次，内容形式，当地举办的节庆活动与企业自办活动的时间节点，等等。在这个过程中，要加强与相关媒体的联系与沟通，了解确认媒体宣传报道的需要与偏好，更有针对性地投放，以获得更好的宣传效果。

（4）评价宣传效果。广告大师约翰·沃纳梅克曾说过"我知道广告费有一半浪费了，却不知道被浪费的是哪一半"。宣传效果的评价同样如此，甚至更加困难。因为公共宣传涉及很多方面，虽然直接资金投入可能较少，但要耗费一定的物力与人力。此外，公共宣传的传播路径难以考量，传播时有可能呈现网状扩散，并且效果不一定立即显现。宣传效果的评价可以放在较长时间段进行考量，结合媒体的传播特点，反推销量的变动与媒体投放的关系，同时仍要与其他渠道保持良好关系。

（二）中国刺梨产业发展基础薄弱，低成本、可信度高、效果广的公共宣传理应成为刺梨产业选择的一种宣传方式

中国刺梨产业是指以市场导向为原则，随着社会分工和社会生产力不断

发展，各个经营对象围绕着刺梨而展开的利益相互联系的、具有不同分工的各个相关行业所组成的业态总称。中国刺梨产业的产生，是社会生产力不断发展的产物。传统农耕时期，自给自足的自然经济尚未解体，人们对刺梨进行开发利用，其目的是满足生活温饱的基本需求，刺梨产地群众长期对刺梨的食用利用，为刺梨产业奠定了历史基础。抗战期间，西迁遵义湄潭的浙江大学教授、营养学家罗登义对刺梨开展了系统性研究，发现刺梨含有多种维生素，其中维生素 C 含量远超甜橙和猕猴桃，这为刺梨产业的发展奠定了科技基础。"好花红哟好花红，好花开在刺梨蓬，好花开在刺梨树，三十六朵共一蓬"。1956 年全国第二届民间音乐舞蹈艺术汇演上，一曲流传于贵州黔南惠水民间的布依民歌《好花红》被演唱给中央领导同志听，受到毛主席的高度评价，中央人民广播电台做了实况转播，《民间文学》杂志做了特别介绍，引起了各界对这首轰动全国的布依民歌《好花红》中所咏唱之物"刺梨"的极大兴趣，为刺梨产业的发展奠定了群众基础。

直到 20 世纪 80 年代，人们将刺梨的系列科研成果成功转化，开发生产出刺梨饮料、刺梨酒、刺梨汽水、刺梨果脯等系列刺梨工业产品，其中贵阳龙泉食品厂开发的十余款刺梨产品远销国外市场。1993 年，贵州省委、省政府率先提出将刺梨产业纳入国民经济发展计划，成立了贵州省刺梨产品开发协调领导小组，首先在龙里、平塘、石阡进行万亩生产基地建设。此后，云南、陕西等地相继对刺梨进行开发利用，并有规模地、有计划地发展刺梨，中国刺梨真正开始产业发展之路。

随着我国经济发展进入新常态，传统的农业产业向现代化农业产业升级，一二三产业不断交叉融合，农业产业进入了由"数量增长"到"质量提升"的新阶段，消费者需求由满足"数量需求"阶段进入"消费导向"新阶段，市场需求呈现市场多级细分化、产品品牌化与个性化的多元新业态。刺梨产品的供求关系逐步从卖方市场向买方市场转变，刺梨产业需要由传统的农业产业向规模化生产、集约化经营的现代农业产业道路升级，刺梨产区政府及企业将传统的刺梨种植、销售的第一产业与食品加工、医药美容研发等第二产业，生态旅游、交通运输、技术和信息服务等第三产业融合，以市场为导向，注重品质提升和品牌力量，关注客户需求，对市场进行细分。中国刺梨产业作为一个具有巨大发展潜力的新生特色产业，产业发展基础薄弱、起步晚，刺梨市场亟须进一步培育和开发。过度采用商业宣传的方式对消费者进行狂轰乱炸，可能适得其反，这对多数刺梨企业来说也是难以承受的。而培育和开发刺梨市场是一个长期过程，需要对消费者进行知识灌输，只能获得认同才能刺激消费者进行消费。公共宣传这种低成本、可信度高、效果好的宣传方式无疑应是中国刺梨产业发展不可忽视的宣传手段。

二 中国刺梨产业公共宣传概况

（一）中国刺梨产业公共宣传与刺梨产业相伴而生，又落后于产业发展速度

刺梨在我国历史悠久，最早可追溯至四百多年前的传统农耕时期。自给自足的自然经济尚未解体，人们就已对刺梨进行开发利用，其目的是满足生活温饱的基本需求，刺梨产地群众长期对刺梨的食用利用，为刺梨产业的形成奠定了历史基础。在改革开放后的 80 年代，社会主义体制下提倡发展市场经济，刺梨工业产业真正崛起，开发生产出刺梨汽水、刺梨酒、刺梨果脯等系列刺梨产品并相继上市，部分企业为了新产品能打开销路，而选择通过举办产品发布会、参加会议等活动进行公关宣传来吸引消费人群，但没有将公共宣传列入专项工作，对公共宣传工作缺乏足够的重视，使得刺梨公共宣传工作相对滞后。

（二）刺梨产区逐渐重视刺梨公共宣传，开展各项宣传活动

刺梨是我国优势野生资源，是分布于贵州、鄂西山区、湘西、凉山、冕宁山区等地的天然野果，在贵州、云南、湖南等多个省有大面积的人工种植。中国刺梨产业从 120 世纪 80 年代开始起步至今已有三十多个年头，仍然没有形成一个与优势资源相匹配的成熟产业链条，原因之一是刺梨市

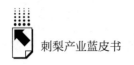

场开发程度不高，一个好的、有潜力的新兴产业没有恰当地进行宣传推广。

近年来，由于农业供给侧结构的改变和传统农业经营模式的转变，刺梨产业发展到一定规模和阶段，市场需求及产业呈现市场多级细分化、产品品牌化的特点。产区政府注重刺梨产业的发展，企业为能在多级细分的市场中吸引更多消费者，更加注重公共宣传工作，开展了系列公共宣传。

1. 地方政府注重刺梨公共品牌宣传推广，围绕刺梨产业开展宣传工作

贵州省人民政府关注刺梨产业的发展，将刺梨的品牌建设和宣传写进指导文件中。2006 年，贵州省人民政府在印发的《关于促进农产品加工业发展意见的通知》（黔府办发〔2006〕17 号）文件中指出，要大力发展刺梨汁、猕猴桃汁、木瓜汁、核桃乳、蔬菜汁等传统产品，提出要加强农产品加工产品的宣传和市场开拓工作。2014 年，贵州省人民政府办公厅印发《贵州省推进刺梨产业发展工作方案（2014～2020 年)》，提出推进刺梨品牌的建设，强化品牌意识、质量意识和诚信意识，同时要加大品牌宣传力度，通过电子商务、博览会、展销会及专题节目、商业广告等形式，提高贵州省刺梨产品市场竞争力。2019 年初，拟定了《2019 年贵州刺梨产业宣传工作方案》，布局贵州刺梨产业的公关宣传。围绕刺梨相关效用及前景、文化内涵、刺梨产业种植、精深加工的成绩和效果、产业提质增效工作成效、品牌培育、生态旅游文化、刺梨产业发展模式对促农增收和农村产业革命的作用等多个方面主题，采取开设专题专栏、推出系列报道、组织转载推送的方式，充分利用自身网站和地方官媒，发布、展示、推送贵州省刺梨产业优质新闻报道，为贵州省刺梨产业高质高效发展在网上营造良好舆论氛围。

为推动刺梨出山，贵州不断提高刺梨知名度，策划制作贵州刺梨产业广告片，并在国家级媒体、贵州省内媒体和广东省有关媒体投放，在上海十七条地铁线一万多块广告屏上宣传，在有 4.6 亿用户的拼多多开屏展示。同时，积极利用各种展会、东西部扶贫协作等机遇，不断拓展省外市场。

黔南州人民政府在制定的《黔南州刺梨产业提升三年行动计划（2017～2019年）》中，将培育黔南刺梨品牌打造"龙里刺梨""龙里刺梨干"地理标志产品保护的金字招牌，着力提升"龙里刺梨"区域公用品牌的影响力和知名度作为主要工作目标。目前黔南州在刺梨品牌建设及产业宣传方面，开展了以下工作：一是制定《黔南州刺梨公共品牌与产业发展项目实施方案》；二是利用推介活动、农产品交易会等吸引媒体；三是争取财政资金制作刺梨宣传广告，并在全州各重点旅游景区、景点，交通干线等的LED屏和广告牌进行广泛宣传；四是建立对外传播信息的官方窗口，开设"中国刺梨网"，增强刺梨网站的宣传作用；五是联合州文广局在州内星级宾馆开展刺梨小卡片温馨提示宣传。

2. 民间企业联盟，成立公共宣传机构

2019年8月25日，由贵州9家刺梨龙头企业共同发起成立了贵州省刺梨行业协会，旨在打造"贵州刺梨"公共品牌，加大刺梨产品营销推介和宣传，制定行业各项标准，引导规范刺梨行业发展，把发展刺梨产业作为产业扶贫的重要载体和抓手，团结和整合力量推进加快发展，站在落实东西部扶贫协作和对口支援，推进农村产业革命、乡村振兴战略的高度，全力推动刺梨产业发展，助力贵州的脱贫攻坚。

3. 主要的刺梨产业公共宣传活动

近年来，刺梨产区的各级政府逐渐注意到公共宣传对刺梨产业发展的重要性，开始重视公共宣传工作，开展了系列公共宣传活动，并取得了良好的宣传效果，对于营造良好健康的中国刺梨产业发展氛围、扩大刺梨市场、促进刺梨公共品牌建设等有一定效果。

（1）策划的会议、活动

2018首届中国刺梨（大健康）产业发展论坛。2018年9月27日，"首届中国刺梨（大健康）产业发展论坛"在贵州贵阳召开。此次论坛聚齐了国内外健康产业领域的行业专家学者代表、电商平台代表、经销商代表共500多位嘉宾参会，论坛围绕"大健康、新零售、共发展"主题，围绕以贵州刺梨（大健康）产业展开论道。论坛筹备前后共吸引了网易、新华网、

搜狐、贵阳新闻网、贵州网新闻频道等多个媒体报道、转载推送。9 月 30 日，刺力王现场共与 4 大板块 10 余家合作伙伴进行战略签约，与 20 余家渠道代理商进行合作签约，签约总目标金额约 1.64 亿元。

2019 贵州刺梨产业宣传推介暨产销对接会。2019 年 12 月 13 日，贵州刺梨产品宣传推介暨产销对接会在贵阳市举行，会议由贵州省政府副秘书长宛会东主持，贵州省人民政府副省长陶长海、省工业和信息化厅厅长何刚、省教育厅党组书记朱新武等出席并见证授牌签约仪式，会议宣布成立贵州省刺梨产业研究院，推介会当天，贵州省工业和信息化厅与上海寻梦信息技术有限公司（拼多多）、上海申通资产经营有限公司、上海银行、上海东方有线网络有限公司、上海绿地优鲜投资控股有限公司、上海晶赞科技有限公司签订了合作协议，贵定县政府与北京汇源饮料食品集团公司签订了合作协议。

龙里县连续举办六届"十里刺梨沟赏花品果节"等系列文化旅游活动。自 2013 年起，龙里县以龙里刺梨、龙里刺梨干等地理标志产品为依托，发展农业生态旅游，开发出了十里刺梨沟景区（2017 年被认定为 3A 级国家景区），并连续举办六届"十里刺梨沟赏花品果节"等系列文化旅游活动，吸引游客 10 余万人次。同时，建成龙里茶香自行车主题公园，也成功承办两届全国山地自行车公开赛，扩大了龙里刺梨的影响力，同时也推动了刺梨景区及刺梨产业对外宣传。

（2）参加展会、会议

贵州刺梨企业参加巴西国际食品展。巴西国际食品展是 1984 年创立于南美洲地区规模最大的食品行业展会，每年在巴西圣保罗举行。在 2019 年的盛会上，除了巴西本土展商外，还有来自拉美各国、中国、印度、德国、美国、法国、英国、日本、南非、俄罗斯、乌克兰、土耳其、加拿大、新加坡等超过 34 个国家约 1400 家展商参展，吸引了食品行业约 50000 名专业观众。2019 年 6 月，贵州云上刺梨花科技有限公司、贵州天赐贵宝食品有限公司代表安顺市 12 家金刺梨深加工企业亮相巴西国际食品展，通过中国－贵州馆活动重点推介安顺金刺梨及系列深加工产品，得到巴西人民以及各国参展游客的青睐，纷纷点赞。

（3）争取媒体报道

龙里刺梨亮相央视中秋晚会。2019 年，央视综艺频道精心策划了中秋特别节目《万家邀明月　一起盼中秋》，节目特别策划了"丰收"主题板块，其中"晒丰收"的环节，节目组邀请了几位农民朋友带着他们家乡的特色农产品来到现场，与观众一起庆丰收。经层层筛选，龙里刺梨亮相中央电视台综艺频道中秋晚会特别节目，引起社会广大爱农热农人士的关注、点赞。

贵州刺梨宣传片在上海申通地铁播放。为宣传推介贵州刺梨，推动刺梨企业拓展上海等地市场，2019 年 9 月 24～26 日，贵州省工业和信息化厅党组成员带队拜访申通地铁。上海申通地铁日均客流量 1200 万人次，17 条线车厢及站台共 1 万多块电子屏，从 2019 年 9 月 6 日起，贵州刺梨宣传片（30 秒）在申通地铁 1 万多块电子屏上每天播放 10 次以上。

三　中国刺梨产业加快公共宣传建设　促进产业发展的问题及策略

（一）中国刺梨产业在公共宣传建设中存在的问题

1. 对刺梨公共宣传的重要性和紧迫性认识不足，缺乏足够的重视和有力的支持

由于公共宣传最大特点是潜在效益明显，每一次有力的公共宣传不一定带来产品销量的陡增，所以多数企业在进行刺梨宣传推广时，难免忽视了公共宣传的重要性，虽然有个别企业逐渐认识到公共宣传促进刺梨产品销售、树立企业形象的重要性，策划系列公共宣传活动，但由于宣传方式、媒体投放等多种原因，也收效甚微。产区政府在抓刺梨产业发展时，往往注重产量、规模的提升，而不注重公共品牌的培育，认为实际抓好产量和规模，组织大规模生产就能促进产业发展，而轻视了宣传，从而造成了刺梨处于

"养在深闺无人识"的局面。另外对于宣传工作缺乏目的性和长远性，产区各级领导干部对刺梨宣传工作的基础性及长期性认识不足，认为刺梨公共宣传工作难以衡量，没有将刺梨公共宣传贯彻于日常工作中，没有形成长效宣传机制。

2. 公共宣传机制不健全，缺乏统筹协调

贵州省人民政府办公厅印发《贵州省推进刺梨产业发展工作方案（2014～2020年）》要求，提出推进刺梨品牌的建设，加大品牌宣传，这都是松散式的文件方案，制度层面缺乏对刺梨公共宣传责任的明确规定，导致公共宣传主体不明确，重点不突出，甚至连基本的宣传方案都没有。由于缺乏责任意识和责任追究，部门共同参与积极性不高，导致刺梨宣传活动统筹协调开展难度较大。

3. 宣传方式缺乏新意，难以吸人眼球

手机、互联网等新兴传播手段的突起，在极大地满足人民群众日益增长的精神文化需求的同时，对刺梨宣传的形式、手段提出了更高更求。目前多数刺梨宣传活动缺乏新意，从内容到形式，从招牌到口号，从宣传手段到包装技巧，每次举办都因为缺乏新颖的主题和丰富活动而难以对广大受众产生吸引力。

4. 对新媒体的使用缺位

目前，新媒体已经成为各类产业自我宣传的最佳渠道，尤其是微博、微信平台。但是，刺梨产业却没有很好地利用这些新媒体平台。刺梨行业经营者还没有自己的官方微博作为连接外界的窗口来宣传自己，很多时候并不是没有活动，只是缺乏传播活动的渠道。即使开通了微信、官方网站，也没有很好地利用它，每次推送的消息呆板，信息更新速度慢。

（二）中国刺梨产业加快公共宣传建设促进产业发展的建议及对策

1. 提高对刺梨公共宣传工作重要性的认识

刺梨产业基础薄弱，企业和产区政府应该充分地认识到公共宣传对加快刺梨产业发展的重要性。一是切实加强对公共宣传工作的组织领导，将宣传工作与业务工作共同部署、共同检查、共同落实。二是组织内部建立完善的公共宣传工作目标责任考核机制，把刺梨宣传工作纳入组织年度考核。三是加强刺梨宣传组织的内部协调，把任务合理分解，在组织内部首先树立"宣传工作人人有责"的意识，逐步形成群策群力、共同参与的良好局面。

2. 加强组织领导，建立健全刺梨公共宣传机制

刺梨公共宣传是一个系统工程，涉及战略、策略、媒体组合、文案及活动策划等方面。要保证公共宣传做得好，就要由专业的组织来做。刺梨是我国优势资源，特别是贵州、云南、湖南等省份都将刺梨产业作为主导产业。在刺梨的宣传上，应以产区为核心，形成产区政府、行业、企业组织进一步完善组织领导、实施、积极参与的工作格局。首先要求各级领导班子将其作为战略任务来抓，加强组织领导，建立健全领导机制。其次要以现有的宣传部门为基础，成立公共宣传部门，进行专项管理，确保公共宣传工作有序推进。

3. 加强宣传人才培养和队伍建设

要想把刺梨宣传工作做好，关键要在队伍建设上下功夫。一方面，合理配置宣传岗位人员，尽可能设立专门的宣传机构，充实人员，确保队伍相对稳定。不能设立专门机构的，需配备专职宣传人员，做到专职专用。另一方面，努力提高宣传人员业务水平，建立健全宣传队伍教育培训机制，制定培训计划并认真组织实施，使宣传工作人员接受专业的岗位学习。另外，广招专业人才，从正规院校相关新闻专业招收优秀大学生，或者聘请有经验的公关宣传人才，以不断提高宣传队伍水平。

4. 注重公共宣传中受众的参与度，关注与受众的双向互动

宣传刺梨是为了使受众认识刺梨，将潜在受众转为现实受众，实现有效传播。现有宣传更多是一种单向的信息传播，往往以说教的方式向受众传递信息，信息传播过程中受众无法参与、评论和建议。但是受众已经不再满足单方面接受信息，而是有参与的强烈愿望。因此，要一改传统的思维模式和习惯，把目标受众的互动性纳入刺梨宣传的基本要求

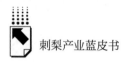

中，这样不但能增进目标受众对刺梨印象的深刻度，也能更好地了解目标受众的意见、建议和要求，便于调整策略，为受众提供更适合的产品和服务。

5. 勤于思考，积极探索有效的公共宣传方法

一是瞄准新闻媒体关注的热点，努力实现媒体共赢。主动向媒体提供刺梨行业准确真实的热点消息，借助媒体的传播优势，发挥媒体的舆论导向作用，达到宣传目的。二是善于借势重点事件，策划重大题材的宣传，扩大影响。三是拓宽信息传播渠道，完善信息传播平台。进一步完善新闻通气会制度，及时向社会通报企业重大经营动态，每年集中邀请有关媒体参观采访，向社会发布新技术、新成果、解决的技术难题和涌现出的感人事迹，利用好自身网站集中展示自身优势，与其他有关网站交换链接，提高浏览量。四是勤于思考，积极探索新方法，抓好理念创新，要保持思想的敏锐性和开放度，随时掌握宣传工作的动态，把握好受众关注的风向标，动态调整宣传工作的理念。五是抓好手段创新，利用新媒体等主流宣传方式，同时结合传统方法，无缝衔接，做到全面化、立体化宣传。

6. 建设公共品牌，形成区域印象标签，充分发挥公共品牌的宣传推广和示范效应

挖掘刺梨文化内涵，整合产业资源，将刺梨作为代表一个区域的特色文化标签，推进刺梨公平品牌建设和提升。依托旅游发展机遇，把刺梨产业和旅游有机结合，实现一三产业有机融合。

参考文献

景志强：《企业应重视公共宣传的作用》，《中外企业家》1995 年第 1 期。

席云峰：《河南中烟工业公司黄金叶营销策略研究》，西安理工大学硕士学位论文，2010。

张迪：《事件营销理论与实证研究》，吉林大学硕士学位论文，2007。

肖叶飞：《公共关系新闻研究》，南昌大学硕士学位论文，2007。

李丹：《我国中小企业品牌传播现状及对策研究》，南昌大学硕士学位论文，2007。

周琰：《网络视角下的电商金融》，《中共福建省委党校报》2014年第8期。

郭艺帆：《浅析对于新闻传播学的几点认识》，《中国报业》2013年第10期。

杨俊：《团队理论视角下的县级党委领导班子建设研究》，扬州大学硕士学位论文，2013。

高生军：《新媒体时代我国领导者媒体应对能力研究》，延安大学硕士学位论文，2014。

B.16
中国刺梨标准发展报告

姚　鹏*

摘　要：　本文基于我国刺梨产业标准化发展的现状，结合刺梨行业的
　　　　　发展状况，分析了我国刺梨标准方面所存在的相关问题，并
　　　　　提出刺梨产业标准化发展的相关建议。通过刺梨相关标准体
　　　　　系的建立及不断完善，有效促进刺梨种植与加工生产的规范
　　　　　化及规模化，有力提升刺梨产业的发展水平，增强刺梨产业
　　　　　的综合竞争力。

关键词：　中国　刺梨产业　产业标准化

刺梨的相关标准是指在刺梨产业领域需要统一的技术要求，是从苗木繁育、种植栽培、田间管理、采摘加工、产品质量、包装储运到销售管理等整个产业链条所确立的一系列技术性规则及规范性文件的总和。制定科学、适用以及合理的刺梨标准对整个刺梨产业的健康快速发展有着十分重要的作用。刺梨相关标准的制定与完善，能有效发挥其对先进技术与产业发展的统筹作用，使技术创新、知识产权保护及标准制定有机结合，将先进技术成果最大限度转化为刺梨产业发展中新的效益增长点，以此促进我国刺梨产业结构的转型升级，不断提升整个刺梨产业生产技术水平和品牌建设、市场营销等综合竞争力。根据中共中央、国务院《关于加快推进农业科技创新持续增强农产品供给保障能力的若干意见》及国家标准化管理委员会的标准化

---

* 姚鹏，贵州省社会科学院助理研究员，研究方向：地理标志、地方标准。

事业"十三五"发展目标，以刺梨产业链条中各环节的技术特点为基础，持续推进刺梨产业相关标准体系的完善，从而实现我国刺梨产业的标准化发展。

一 我国刺梨产业标准现状

我国最新修订并颁布实施的《中华人民共和国标准化法》第二条规定，"标准包括国家标准、行业标准、地方标准和团体标准、企业标准。"这一分类主要是以标准的制定主体来区分，国家标准、行业标准以及地方标准是由政府主导制定的标准，而团体标准及企业标准是以市场为主体自主制定的标准。从刺梨产业的标准在制定中的技术特征来看，针对刺梨产业链条中从品种培育、生产、加工到销售的各个环节，标准体系包括了产地环境、种质资源、栽培管理、采摘加工、产品质量以及包装储运、检验测试、卫生安全等一系列相关标准。

截至目前，我国刺梨产业还未发布实施相关国家标准；在行业标准中发布实施一项行业标准，即《刺梨培育技术规程》；地方标准中共计发布四项，即《无公害农产品　刺梨》《地理标志产品　龙里刺梨》《地理标志产品　盘县刺梨果脯》《刺梨育苗技术规程》；团体标准中共计发布七项，从标准的编号来看，这七项标准是以刺梨系列产品标准体系的形式发布；而企业标准中，根据在"全国标准信息公共服务平台"中检索统计，目前在该平台上进行了备案并现行有效的刺梨相关企业标准有八项，该八项企业标准由三家企业发布。

（一）刺梨国家标准状况

已发布的国家标准《标准化工作指南　第1部分：标准化和相关活动的通用术语》中对国家标准的定义为"由国家标准机构通过并公开发布的标准"。这里所指的国家标准机构是指国务院标准化行政主管部门（国家市场监督管理总局、国家标准化管理委员会），且国家标准的制定必须对国民

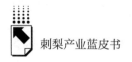

表 1　刺梨现行有效标准统计

序号	标准分类	标准编号	标准名称	归口单位
1	行业标准	LY/T 2838 – 2017	刺梨培育技术规程	全国经济林标准化技术委员会
2	地方标准	DB52/T 936 – 2014	地理标志产品　龙里刺梨	贵州省质量技术监督局(现贵州省市场监督管理局)
3		DB52/T 1079 – 2016	地理标志产品　盘县刺梨果脯	
4		DB52/T 463 – 2004	无公害农产品　刺梨	
5		DB52/T 1145 – 2016	刺梨育苗技术规程	
6	团体标准	T/GZSX 055.1 – 2019	刺梨系列产品刺梨浓缩汁	贵州省食品工业协会
7		T/GZSX 055.2 – 2019	刺梨系列产品刺梨精粉(固体饮料)	
8		T/GZSX 055.3 – 2019	刺梨系列产品刺梨压片糖果	
9		T/GZSX 055.4 – 2019	刺梨系列产品刺梨咖啡(固体饮料)	
10		T/GZSX 055.5 – 2019	刺梨系列产品刺梨果茶饮料	
11		T/GZSX 055.6 – 2019	刺梨系列产品刺梨果味啤酒	
12		T/GZSX 055.7 – 2019	刺梨系列产品刺梨酒(发酵酒)	
13	企业标准	Q/DSY 0004S – 2017	刺梨浓汁	长顺丹索亚刺梨庄园有限公司
14		Q/DSY 0003S – 2017	刺梨代用茶	
15		Q/DSY 0009S – 2019	刺梨汁	
16		Q/DSY 0007S – 2018	刺梨酒(甜型)	
17		Q/DSY 0006S – 2019	刺梨黄金液	
18		Q/CLH 0001S – 2017	刺梨酒	贵州云上刺梨花科技有限公司
19		Q/CLH 0003S – 2017	刺梨白兰地	
20		Q/GYCL 0001S – 2016	刺梨汁	广西乐业高野刺梨有限公司

　　资料来源：根据"全国标准信息公共服务平台"（http：//std. samr. gov. cn/）中数据，由笔者统计整理得到。

经济及技术发展有重大意义，同时是在全国范围内适用并统一执行的规范性文件。国家标准的起草及初步审查主要由全国专业标准化技术委员会负责，在通过专家审定会并做相应完善修改后，最后由国务院标准化行政主管部门统一进行审批、编号和发布。国家标准在发布执行中按实施的效力又分为强

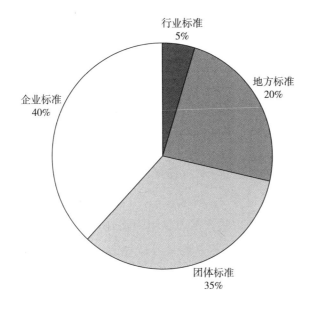

图1 刺梨现行有效标准占比分布

资料来源：根据"全国标准信息公共服务平台"（http：//std. samr. gov. cn/）中数据，由笔者统计整理得到。

制性标准及推荐性标准。强制性标准即必须执行的标准。不符合强制性标准的产品及服务不得生产、销售、进口，同时如有违反强制性标准的，则依法承担相应的法律责任。而推荐性标准是国家运用一些鼓励的办法以及优惠的措施去助推企业采用，企业则根据情况自愿采用的相关标准，当然在一些特殊的情况下，推荐性标准的执行效力会发生转化进而变为强制性执行，如推荐性标准被相关的法律、法规以及规章引用，这种情况下该推荐性标准就具有相应的强制约束力，按法律、法规、规章中的相关规定予以实施；还有就是相关企业已经在产品的包装、说明书或是标准信息公共服务平台上进行了标注或公开声明执行相关推荐性标准，则该推荐性标准就转变为该企业必须执行的标准，如有未执行的情况则承担相应的法律责任；最后就是推荐性标准被合同双方一致认定为产品或服务进行交付判定的质量依据，则该推荐性标准即为合同双方必须执行的标准，合同双方应按《合同法》的规定承担相应的法律责任。

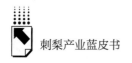

截至目前，我国还暂未发布及执行与刺梨相关的国家标准，这与我国刺梨产业化发展的起步较晚有很大的关系。刺梨作为我国云贵高原及四川西部高原特有的野生资源，当地群众对其食用及加工的历史十分悠久，早在清道光十三年（1833 年）吴嵩梁所作的《还任黔西》一诗中就有"新酿刺梨邀一醉，饱与香稻愧三年"的记载。诗中形象地描绘了将刺梨酿制为刺梨酒的美味，但将刺梨进行大面积种植及加工进而形成成熟的产品进行销售的历史较短，刺梨的基础性研究、产品研发、工艺创新、销售渠道拓展等还处于起步阶段。不过我国刺梨产业的发展虽处于起步阶段，但随着工业化水平的不断提高，以及强大的科学技术力量作为支撑，刺梨的产业化发展水平较高，且在近年来持续加速发展，刺梨国家标准的制定与发布已是大势所趋。

（二）刺梨行业标准状况

根据《中华人民共和国标准化法》第十二条，对没有推荐性国家标准、需要在全国某个行业范围内统一的技术要求，可以制定行业标准。行业标准由国务院有关行政主管部门制定，报国务院标准化行政主管部门备案。行业标准的制定是对国家标准的有力补充，对行业标准的制定需满足以下两个条件：一是如果已有相关国家标准的就不得制定行业标准，二是如果存在相关行业范围内统一技术要求的需求，可以制定行业标准，但标准的制定不得超越行业范围且不得超越国务院有关行政主管部门的职责。同时行业标准是由政府主导制定，其性质为政府职责范围内的公益性标准，行业标准也不是所有的国务院有关行政主管部门都能制定，国务院有关部门是否能进行行业标准的制定、行业标准适用的具体领域以及行业标准的代号都最终需要经过国务院标准化行政主管部门批准。目前我国的行业标准代号一共有 67 个，由 42 个国务院行政主管部门进行管理，如 NY（农业）、LY（林业）、SL（水利）、SN（商检）等。

当前我国已发布执行并现行有效的有关刺梨行业标准只有一项，为林业标准《刺梨培育技术规程》。该标准由贵州省林业厅提出，全国经济林标准化技术委员会归口上报，主管部门为国家林业局，主要起草单位有贵州省林业调查规划院、贵州省黔南州林业技术推广站。该标准于 2017 年 6 月 5 日发布、2017 年 9 月 1 日实施，规定了刺梨人工培育的产地环境、育苗、苗木出圃、栽培技术、果园管理、病虫害防治、果实采收等，适用于我国刺梨产区药、食两用果实的培育。该标准的制定与实施有力地规范了目前我国各地进行刺梨育种、栽培及采收的技术要求，对刺梨的生产具有较强的指导意义，但由于我国各地栽种刺梨的地理环境及气候条件的差异较大，该标准虽在适用性上达到一定的要求，但在指导各地进行刺梨栽培方面还存在一定的不足。同时该标准主要指导刺梨的栽培环节，并未对栽培后出产的刺梨产品各项技术指标做出要求，其对于整个刺梨产业的发展所发挥的指导意义有限。该行业标准主要涵盖了刺梨的育苗、栽培、采收环节，还没有涉及加工、存储、运输、销售等环节，刺梨产业相对于当前较为成熟的其他水果类（如苹果、梨等）产业的行业标准体系还非常单薄。虽然有效发挥产业发展的科技支撑作用还有很长的路要走，但作为第一个刺梨行业标准的发布，其为后续的刺梨行业标准制定与发布奠定了坚实的基础。随着刺梨产业的不断发展壮大，刺梨行业标准必将在持续完善中形成体系。

（三）刺梨地方标准状况

已发布的国家标准《标准化工作指南　第 1 部分：标准化和相关活动的通用术语》中将地方标准定义为：在国家的某一个地区通过并公开发布的标准。同时《中华人民共和国标准化法》第十三条规定：为满足地方自然条件、风俗习惯等特殊技术要求，可以制定地方标准。地方标准的制定主体包括各省、自治区、直辖市及设区的市（州）级人民政府标准化行政主管部门，其中省、自治区、直辖市人民政府标准化行政主管部门可直接制定地方标准，而设区的市（州）级人民政府标准化行政主管部门须在省、自治区、直辖市人民政府标准化行政主管部门"批准"后才能制定地方标准，这主要是为了缓解设区的市（州）制定的标准与相关国家标准、行业标准以及省级地方标准出现相互交叉重复的问题。

表2　刺梨地方标准统计概况

序号	标准编号	标准名称	发布单位	发布时间	标准状态	适用范围
1	DB52/T 120－1991	刺梨饮料试验方法		1991	废止	—
2	DB52/T 121－1991	刺梨维生素C试验方法		1991	废止	—
3	DB52/T 389－1994	刺梨苗木		1994	废止	—
4	DB52/T 463－2004	无公害农产品 刺梨	贵州省质量技术监督局	2004.7	现行有效	贵州省刺梨鲜果及加工用刺梨果实的生产和流通
5	DB52/T 564－2009	无公害食品 刺梨生产技术规程		2009.2	废止	—
6	DB52/T 936－2014	地理标志产品 龙里刺梨		2014.9	现行有效	地理标志产品 龙里刺梨
7	DB52/T 1079－2016	地理标志产品 盘县刺梨果脯		2016.1	现行有效	地理标志产品 盘县刺梨果脯
8	DB52/T 1145－2016	刺梨育苗技术规程		2016.9	现行有效	贵州省适生区域刺梨育苗

　　资料来源：根据"全国标准信息公共服务平台"（http：//std. samr. gov. cn/）中数据，由笔者统计整理得到。

　　目前在全国范围内发布实施并现行有效的相关刺梨地方标准主要有四项，分别为《地理标志产品　龙里刺梨》《地理标志产品　盘县刺梨果脯》《无公害农产品　刺梨》《刺梨育苗技术规程》。这四项标准均为贵州省地方标准，与当前全国刺梨产业发展的重点区域相吻合。贵州关于相关刺梨标准的制定工作早在1991年就已启动，当年就发布有《刺梨维生素C试验方法》《刺梨饮料试验方法》两项标准，在1994年发布了《刺梨苗木》，2009年发布了《无公害食品　刺梨生产技术规程》。上述四项标准虽然随着产业的发展目前已废止，但都曾为当地的刺梨产业发展发挥了强有力的推动作用，也印证了贵州的刺梨产业发展水平在全国范围内的领先地位。相对于国家标准及行业标准，地方标准先天就有着强烈的地域特性，对于区域性的地方产业发展所发挥的服务性及指导性要强于国家标准及行业标准，同时在当前刺梨国家标准还未发布及刺梨行业标准十分不完善的情况下，地方标准的发布有力地发挥了对于产业发展的技术支撑作用，而且刺梨地方标准的完善也能有力推动了行业标准的完善以及国家标准的制定发布。

（四）刺梨团体标准状况

团体标准是市场自主制定的标准。我国设立团体标准的主要目的是最大限度地调动社会团体对于制定标准、运用标准的积极性，充分发挥市场在标准化资源配置中的决定性作用，及时为创新以及市场对标准的需求做出反应，有力提升标准的有效供给能力。制定团体标准的主体是学会、协会、商会、产业联盟等社会团体，这些社会团体是依据我国的《社会团体登记管理条例》等规定而成立的。采用团体标准的方式主要有两种，一种是发布标准的团体内部成员约定采用，另一种是按照本团体的规定供社会自愿采用。团体标准作为我国标准体系的重要组成部分，其必须遵循开放、透明、公平的原则，以广泛地吸纳各利益方参与标准化活动，保证标准中拟定的内容能反映参与各方的共同需求，同时也有利于标准内容协商一致的达成。同时，团体标准还具有供社会自愿采用的性质，要以科学技术和实践经验的综合成果为基础，组织对标准相关事项进行调查分析、实验、论证，从而提升团体标准的科学性及有效性。

关于刺梨团体标准的情况，根据检索结果，目前我国已发布的刺梨相关团体标准有七项，且均为贵州省食品工业协会发布的关于刺梨系列产品的标准，即刺梨浓缩汁、刺梨精粉（固体饮料）、刺梨压片糖果、刺梨咖啡（固体饮料）、刺梨果茶饮料、刺梨果味啤酒、刺梨酒（发酵酒），而且从标准编号可看到。该标准体系中各项子标准均为刺梨相关产品标准，还未涉及刺梨的育苗、种植管理、采收等技术环节，但在全国团体标准信息平台的标准立项公告中已发布了关于《刺梨果酒》《刺梨酒（配制酒）》《刺梨果脯》《刺梨冻干粉（固体饮料）》《刺梨水果罐头》《刺梨原汁》《刺梨原汁和浓缩汁中超氧化物歧化酶（SOD）活性的测定》《刺梨原汁和浓缩汁中总黄酮

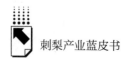

表3　刺梨团体标准统计概况

序号	团体名称	标准编号	标准名称	公布日期
1		T/GZSX 055.1－2019	《刺梨系列产品刺梨浓缩汁》	2019.11
2		T/GZSX 055.2－2019	《刺梨系列产品刺梨精粉（固体饮料）》	2019.11
3		T/GZSX 055.3－2019	《刺梨系列产品刺梨压片糖果》	2019.11
4		T/GZSX 055.4－2019	《刺梨系列产品刺梨咖啡（固体饮料）》	2019.11
5		T/GZSX 055.5－2019	《刺梨系列产品刺梨果茶饮料》	2019.11
6		T/GZSX 055.6－2019	《刺梨系列产品刺梨果味啤酒》	2019.11
7		T/GZSX 055.7－2019	《刺梨系列产品刺梨酒（发酵酒）》	2019.11
8		已立项	《刺梨果酒》	—
9		已立项	《刺梨酒（配制酒）》	—
10	贵州省食品工业协会	已立项	《刺梨果脯》	—
11		已立项	《刺梨冻干粉（固体饮料）》	—
12		已立项	《刺梨水果罐头》	—
13		已立项	《刺梨原汁》	—
14		已立项	《刺梨原汁和浓缩汁中超氧化物歧化酶（SOD）活性的测定》	—
15		已立项	《刺梨原汁和浓缩汁中总黄酮含量的测定》	—
16		已立项	《刺梨鲜果》	—
17		已立项	《刺梨果汁饮料》	—
18		已立项	《刺梨无公害栽培技术规程》	—
19		已立项	《刺梨病虫害无害化技术规程》	—
20		已立项	《刺梨苗木》	—

资料来源：根据"全国标准信息公共服务平台"（http：//std.samr.gov.cn/）中数据，由笔者统计整理得到。

含量的测定》《刺梨鲜果》《刺梨果汁饮料》《刺梨无公害栽培技术规程》《刺梨病虫害无害化技术规程》《刺梨苗木》等十三项标准的立项公告，在进一步充实了刺梨产品标准的同时，也涵盖了关于刺梨苗木、栽培以及刺梨理化指标检测方法等标准，刺梨标准化正逐步完善。自国发〔2015〕13号文件中确立开展团体标准的制定发布起，截至目前团体标准工作在我国刚开展五年时间，相对于我国标准体系中的国家标准、行业标准、地方标准以及企业标准，团体标准的制定发布还处于起步发展阶段，还存在许多不完善的地方，但团体标准先天的各种特征属性注定其具有广阔的发展空间。当前我国的刺梨产业是一个新兴产业，在国家标准、行业标准以及地方标准的建设上存在诸多的欠缺及不足，同时全国的刺梨产业也相对集聚在几个核心的区域内，这些客观因素也为刺梨产业开展团体标准工作建设带来了绝佳的契机。团体标准工作的开展可有效地规避在申报国家、行业以及地方标准中面临的申报周期长、修订程序多等问题，为刺梨产业实现后发赶超其他成熟产业提供了强大的技术支撑，有力地促进了产业的发展。

（五）刺梨企业标准状况

企业标准是指企业根据自身生产及经营的需求，自行制定发布并实施的本企业所需要的标准，且不需要经过其他机构的批准或认定。企业标准在制定过程中也可参考相关现行的国际标准、国家标准、行业标准及地方标准，具体技术指标的设定基于上述标准，更为严格。企业标准的制定与发布可以是单个企业自行制定，也可以是多家企业联合起来制定与发布，这种联合制定通常是以多个企业共同的名义或是多个企业协议组成的联盟（不是依法登记的社会团体）制定。这两种方式制定的标准都属于企业标准的范畴，其制定的程序以及编号规则都必须按照企业标准来进行，其对社会的公开也应当按照《中华人民共和国标准化法》第二十七条来执行。从我国标准体系中标准的适用范围来看，企业标准的适用范围只局限于企业自身或企业联盟，是属于我国标准体系中的底层标准，但从标准的技术水平以及具体指标限定来看，却处于我国标准体系中的顶端，所以对于产业的转型升级，企业标准的制定发布实施是不可或缺的，在我国的标准体系中企业标准对于标准化向前发展始终起到推动作用，可以说一项较为完善的国家标准、行业标准或是地方标准的发布实施，都是无数项企业标准不断验证后而得到的最佳结论。

根据全国标准信息公共服务平台中的企业标准信息公共服务平台上检索的结果，目前在企业标准信息公共服务平台备案的有关刺梨的企业标准有八项，且均为刺梨的相关产品标准，这八项标准由三家企业制定，其中贵州有两家，广西省有二家。从以上数据来看，刺梨产业的企业标准数量还较少，但这只是在企业标准信息公共服务平台上的备案数据，而根据中国商标网的检索数据结果，目前生产加工刺梨及相关产品的企业有近300家，注册的刺梨相关商标有438件，这说明涉及刺梨产业的企业数量还是庞大的，只是大量的企业并没有将他们的企业标准上传至企业标准信息公共服务平台进行备案，在现有的部分刺梨产品企业标准的基础上，应该还有着大量企业在实际生产过程中的操作标准以及管理标准和工作标准等，根据现有生产加工刺梨及相关产品的企业数量，估计企业标准的数量应该在200项以上。

表4　部分刺梨企业标准统计概况

序号	企业名称	标准代号	标准名称	企业所在地
1	长顺丹索亚刺梨庄园有限公司	Q/DSY 0004S - 2017	《刺梨浓汁》	贵州
2		Q/DSY 0003S - 2017	《刺梨代用茶》	
3		Q/DSY 0009S - 2019	《刺梨汁》	
4		Q/DSY 0007S - 2018	《刺梨酒（甜型）》	
5		Q/DSY 0006S - 2019	《刺梨黄金液》	
6	贵州云上刺梨花科技有限公司	Q/CLH 0001S - 2017	《刺梨酒》	贵州
7		Q/CLH 0003S - 2017	《刺梨白兰地》	
8	广西乐业高野刺梨有限公司	Q/GYCL 0001S - 2016	《刺梨汁》	广西

资料来源：根据"全国标准信息公共服务平台"（http：//std. samr. gov. cn/）中数据，由笔者统计整理得到。

二　当前我国刺梨标准存在的问题

（一）刺梨标准化发展严重滞后

从上文的统计数据来看，目前我国的刺梨标准（综合国家标准、行业标准、地方标准以及团体标准、企业标准）总量只有二十项。而且政府主导制定的国家标准、行业标准以及地方标准中国家标准还是空白，行业标准只有一项，地方标准也只有四项而已，市场主体自主制定的标准中团体标准有七项，企业标准有八项。相对于其他水果类产业的标准化程度，以及当前刺梨产业发展对标准的需求程度，刺梨的标准化发展已严重滞后。当然，这与我国的刺梨产业化发展起步较晚有很大的关系，配套整个产业发展的基础设施以及技术都十分缺乏。但随着产业发展进程的不断推进，产业对于生产技术及设备的更迭以及创新的要求日趋迫切，整个刺梨行业对于标准化发展的需求越来越强烈，亟须通过规模化、规范化的发展以及提升刺梨产品的附加值来获得更高的经济效益，从而推动整个刺梨产业高质量、快速发展。

（二）标准内容单一，尚未形成体系

目前我国已有的二十项刺梨标准按应用类型划分，有一项育苗标准、一项栽培标准，而其余的十八项标准均为刺梨的产品标准，标准整体的内容构成十分单一，标准体系构建还未形成。而且在对产业发展具有较强指导意义的国家标准、行业标准以及地方标准中，国家标准为空白，行业标准有一项（即刺梨的栽培标准），四项地方标准中有一项为育苗标准，其余三项为产品标准。而在这三项产品标准中，有两项为地理标志产品标准，而剩余的一项产品标准为无公害产品标准。在当前全国基本取消无公害产品认证的背景下，该项标准的重要性已是大打折扣。我国现有的刺梨标准已难以发挥对刺梨产业在产、供、销等各个环节的技术支撑作用，缺乏规范化种植（产地环境、育苗、栽培管理、病虫害防治、水肥管理、采收、储藏等）、精加工操作、产品质量安全管控、销售、运输和存储等标准，不能有效保障刺梨的全产业链条循环推动发展。特别是在当前有越来越多的食品及化妆品企业将刺梨作为其产品的生产原料，市场对刺梨的需求逐年增长的背景下，相关标准的缺失造成市场上的刺梨质量参差不齐，导致刺梨相关产品在市场上毁誉参半。刺梨综合标准体系以及国家、行业标准的缺失已严重阻碍了整个产业的持续向好发展。

（三）标准的基础性研究不足

标准中制定的相关内容基本都是实际生产中各种经验的集合以及对创新

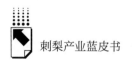

的工艺、方法以及技术等成果的转化，这也证明了标准的内容不是一成不变，而是随着相关行业的发展以及科学技术的创新而不断地更新完善的。从我国现有的刺梨标准总量较少的现实来看，这也突出反映了整个刺梨行业的基础性研究存在着严重不足的缺陷。如目前已发布的刺梨标准难以真正表现出刺梨作为"维 C 之王"、SOD 含量最高的水果等质量特征。还有就是对于刺梨的栽种方面，目前我国刺梨的大部分产区对于刺梨的栽种还停留在较为原始的阶段，并未进行精细化的管理，而且刺梨品种的育种、保种工作也基本处于空白，这不但造成刺梨的产量难以提升，也难以保证在成熟期收获的刺梨鲜果质量的统一，为后期刺梨深加工产品的质量稳定带来隐患。引起上述问题的直接原因是相关标准的缺失，但实际是对刺梨的相关基础性研究不足所造成的。虽然刺梨栽培在我国由来已久，但为适应产业化的发展，就必须加强关于刺梨的品质资源、育种、栽培、加工、保鲜等方面的研究。只有将研究的成果在实际生产中进行验证，再转化为可操作的标准来指导生产过程，才能逐步提升刺梨产业的发展水平，从量变到质变，最终实现产业发展的最大效益。

（四）标准适用范围较窄

现阶段我国已发布实施的各种刺梨标准中，行业标准只有一项，地方标准有四项，其余均为市场主体自主制定的标准。从标准的适用范围出发，市场主体自主制定的团体标准及企业标准只适用于社会团体内部成员或是单一企业，地方标准也只适用于该地域范围，对整个刺梨产业的发展指导意义十分有限。如已发布的四项地方标准均为贵州省地方标准，其适用范围只限于贵州省域内、其他省份的刺梨种植，地理环境、气候条件的差异，必然会降低这些标准的适用性和可操作性。这些标准只有一定的参考价值，而不能完全照搬执行。这些标准适用范围较窄的问题导致了全国各地在进行刺梨栽培加工中出现无标可循的现象，长此以往必然会导致全国刺梨产业的发展乱象。

（五）标准执行力较弱

我国相关刺梨标准，基本都是在近五年之内制定及发布的，这反映了刺梨行业的标准化发展起步较晚，相关刺梨企业、合作社以及种植大户的标准化意识淡薄，大多数企业、合作社以及种植户对于刺梨的生产加工仍处在各自为政的无序化状态，由于缺少统一标准体系的管控，产品良莠不齐，市场对产品及品牌的认可度较低，企业发展也难以取得突破，整个产业的发展举步维艰。"标准"的核心是实施，标准只有应用到实际的生产中才具有意义，只有制定发布并严格地执行刺梨相关标准才能有效提升整个产业的标准化水平和保障产品的质量，从而推动产业高质量发展。近年来，刺梨标准的发布呈现持续增长的向好势头，不过在已发布的这些标准中仍然存在执行力度不足、推进实施困难的问题，减缓了刺梨行业的标准化发展速率，产业发展中的相关问题仍未得到实质性的解决。

三 推动我国刺梨标准化发展的建议措施

（一）加快制定国家标准及构建标准体系

标准的制定与发布是对产业中现有成熟技术的规范以及最新技术的普及，这样才能有效发挥标准对产业发展的指导及规范意义。国家标准的发布不只在国家层面上提升了刺梨产业的技术支撑作用，同时也扩大了在刺梨生产中标准实施的适用范围，从而最大化地发挥对整个刺梨行业的规范作用。当然，国家标准的制定也不是一蹴而就的，需要统筹全国各刺梨核心产区中的生产企业、专业合作社、种植户以及行政管理部门、科研院所的意见及建议，结合当前产业发展的基础条件、市场的需求关系，以及之后的发展趋势，通过不断的验证与协调，最终制定出规范且统一的标准，在确保行业中各利益方均能适用的同时，有效规范他们的生产经营行为。在配合制定相关国家标准的同时，各个刺梨核心产区也需要逐步构建起适用于一定区域

刺梨产业发展的地方标准体系，在符合国家标准相关规定的基础上，结合区域内的产业发展情况以及自身的自然环境或是技术条件，制定符合自身发展需求的地方标准。标准的内容也不能只局限于刺梨生产中的某一方面，而是要基于全产业链条下各个环节中的具体技术要求制定较为完备的标准体系，包括种质资源、产地环境、育苗、栽培管理、病虫害防治、采收、加工、产品质量、贮藏、运输、销售等标准。目前刺梨产业面临着种植方式粗放、产量较低、产品质量不稳定、产品单一等问题，而标准体系的建立不仅能让刺梨产业从产地到产品进行技术及质量上的有效控制，更能拓展产业链条，提升产品附加值，为产业发展带来更大的经济效益。在大力推动政府主导制定标准（国家标准、行业标准、地方标准）的同时，各地区的标准化行政主管部门更要开展引导及鼓励刺梨相关的社会团体及企业制定符合自身发展需求的团体标准及企业标准的工作，以进一步保障刺梨相关产品的质量安全，也要根据企业及社会团体自我发展定位形成差异化的产品市场，让企业的利润不断增长，不断提升企业的品牌价值。

（二）标准制定中注重适用性及前瞻性

标准是一种规范性文件，同时也是一种动态的信息资源，其规定的内容应与社会发展相同步，标准的制定在满足具体行业发展需求的基础上，还要引领着行业的技术发展方向，当前我国标准的复审周期一般不超过五年，经过复审，对不适应经济社会发展需要和技术进步的应当及时修订或者废止。这些相关的标准制定及修订都体现了标准在制定后的适用性及前瞻性，以适应相关产业发展及市场需求，从而更好地服务、引导产业的发展。在标准制定及修订的编制过程中必须在该行业内征集各利益方的意见及建议，根据在实际生产活动中的经验提炼及总结，对意见及建议进行甄别及统筹，并结合在科学研究中已得到普遍认可及广泛推广的科研成果，通过大量的科学验证及生产中的实测数据来支撑标准内容中各指标的拟订及各项目的设立，综合各方反馈的意见及建议和该标准制订的目的最终确立。标准决定质量，什么样的标准产生什么样的质量。首先，标准是企业进行生产经营及提供服务的依据，企业只有严格按照标准规定进行生产，产品质量才有保证，生产效率才能提高，行业的整体质量水平才能得以提升，企业产品的市场知名度及用户满意度才能逐步提升，从而建立起一个稳定的消费群体。其次，标准是执法监管和消费者维护合法权益的依据，监管部门、检测机构能依标准执法、检验及维护消费者的合法权益，消费者也能依标准选择产品，明白消费，依标准进行维权。所以在制定相关刺梨标准中需注重标准的适用性及前瞻性，进而提升标准质量和产品，促进产品及服务质量的提升。

（三）加大对标准的基础性研究投入

科学性是标准的本质属性，标准与科技创新有着天然的内在关联性。标准来源于创新，是科技创新成果的总结，同时又是科技成果转化应用的桥梁和纽带。标准的实施过程实质就是科技成果进行普及和推广的过程，在这一社会实践过程中往往又会对现有的科学技术提出新的需求，从而激发科学技术的再一次创新，科学技术的再创新成果又能够再次标准化。科学技术的创新就能不断地提升标准水平，标准又持续促进科技成果的转化，让两者形成一种互为基础、互为支撑、互促发展的良性关系。当前随着科技革命及产业变革的步伐加快，标准的研发和科技创新之间的联系越来越紧密，越来越趋于同步，标准中各项内容的制定已逐步嵌入了科技活动的各个环节，为科技成果快速融入产业、进入市场提供重要的支撑及保障。加大对刺梨标准的基础性科学技术的研究投入，不仅有利于推动该行业的科学技术进步，也为这些科学技术研究成果转化为标准应用提供了强有力的技术保障。

（四）加强标准化意识的普及和标准执行力度

标准化宣传工作是标准化工作的重要组成部分，只有标准化意识在大众中得到不断的普及，标准的实施才能具有群众基础。首先是要加强标准化的理念宣传，通过对标准化基础知识的宣传，提高社会对标准化的关注度及认知度，将标准化理念深入人心。其次是要加强对标准化方

刺梨产业蓝皮书

式方法的宣传，通过宣传运用标准化方式分享产业发展的成功经验等，提高社会对标准化作用的认识。最后是要加强对标准文本的宣传及解读，标准的生命在于实施，标准有效实施才能切实地推动社会经济发展，因此要重视对标准文本的宣传和解读，让全社会了解标准、使用标准。在加强标准的执行力度方面，可建立相关生产企业、团体组织以及个人遵守并实施标准的约束机制，引导并鼓励企业、团体组织制定高于相关国家标准、行业标准以及地方标准的团体标准或企业标准。持续完善标准在实施过程中的监督机制，建立健全市场的准入及退出制度，加大质量监督、认证及生产许可等工作力度，建立企业诚信评价体系，促进标准的有效实施，加大对违反标准规定的处罚力度，在确保产品质量安全的同时规范市场的生产经营活动。

参考文献

《学习宣贯新标准化法》，《中国金属通报》2017 年第 11 期。

金文：《积极推动行业团体标准建设》，《中国建筑金属结构》2018 年第 3 期。

B.17
中国刺梨文献计量学研究

张　燕*

摘　要： 刺梨虽然是本土水果，但在产业发展的道路上才刚起步，刺梨市场的繁荣还受到诸多因素的制约。科学研究与产业发展向来是协同前进的，了解刺梨相关科学技术发展水平，从学术层面反映我国刺梨主题研究的状况，拉近科研与市场的距离，将帮助刺梨的效用发挥与产业壮大。

关键词： 刺梨　文献计量学　产学研结合

1935 年，一幅名为"贵阳苗妇负刺梨（野果）入市发卖"的图片在《大众画报》第 15 期"画报绝少发表之云贵摄影集：滇省中之民族"主题版发表，作品出自民国时期著名摄影家刘体志先生。图中，两位身着少数民族服饰的贵阳妇女各自挑着两捆刺梨前往市场售卖，此景与我国清康熙年间陈鼎《滇黔纪游》所述内容隔空呼应。20 世纪 40 年代，我国著名营养学、生物化学家王成发、马孝骥在民国政府中央卫生实验院主办的《实验卫生》第 3 期上发表《刺梨之化学成分与丙种维生素含量之研究》，这是贵州省贵阳市国人血浆内丙种维生素（维生素 C）含量调查研究的子成果。课题组针对不同职业、年龄、收入状况人群维生素 C 普遍缺乏的情况，"寻遍四季瓜果"开展化学成分比较研究，发现贵州刺梨所含维生素 C 最为丰富，提

---

* 张燕，贵州省社会科学院图书信息中心副主任、副研究馆员，研究方向：特色产业知识信息服务、文献计量学、地理标志大数据、地方产业政策。

出正常成年人每人日食刺梨半个就能满足人体对维生素 C 需求的营养学建议。基于此，课题组呼吁政府广泛种植刺梨及加大宣传，让民众对刺梨"知而用之"。1946 年，现代著名农业生物化学家罗登义在《新中华》第 5 期发表《通俗科学：刺梨之营养化学》，在王成发马孝骥刺梨成分研究与张宽厚对刺梨与各种柑橘比较研究等成果的基础上，进一步探索刺梨生物性成分及效用；对刺梨所含维生素 C、维生素 P 与刺梨成熟度、体积、重量之间关系进行分析，认为刺梨维生素 C 和维生素 P 含量"一般蔬果均望尘莫及"，呼吁"农事机关，大量繁殖推广。医务机关，努力普遍宣传"。

尽管当时研究成果不多，但开启了刺梨科学研究的大门，为多年后全面深入分析刺梨成分与价值奠定了坚实的基础。为了解刺梨相关科学技术发展水平，从学术层面反映我国刺梨主题研究的状况，以辅助刺梨效用发挥与产业壮大，课题组通过对国内 4 个综合性学术数据库（中国知网、万方、维普、超星）中以"刺梨"为主题的成果进行检索，经过整理、比对、分析、统计，最后筛选出 1260 条来自不同学科领域的学术成果作为此次分析的数据样本。以下结论均与此相关联。

一 整体情况分析

1. 成果发表时间与发表量

从数据上看，"刺梨"这个具有奇特外形的神秘小果在科学领域受到广泛关注是从 20 世纪 80 年代开始的。党的十一届三中全会以后，农村经济新格局全面建立，农业生产得到根本性改变。国民卫生健康事业获得长足发展，人们对健康的重视程度也越来越高。科学界加快了能促进农业经济发展与增强人民体质课题探索的步伐。从 1981 年至 2019 年，"刺梨"主题学术论文发文量呈现整体上升趋势。其中，1981～1985 年，发文量逐年缓慢增长，年增长篇数不超过 10 篇；直到 2013 年，其间年发文量时有回落，整体发文呈现较为平稳的波浪形产出状况；2014 年，发文量猛然增长，较 2013 年增加近 1 倍，随即发文量进入新一轮的逐年增长状态（见图 1）。参照科学界针对其他果品开展研究的整体状况和规律，当前"刺梨"成果的总体发文量还很低，说明"刺梨"还未受到研究追捧，围绕"刺梨"可做的"文章"还有很大增长空间。

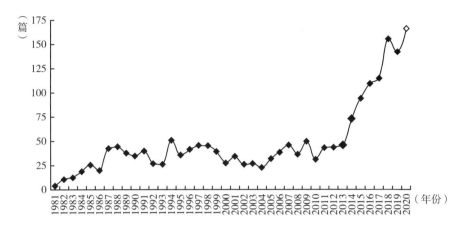

图 1　1981 年以来"刺梨"主题学术论文年发表情况

2. 关键增长点

综合观察 1981 年至今"刺梨"研究成果产出情况发现，自 2014 年起，"刺梨"相关研究成果出现猛增，原因可能与 2014 年前后多地政府集中出台刺激"刺梨"产业发展的政策相关。在一般情况下，政策、市场等因素与事物相关的科学成果产出之间呈积极正向的互动关系。仅贵州一省，2014 年，为加快推进刺梨产业发展，《贵州省推进刺梨产业发展工作方案（2014～2020年)》出台；2014 年，《贵州省关于加快推进新医药产业发展的指导意见》提出要拓展新医药衍生产业，以包括刺梨在内的多种药材为重点，开发产品，打造知名品牌，实现"蛙跳式发展"；2015 年，《贵州省健康养生产业发展规划（2015～2020 年)》对以大健康为目标的医药养生产业发展进行布局，形成《贵州省医药产业、健康养生产业发展任务清单》，提出大力发展药膳保健产品，重点打造以龙里县、长顺县、兴仁县为中心的刺梨种植区；2015 年 4 月，《贵州省食物与营养发展实施计划（2014～2020 年)》推出，要求立足区域资源禀赋，加快建设刺梨等果品基地，推进优势果品向优势产区集中；2015 年

11 月，为推进林业资源优势更好地转化为经济优势，贵州省人民政府办公厅《关于推进全省林业产业发展的实施方案》中也提到，要按照"无公害、绿色、有机"标准，以黔南州、安顺市、六盘水市、毕节市的 14 个县为重点，大力发展刺梨种植业，促进精深加工，打造产业集群。

强有力的政策措施促使形成相应的市场导向，在有效推进刺梨种植面积提升与刺梨产业发展的同时，也刺激了科学领域对"刺梨"相关问题的聚焦。

3. 机构分布

（1）优势机构成绩突出

统计发现，国内从事"刺梨"研究的机构中，已公开发表研究成果 6 项以上的机构超过 60 家。图 2 显示的是产出最多的 10 家。依产量多少排序依次为贵州大学、贵州师范大学、贵阳中医学院、贵州省中国科学院天然产物化学重点实验室、遵义医学院、贵州医科大学、华中农业大学、安顺学院、西南林业大学以及贵阳学院。除华中农业大学位于湖北武汉、西南林业大学在云南昆明外，其他机构都在贵州省。

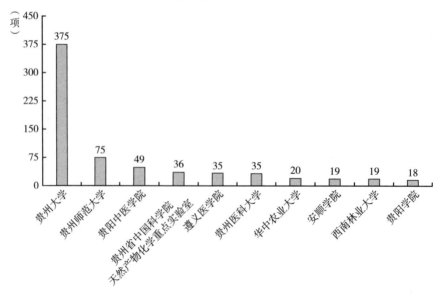

图 2 "刺梨"主题成果产量位居前十的机构

1963 年，罗登义受国家科委、农业部委托在贵州农学院建立生化营养研究室，对关乎国民素质的食物营养问题开展攻关。20 世纪 80 年代，罗登义团队对贵州全省刺梨资源进行普查，发表论文十余篇，1984 年主编《刺梨》专集。1985 年，受政府委托，贵州农学院组织专家开展刺梨研究，其下属植物教研组、果蔬贮藏加工教研室、刺梨研究所、遗传教研室、植保园艺系、兽医内科教研室、基础生化教研室、刺梨栽培研究所、麦作教研室、植物生理教研室等部门均有针对"刺梨"的成果产出。贵州农学院成为最早深入关注"刺梨"的研究机构。1997 年，贵州农学院与贵州大学合并，贵州农学院成果在本次分析中统入贵州大学。从产量上观察，贵州大学现有"刺梨"研究成果超过 60% 来自贵州农学院的这支团队。此外，贵州大学的药学院、酿酒与食品工程学院、机械工程学院等机构也有大量成果产出。

（2）各学科机构逐渐加入

随着技术进步、社会需要、政策推动，主题研究会逐步深入，研究领域逐渐拓展。本文结合刺梨研究成果产出时间分析各领域研究机构的加入情况。

20 世纪 80 年代初期，最早涉及刺梨研究的是一批农学机构，如地方农学院、农业科学院、植研所、林科所，成果中偶有一些食品生产企业研究刺梨酒、饮料与糕点类食品工艺的文章。这期间联合研究较少。

20 世纪 80 年代中期，学界开始出现来自医疗机构的文章，打开了人们从医学角度了解刺梨的视野。贵阳中医学院中药系梁光义等在《贵阳中医学院学报》上发表文章《刺梨化学成分研究初报》，对刺梨化学成分进行研究，从中分离出 4 个单一化学成分，其中就有被较多应用到临床降胆固醇、抑制肿瘤成长和修复组织的植物甾醇类成分——β - 谷甾醇。贵阳中医学院孙学蕙等利用大鼠医学实验开展刺梨果汁对消化系统的作用与毒性研究，认为刺梨是一个良好的具有阿托品样作用的解痉药，其抗组胺兴奋肠肌作用显示了刺梨存有广泛药理活性，为开发利用刺梨资源提供药理依据。值得一提的是，刺梨功效在当时还得到国内外享誉盛名的北京医科大学的关注，北京医科大学接连发表多篇文章探讨刺梨汁有效阻断 N - 亚硝基化合物在大鼠体内合成、阻断 N - 亚硝基乙基脲在孕鼠体内合成以及阻断 N - 亚硝基化合物在人

体内合成的实验结果，从而证明其具有防癌作用。

（3）联合研究形式多样

在自然科学领域，联合研究能有效提高研究精深度、开辟研究新领域、解决许多单打独斗难以解决的现实问题。科研机构、高校、医疗机构、政府部门、企业等针对刺梨主题开展合作研究的成果在 20 世纪 80 年代后期开始增多。跨地区联合，如南京农业大学兽医系与贵州农学院生化营养研究所联合开展刺梨汁预防氨基比林 - 亚硝酸钠诱癌、提高对毒物的解毒和免疫作用。跨领域联合，如贵州农学院食品科学系与凯福糖果厂共同研制出一种能有效提高血液中超氧化物歧化酶（SOD）活力、降低过氧化质脂（LPO）含量、具有抗衰保健作用的刺梨"874"糖浆。跨地区、跨领域联合，如上海市海军四一一医院、贵阳农学院营养食品系与中国科学院上海生物化学研究所联合针对 50～93 岁老年人进行 SOD 强化刺梨汁抗衰老临床观察研究。联合研究不断创出佳绩，如 2009 年，贵州大学与华中农业大学联合研究成果"刺梨种质资源的分子评价、离体培养及抗病性遗传机制"荣获 2009 年贵州省科学技术奖（最高奖）二等奖。

联合研究情况越来越普遍。据统计，2019 年，联合研究成果产出比例已达当年研究总量的 30%。

4. 地区分布

全国现有刺梨研究论文成果来自全国 24 个省区市（见图 3）。整个贵州省刺梨相关论文成果产出量占全国产出总量的 62. 80%。成果产出分布与刺梨原生种植分布特性有密切关系。康熙三十六年（1697 年）卫既齐等修康熙《贵州通志》描述："刺梨野生。干如蒺藜，花如荼蘼，实如小石榴，壳有刺。味清微酸，取其汁入蜜炼之，可以为膏。黔地俱有，越境即无……"《贵州志略》《黔南识略》《贵州地理志》《黔记》《遵义府志》《贵阳府志》《思南府续志》《仁怀直隶厅志》《湄潭县志》《桑梓述闻》《毕节县志》《瓮安县志》《余庆县志》《威宁县志》《荔波县志》等地方性古籍文献对刺梨的记载，显示了刺梨在贵州普遍生长。2015 年，王建中、刘忠华对我国野生果树物种资源开展调查研究的结果显示，刺梨在我国贵州、四川、云南、山西、湖北分

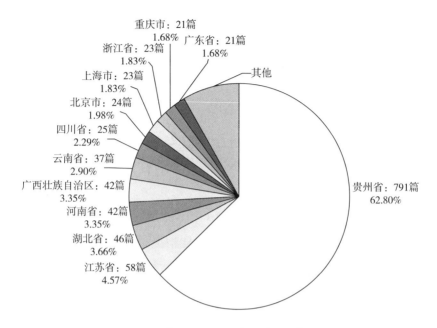

重庆市：21篇
1.68%
广东省：21篇
1.68%
浙江省：23篇
1.83%
上海市：23篇
1.83%
北京市：24篇
1.98%
四川省：25篇
2.29%
云南省：37篇
2.90%
广西壮族自治区：42篇
3.35%
河南省：42篇
3.35%
湖北省：46篇
3.66%
江苏省：58篇
4.57%
其他
贵州省：791篇
62.80%

图 3　刺梨研究论文成果地区分布

布面积大，产量多。这与刺梨研究论文成果地区分布吻合。

比较特殊的是，成果产量地区排名第二的是靠引种培植发展刺梨产业的江苏省。众所周知，江苏省是我国经济实力强省，经济总量、综合实力都位居全国前列。20 世纪 80 年代，发现刺梨价值的江苏省从贵州等地引种栽培刺梨，在当地政府、农科所、林业站、良种场等机构的引导和努力下，积极开展刺梨生态适应性及栽培利用研究并获得宝贵经验与成效。90 年代，具有敏锐市场观察力的江苏企业，针对刺梨很高的营养价值和疗效，大力开展刺梨葡萄酒、刺梨米酒、刺梨啤酒、刺梨果汁等饮品的开发研制、生产技术工艺研究，产品在市场上取得不错的认知度。江苏宿迁市葡萄酒厂的刺梨高档酒，在 1990 年全国妇女儿童 40 周年博览会上获铜牌奖，在 1991 年北京国际博览会上获银质奖。2000 年以后，以中国人民解放军南京军区南京总医院全军医学检验中心、南京中医药大学及其附院、南京野生植物综合利用研究院为主的科研力量开始对刺梨的成分活性、药理、功效等方面开展研究。

其他还有来自陕西、辽宁、山东、天津、湖南、河北、山西、吉林、安

徽、江西、海南、青海等地的成果，尽管数量不多，但可表明刺梨已引起我国研究者的广泛关注。

由于部分成果为跨地区联合研究，以地区分布进行统计的结果实际会大于样本总量。

二　学科与主题分布

1. 学科分布

与"刺梨"相关的成果主要来自 10 个学科方向，以产量与研究深度为依据进行综合分析，刺梨论文成果学科占比情况是：农业科学 > 医药、卫生 > 工业技术 > 经济 > 生物科学 > 政策、法律 > 历史、地理 > 文化、教育 > 环境科学 > 其他（见图 4）。

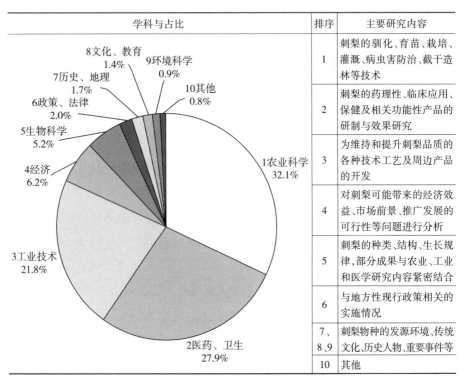

学科与占比	排序	主要研究内容
	1	刺梨的驯化、育苗、栽培、灌溉、病虫害防治、截干造林等技术
	2	刺梨的药理性、临床应用、保健及相关功能性产品的研制与效果研究
	3	为维持和提升刺梨品质的各种技术工艺及周边产品的开发
	4	对刺梨可能带来的经济效益、市场前景、推广发展的可行性等问题进行分析
	5	刺梨的种类、结构、生长规律，部分成果与农业、工业和医学研究内容紧密结合
	6	与地方性现行政策相关的实施情况
	7、8、9	刺梨物种的发源环境、传统文化、历史人物、重要事件等
	10	其他

图中学科分布标注：8文化、教育 1.4%；9环境科学 0.9%；7历史、地理 1.7%；10其他 0.8%；6政策、法律 2.0%；5生物科学 5.2%；4经济 6.2%；1农业科学 32.1%；3工业技术 21.8%；2医药、卫生 27.9%

图 4　刺梨研究论文成果学科分布

2. 主题分析

刺梨研究论文成果主要涉及刺梨种植管理、刺梨化学成分、刺梨功效、技术工艺、产业发展五大主题。

（1）刺梨种植管理研究

此主题是刺梨研究中涉及最早、产出最高的领域。为提升刺梨种植产量与质量，大量成果对刺梨的种植与管理技术进行具体分析。

- 刺梨种植技术

涉及合理选择种植品种与种植区、科学整地、合理基肥等方面。

国内多地最早探索刺梨新果品经济发展之路的成果都集中在这个主题。贵州（1982 年《刺梨绿枝扦插试验简报》）、四川（1985 年《营养珍果——刺梨栽培技术》）、江苏（1986 年《刺梨茎段的组织培养》）、湖南（1986 年《刺梨的人工繁殖》）、山东（1989 年《刺梨引种试验初报》）等地积极探索刺梨种植经验，推广刺梨种植。

对刺梨种质资源进行研究有利于选种、开发与实际推广。普通刺梨与无籽刺梨比较研究是种植主题中的一个焦点。有研究表明，普通刺梨、无籽刺梨两种果实的大小、形状、重量、色泽等特征有明显差别。成熟普通刺梨果实为黄色、扁球形，单果重量为无籽刺梨的 1.6 倍；无籽刺梨果实为黄褐色、卵圆形；无籽刺梨的总糖、还原糖、总酸、总黄酮、维生素 B2、蛋白质含量明显高于普通刺梨，而无籽刺梨对 DPPH 自由基的清除能力、维生素 C、维生素 E、水分含量则低于普通刺梨。两种果实均具有较高的营养价值。

- 刺梨管理技术

涉及浇水施肥、幼林成林管理、病虫害防治、质量标准建立提升等方面。

病虫害防治是刺梨管理技术研究中的一个主要问题。刺梨生长过程容易受到大蓑蛾、梨小食心虫、桃小食心虫、黄刺蛾、茶小卷叶蛾、茶长卷叶蛾、凹缘菱纹叶蝉、锯纹小叶蝉等虫害与白粉病、褐斑病、灰霉病等病菌的侵害，农学专家研究各种病虫害的特性与发生规律、研发灭虫杀菌的药剂、探索生物防治的路径等。

质量管控是品质的保障，对种植过程实施标准化管理，包括刺梨标准化种植与丰产技术、培育标准建立、种植环境管控等。相关研究积极跟进，如针对作为民族用药的刺梨根质量标准建立、提升和完善的研究。

（2）刺梨化学成分研究

刺梨的化学成分与其食用价值、营养价值紧密相关。大量研究显示，刺梨含有维生素C、SOD、黄酮、氨基酸、三萜类化合物、有机酸、多糖、脂肪酸、微量元素等，其中，很多具有生物活性成分，这又赋予了刺梨保健与医疗价值。

刺梨果实的化学特征与果型、成熟度、土壤、地形等因素相关。成分的特性与作用、测定与提取技术是这个主题集中探讨的问题。

● 维生素C

维生素C又名抗坏血酸（L-ascorbic acid），刺梨中富含维生素C是刺梨最早被发现的价值。王成发、马孝骥针对不同色泽（成熟度）、干鲜有别的刺梨果研究发现黄色鲜刺梨的维生素C含量大于绿果。土壤碱解氮可以促进刺梨维生素C的合成。光照对于参与高维生素C合成的半乳糖途径及糖醛酸途径具有正调控作用。

测定方法上，有高效液相色谱分析方法（HPLC）、2，4-二硝基苯肼法、紫外可见分光光度法等；提取方法上，有单因素试验结合响应面法，通过正交试验优选维生素C提取的最佳方案。

● 超氧化物歧化酶（SOD）

超氧化物歧化酶SOD（Super Oxide Dismutase）能专一地清除体内的有害自由基、增强人体免疫力，可抗衰老抗氧化。

1987年，吴立等从刺梨果实中分离提纯SOD。刺梨果实中SOD在采收时达到最高，但其活力不易保持，会随着含水量降低而迅速降低。因此，出现有关保持甚至提高刺梨SOD活力的研究。付安妮等采用白砂糖腌制法将刺梨果肉中SOD酶活性提高到1.7倍左右。此方法简单易行，为SOD的平民化利用另辟蹊径。近年来，随着人们对SOD认识的深入，刺梨SOD提取方法在降低成本、提高纯度、避免副作用等方面研究力度加大，许多提取方法申请了发明专利。

- 黄酮

刺梨中含有生物活性物质黄酮类化合物。对刺梨黄酮的研究主要集中在刺梨生长过程中的黄酮积累、提取、成分和生物活性研究等。

有研究采用正交试验法、半仿生法等方式提取刺梨黄酮。大量研究发现，黄酮有保护心肌细胞、显著改善肾纤维化大鼠肾功能指标、一定程度上预防和调节高甘油三酯血症等医疗保健作用。

- 氨基酸

氨基酸是果实的组成成分，果实的氨基酸种类和含量是衡量其营养价值的重要指标。

刺梨果实中水解氨基酸含量高，种类齐全。除富含人体必需的八种氨基酸外，刺梨还富含谷氨酸、天冬氨酸、精氨酸、亮氨酸等使其具有独特风味的成分。

- 三萜类化合物

三萜（Rosa Roxburghii Tratt Triterpene，RRTT）为刺梨一单体活性成分。

有研究通过比色法测定刺梨总三萜的含量；提取可采用水煮醇沉法、回流提取法、大孔树脂法、浸渍法、超临界萃取法，但有研究发现回流提取法对刺梨总三萜提取率最高，且经济、方便、适合工业化生产。

基于刺梨富含的三萜类成分，有研究表明刺梨具有体外抗人子宫内膜腺癌、人肝癌的作用；可用于制备预防和治疗酒精性肝病的药品；有效延缓肠道碳水化合物吸收而达到降糖的功效；增强机体抗疲劳和耐缺氧能力。

- 有机酸

刺梨果实中主要含有 6 种有机酸组分，不仅影响刺梨果实的品质和特殊风味，而且和其他活性物质一起共同产生抗菌消炎、收敛止泻等医疗保健作用。不同贮藏温度对刺梨果实有机酸含量有较大影响。

- 多糖

实验证明刺梨多糖具有较好的自由基清除活性和 α - 葡萄糖苷酶抑制

活性。

超声波作用下提取刺梨多糖与微波辅助水提醇沉方法提取刺梨多糖是较为新近的研究成果,不断创新的刺梨多糖提取工艺帮助刺梨打开了更广阔的利用空间。

• 微量元素

刺梨中含有多种人体必需的微量元素。袁慧杰等通过微波消解 – 电感耦合等离子体发射光谱法(ICP – OES)测定刺梨中有 Al、B、Ba、Ca、Cu、Fe、K、Mg、Mn、Na、Ni、P、S、Sr、Zn15 种元素。

(3)刺梨功效研究

从刺梨补充维生素、健脾消食、收敛止泻、增强免疫力等大众熟知的功能探索,到刺梨延缓衰老、抑肿瘤、抗氧化、抗动脉粥样硬化、排铅解毒、糖尿病防治、辐射防护等生物学功能逐渐被挖掘、被证实,刺梨的保健和医疗价值研究越来越丰富,主要有以下几个方面。

• 延缓衰老、抗氧化

刺梨中的多酚、黄酮、超氧化物歧化酶能清除机体内自由基,增加血浆中的抗氧化剂,提高机体抗氧化能力,具有延缓机体衰老等生物活性功能。

刺梨果汁能提高冠心病患者血浆抗氧化剂水平及低密度脂蛋白(LDL)抗氧化能力,从而使氧化 LDL 水平降低。杨江涛等研究刺梨对衰老小鼠单胺氧化酶(MAO)活性的影响,证实刺梨具有抑制衰老小鼠 MAO 活性的作用。

• 抗癌防癌

刺梨的抗癌防癌作用研究在刺梨众多药理研究中开展较早。20 世纪 90 年代,人们就研究发现刺梨汁活性物质能够阻断体内致癌物质合成,从而起到抗癌防癌的作用。

研究者们实验发现,刺梨对人组织细胞淋巴瘤细胞(U – 937)、胃癌 SGC – 7901 与 MNK – 45 细胞、人肝癌 SMMC – 7721 细胞、人卵巢癌细胞株 COC2 等有显著抑制作用。

● 保护机体脏器

大量实验结果证明，刺梨在修复机体损伤、治疗脏器过程中具有良好的辅助作用。罗元素等发现刺梨能明显提高衰老小鼠红细胞膜 Na^+、K^+、ATP 酶的活力，降低小鼠脑组织单胺氧化酶活性，避免小鼠肝、肾损伤。胡斯杰等研究发现刺梨果汁具有对乙醇诱导的小鼠慢性肝损伤的抑制作用。刺梨黄酮对活性氧自由基 O_2、H_2O_2、DPPH 具有清除作用，并能显著抑制红细胞氧化溶血以及肝组织脂质过氧化物的形成。

● 调节机体免疫功能

多糖（PRRT）是刺梨能明显提高机体免疫功能的主要成分。路筱涛等发现刺梨多糖能增强机体免疫功能和抗应激功能。李军等针对燃煤型砷中毒患者开展刺梨制剂提升免疫功能临床试验发现，刺梨制剂可有效提升患者免疫功能。

● 降低重金属负荷

刺梨汁可通过排出体内多种重金属而起到有效的解毒作用，其作用机制可能与刺梨汁含有大量维生素 C、超氧化物歧化酶、多糖、微量元素等有关。

一系列针对刺梨可降低重金属负荷这一特殊功效的研究成为亮点。陈可风等多年跟踪研究刺梨的驱铅作用，观察刺梨口服液的临床效果，认为刺梨汁与依地酸钙钠（EDTA）的驱铅作用相似，能有效降低血铅浓度，但不会导致微量元素的紊乱。另有关于刺梨作用下砷、锰、砷、镉的治疗吸附与促进排泄机理探讨成果也很多。

● 抗菌

梁梦琳等对新鲜刺梨的化学成分进行分离，获得蔷薇酸（Euscaphic acid）等 6 种三萜类化合物和 1 种甾醇类化合物（β - 谷甾醇），并通过实验证实这些成分具有一定抗菌活性。

此外，还有研究针对刺梨抗动脉粥样硬化、调节内分泌系统等功效展开。总体来说，这部分研究主要来自医疗机构，研究红红火火，但实际临床实验与应用还不够。市场上以此为基础进行的药品保健品研制工作也不足。

（4）刺梨技术工艺研究

对技术与工艺的探索是食品工业不断前进的标志。刺梨从采摘到成为各种加工制品的过程中，保鲜、保质、保营养成分不流失、优化口感与提升功效成为刺梨加工技术与工艺不断探索的问题。这个主题的研究成果具有随科学技术进步均衡地持续产出特征。

• 成分提取技术与工艺

成分提取研究利用各种科学方法针对刺梨各部位多种成分进行提取，如超声辅助提取刺梨叶总黄酮、正交实验法提取金刺梨花精油、刺梨根多酚提取工艺考察和含量测定方法建立、刺梨种子油提取、金刺梨皮原花青素提取、超声波辅助提取刺梨中 SOD、超声波辅助提取金刺梨黄色素、超声波法提取刺梨多酚、响应曲面法提取无籽刺梨多酚、微波辅助超声法提取刺梨总皂苷、闪式提取刺梨中维生素 C、曲面响应法提取野生刺梨干维生素 C、响应面优化超声辅助提取刺梨多糖、响应面优化微波辅助法提取刺梨水不溶性膳食纤维、微波辅助水蒸气法提取金刺梨挥发油、半仿生法提取刺梨总黄酮、响应面法提取刺梨总黄酮、超声提取刺梨总黄酮，等等。

• 刺梨保藏技术与工艺

刺梨产品品质保证离不开刺梨保藏条件和方式的优化。这是国内刺梨主题研究开展以来涉及最早的领域之一。为探索保持果实品质与贮藏期延长的贮藏条件，20 世纪 80 年代有研究探索利用无生机原理对刺梨半成品进行保藏的防腐溶液保藏法与高浓度糖浸渍法；90 年代有速冻和冻藏法。近年来，王金华等采用响应面分析法研究马铃薯微孔淀粉对刺梨浓汁吸附保藏效果；王乐乐等通过与巴氏杀菌、微波杀菌比较，认为超声波杀菌对刺梨汁进行杀菌处理效果最佳，还能有效维持果汁品质。

• 刺梨澄清技术与工艺

刺梨果实中的单宁有保健、医疗等多种功效，具有很高的开发利用价值，但单宁容易导致果品尤其是饮品生产中出现褐变和沉淀现象。因此，单宁调控技术与工艺成为决定刺梨品质的关键问题而备受关注。

何照范 1983 年探讨锌沉淀单宁的特性及其动态平衡理论，建立利用标准滴定曲线或回归直线方程式测定刺梨中单宁含量方法。2004 年丁筑红等在实验条件下衡量植酸添加对刺梨果汁褐变现象的影响，得出随着植酸添加量的增加，抗氧化作用逐渐增强的结论。2007 年吴惠芳等利用可溶性甲壳质剂处理刺梨汁浑浊和褐变问题。2011 年罗小杰等探讨明胶澄清法。2012 年杨曼、安华明、何任丹采用 RT-PCR 技术从刺梨果实中克隆获得参与高等植物单宁合成的基因，获得因不同需求调控果实中单宁含量的可能性。2013 年罗昱等探讨单宁酶对刺梨果汁中单宁的脱除效果。2016 年许培振认为葡萄糖氧化酶处理对有效保存 VC 和氨基态氮含量、对减缓褐变中间产物的产生、有效抑制刺梨果汁褐变的发生起到良好效果。2018 年李小红等利用单功能化壳聚糖对刺梨果汁单宁及色素吸附进行研究。2019 年，李晓红等人提出化学修饰过的壳聚糖吸附表现更佳。

• 刺梨产品开发研制及其技术工艺

为推动刺梨的广泛应用，各种各样基于刺梨价值展开的产品及其技术与工艺研究涌现（见表 1）。

发酵食品——以动物蛋白、植物蛋白为底料，添加刺梨果肉、果浆或果酱，在保加利亚乳杆菌与嗜热链球菌等发酵剂的作用下制成；或以刺梨汁液为原料，通过酒精发酵和醋酸发酵后制成。

饮料——研制刺梨纯汁、单饮或与其他添加剂、食材一起加工成复合饮料及其生产工艺。

保健品——采用刺梨及其根茎叶，单独或与其他食药品配伍制备，从而达到降脂、降糖、降胆固醇、抗肿瘤、抗衰老、抗氧化、增强体质等效果。

酒类——利用刺梨独特口感和营养价值，将刺梨汁通过发酵、陈酿过程酯化、氧化及澄清等处理制成。

药类——利用刺梨的生物活性研制，缓解或治疗人体不良症状，须在医生或临床营养师的指导下使用。

用品——主要利用刺梨生物活性中的抗菌成分，作为添加剂加入。

表1 刺梨产品研究情况

刺梨制品	科学研制
保健品	刺梨保健醋、刺梨蜂胶饮、刺梨胶原蛋白饮、刺梨籽油、刺梨果渣可溶膳食纤维制品、刺梨保健口服液、刺梨降脂散
糕点零食	刺梨软糖、刺梨蛋糕、刺梨果冻、刺梨脯、低糖高纤维刺梨脯、刺梨果酱、刺梨罐头、刺梨糕、刺梨酸奶含片、刺梨黄粑
发酵食品	刺梨酸奶、凝固型刺梨百合酸乳、发酵型刺梨黑豆饮、菠萝刺梨芦荟复合发酵饮
饮料	刺梨纯汁、马蹄刺梨复合果汁、魔芋刺梨颗粒果汁、鱼腥草南瓜刺梨复合营养保健饮、大蒜刺梨香蕉西红柿复合饮、刺梨果奶、冬瓜刺梨饮、刺梨黑豆饮、芦笋刺梨蜂蜜运动饮料、西番莲刺梨混合果汁、金樱子刺梨混合果汁、刺梨火棘复合果汁、苦丁刺梨魔芋茶、刺梨桑叶苦瓜饮、核桃刺梨饮、舒喉饮料
酒类	刺梨啤酒、刺梨葡萄酒、刺梨米酒、刺梨酥李复合果酒、椪柑刺梨复合果酒、刺梨大曲
药类	金刺参酒正合剂、血脂平胶囊、康艾扶正胶囊、小儿消食开胃颗粒、刺梨苍术液、刺梨冻干粉胶囊、医用射线防护喷剂、一种具有维护和恢复皮肤微生态作用的组合物、治疗腹泻中成药、刺梨多糖铁、刺梨多糖功能化纳米硒复合物
用品	含刺梨的漱口水、刺梨抗敏健齿牙膏、含刺梨足浴液、含刺梨水产品保鲜剂、刺梨精油、刺梨花精油、刺梨果渣发酵饲料添加剂

（5）刺梨产业发展研究

我国是果品生产大国、世界果品主要供应基地和加工基地，果品产量和产值均居世界前列，果品生产已成为我国农业的支柱产业之一。果品市场竞争激烈，新形势下找准市场需求，发掘产业潜力，刺梨成为承载新希望的可能。刺梨产业研究的成果主要聚焦刺梨产业发展的前景，制约刺梨产业发展的主要问题，对产业发展提出对策建议等。

对刺梨产业前景进行展望，前提是对刺梨价值的认可。大量研究证实，刺梨营养丰富、维生素C等成分含量优势明显，具有很高的保健医疗价值；刺梨根浅发达、防风固沙、保持水土，有很高的生态价值；刺梨种植成本低、易活易管、单位产量高、开发前景广，会有可观的经济价值。这是发展产业、开拓市场的底气。

整理现有刺梨产业研究成果发现，当前主要存在以下问题。一是好资源没有得到好利用。一些地区虽然拥有丰富的刺梨资源，但由于市场一直没有打开，资源没有得到很好开发利用。二是企业发展层次低。现有刺梨加工企业大多规模小、效率低、工艺设备落后、产品单一、粗加工、加工产业链短。三是技术工艺水平不高。受鲜果保存、新品种驯化培育、刺梨产品开发技术等因素的制约，刺梨产品生产成本过高。四是宣传推广不力。刺梨产业领域品牌建设缺位，拉动产业发展能力有限，社会大众对刺梨产品价值认识不够，致使刺梨产品市场占有率低，制约刺梨产业的发展。

对策建议：全面开展刺梨普查，精准掌握产业发展现状。完善基础设施建设，强化产业深加工基地及周边配套建设。充分利用土地资源，探索实践科学种植模式。加强刺梨种苗质量监管和服务。各级农林业部门做好作业设计指导、种植技术培训等技术服务。加强专业人才队伍建设，提升种植、加工类人才技术水平。加强苗木质量管理及对栽植技术的培训。建立健全刺梨产业化技术标准体系。加大标准化、无公害化栽培技术研究，加快刺梨生产经营标准化。加大对加工企业科研资金的扶持力度。加大产品研发力度，完善产业链。发挥科技支撑平台作用，建立刺梨产业技术创新战略联盟。做好品牌建设，通过品牌引领，形成能丰富市场、具有较强竞争力的产品系列。打通网络宣传与营销通道，提高市场占有率。打造刺梨文化，建设现代化农业观光旅游基地，多渠道、多元化促进刺梨产业快速发展。注重技术、工艺、品牌、市场的法律保护。

三 结论

第一，从刺梨研究成果产出的节奏来看，其整体产量较其他市场常见水果研究不多，起步早但有断层，恢复研究后直到近些年才引发小规模产量增长。结合区域性民众对刺梨的认知度分析，刺梨功效宣传不足，相关知识科普效果不够好，民众对刺梨价值认识不够。因此，应加大刺梨价值宣传力度，提升市场对刺梨的热度，吸引从研究领域到市场的广泛关注，让科研与市场之间形成良性互动。

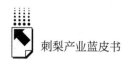

第二，从刺梨成果机构分布可见，我国刺梨研究的主力在科研机构、医疗机构和高校。随着产业发展的需要，企业与以上机构之间的合作越来越紧密。结合市场需要的科学研究可以让产业发展更加蓬勃。应充分利用企业对市场的敏感优势，发挥企业在市场与研究机构之间的桥梁作用。研究机构在开展更加专精深研究的同时，应直击市场需要，研发出容易落地、更具竞争力的产品。

第三，从刺梨成果地区分布可见，贵州等地已率先抢占了刺梨研究的先机，这与自然禀赋有关，也离不开地方人为推动的功劳。政策的引导与惠及，是地方刺梨产业发展的信心与动力，产生的包括科研领域在内的大范围关注效果是明显的。应全面真实地普查资源，充分开展市场前景分析，实施科学的政策引导，实现区域性统筹协调，避免各自为政盲目发展。

第四，从刺梨产品研发的成果来看，食品与保健品研发的创新积极性很高，药用与其他用品略低，大多开展产品技术与工艺的探索性研究。结合市场占有情况发现，落地产品和研究状况一致，保健品、食品较多，药品、用品较少。刺梨的价值最终还是体现在产品上，应鼓励科研创新，大力挖掘刺梨价值，尤其注重医药价值的挖掘。研究团队要加强与企业的共同研发，将优势科研力量引向高端研发领域，打造牢固而灵活的产业链条。

第五，从成果研究的学科分布与主题分布来看，来自农学、工业、医学等学科角度的种植管理、技术工艺、成分分析与功效主题研究是热点，但经济领域涉及较少，且较多出现在近些年。预计随着刺梨产业的发展壮大，营销、品牌、产业等经济类主题以及政策法规类主题研究会逐渐增多。

第六，不同主题之间研究随时间推移逐渐出现交叉，内容以成分分析与功效研究交叉为主。应大力挖掘刺梨成分的保健与药用价值，通过对相关项目或实验室实施资源倾斜、政策扶持，鼓励医疗机构的参与。

第七，从产业研究结果发现，产业制约因素中的技术落后问题与研究成果呈现的现有刺梨技术研究水平不符，种植加工一线与研究团队之间存在错位，表明研究成果转化不力问题严重。建议企业积极掌握刺梨相关科研动态，主动寻求科研机构的支持，科学研究也要及时掌握市场需求，政府要积极搭建对接平台。

部分参考文献

蔡永敏：《中药药名辞典》，中国中医药出版社，1996。

农业部科学技术委员会、农业部科学技术司编《中国农业科技工作四十年》，中国科学技术出版社，1989。

王成发、马孝骥：《刺梨之化学成分与丙种维生素含量之研究》，《实验卫生》1943年第3~4期。

罗登义：《通俗科学：刺梨之营养化学》，《新中华》1946年第5期复本4。

孙学蕙、谢宝忠、叶家齐、熊有贤、隋燕华：《刺梨果汁及提取物的管理研究》，《中药药理与临床》1985年第6期。

附　　录

Appendices

B.18

贵州省人民政府《贵州省推进
刺梨产业发展工作方案》

贵州省人民政府

为加快推进贵州省刺梨产业发展，提升品牌竞争力，按照《省人民政府关于贵州省刺梨产业发展规划（2014~2020年）的批复》（黔府函〔2014〕170号）要求，结合贵州省实际，特制定本工作方案。

一　总体要求

按照守住发展和生态两条底线的要求，以市场为导向，以科技为支撑。以产业升级为突破口，充分发挥龙头企业的带头示范作用，逐步形成资源相对稳定充足产出效益显著的产、供、销发展格局，把刺梨产业建设成为促进林农增收致富和改善生态环境的重要产业。

二　工作原则

（一）市场主导，政府推动。充分发挥市场在资源配置中的决定性作用，建立以市场为导向的刺梨产业发展机制；强化政府制定和实施刺梨产业发展规划、标准、政策、激励机制和提供公共服务等方面的职责。

（二）龙头带动，品牌引领。集中培育刺梨龙头企业，促进刺梨生产加工企业集群化、龙头化发展，加快市场拓展，全面提升贵州刺梨产品的知名度和影响力。

（三）科技支撑，示范辐射。坚持科技引领，强化科技在基础研究、产品研发、精深加工等环节的重要作用。通过建设示范基地和示范企业，提高刺梨产业标准化、科技化水平。

（四）统筹协调，整合发展。强化合作，逐步建立"政、产、学、研、商"沟通协调机制，共享技术信息。统筹整合各部门资金、人力、物力要素，形成工作合力，推进刺梨产业发展。

三　产业发展目标

重点在六盘水市、安顺市、毕节市、黔南自治州等4个产业基础较好的市（州）、14个县（区、特区）打造刺梨产业带，建设生产、加工、销售一体化产业链。到2020年，全省刺梨种植面积达120万亩（其中规划新造刺梨基地90万亩）；进入盛产期后，年产鲜果120万吨，基本满足省内加工企业需要和消费者需求；刺梨产业实现年总产值48亿元，成为贵州省打造现代高效农业，实现精准扶贫和改善生态环境的重要产业。

四　重点建设任务

（一）抓好种植基地建设。1. 计划任务下达。2014～2020年，贵州省规划新建刺梨基地90万亩，其中：六盘水市27万亩，安顺市10万亩，毕节市 8 万亩，黔南自治州 45 万亩。基地建设依托发展改革、林业、扶贫等部门有关种植项目，积极争取各级财政资金、吸纳企业、专业合作社及农户自筹资金共同推进。其中，省发展改革委会同省林业厅结合石漠化综合治理、退耕还林等工程，安排计划任务 63 万亩，占新建刺梨基地的 70%；省扶贫办根据市场、加工带动及比较效益情况，结合相关产业扶贫项目，逐年安排计划任务 27 万亩，占新建刺梨基地的 30%。省财政厅、省农委、省水利厅等其他涉农部门结合部门职责和行业条件，积极投入刺梨产业发展资金，确保《规划》建设任务实施。（牵头单位：省发展改革委；责任单位：省林业厅、省扶贫办、省财政厅、省农委、省水利厅，黔南自治州、六盘水市、安顺市、毕节市人民政府，龙里、贵定、长顺、惠水、平塘、西秀、平坝、普定、镇宁、盘县、水城、六枝、黔西、大方等 14 个县〔区、特区〕人民政府）

2. **基地营造林建设。** 各相关市（州）、县（区、特区）人民政府要按照《贵州省刺梨产业发展规划（2014～2020 年》建设目标，统筹做好农户宣传发动，积极创造条件吸引社会资金投入刺梨产业，保障基地营造林顺利推进。各级林业部门要配合相关部门开展作业设计指导、种植技术培训等多种形式的技术服务，提高基地建设质量。（牵头单位：省林业厅；责任单位：省发展改革委、省扶贫办、省农委、省水利厅，黔南自治州、六盘水市、安顺市、毕节市人民政府，龙里、贵定、长顺、惠水、平塘、西秀、平坝、普定、镇宁、盘县、水城、六枝、黔西、大方等 14 个县〔区、特区〕人民政府）

（二）**抓好良种壮苗生产。** 围绕刺梨体质增效，以"贵农 5 号"、"贵农 7 号"为主要品种，着力推进贵州省刺梨基地建设。加强刺梨种苗质量监管和服务，建设采穗圃，实行定点供穗、定点育苗生产。2015 年，依托现有苗圃为基础，在龙里县、西秀区、盘县、黔西县各改扩建（有条件的可新建）一个面积 200 亩的优良种源采穗圃基地，保障优良穗条供应。2014～2017 年，全省每年生产良种扦插苗达到 2000～2500 万株，2018～2020 年，全省每年生产良种扦插苗 600～700 万株，确保基地优良扦插苗的需要。（牵头单位：省林业厅；责任单位：省发展改革委、省扶贫办，黔南自治州、安顺市、六盘水市、毕节市人民政府，龙里、贵定、长顺、惠水、平塘、西秀、平坝、普定、镇宁、盘县、水城、六枝、黔西、大方等 14 个县〔区、特区〕人民政府）

（三）加快培育龙头企业。依托现有产业条件和发展基础，通过规划引导，优选一批发展潜力大、市场前景好、整体实力强的龙头企业进行重点扶持，带动产业发展。优化产业发展环境，强化协调服务，建立以市场为导向、企业为主体、产学研相结合的技术创新平台。优化刺梨产品结构，培植环保型、有机型、生态型和原产地深加工产业，提高附加值，延长产业链。通过龙头企业带动，不断完善"龙头企业＋基地＋合作社＋农户"的模式，形成农工商贸一体化的刺梨产业发展链条。（牵头单位：省经济和信息化委；责任单位：省发展改革委、省农委、省科技厅、省财政厅，黔南自治州、安顺市、六盘水市、毕节市人民政府，龙里、贵定、长顺、惠水、平塘、西秀、平坝、普定、镇宁、盘县、水城、六枝、黔西、大方等 14 个县〔区、特区〕人民政府）

（四）推进品牌建设。通过重点品牌引领的方式，重点扶持刺梨汁、果脯、酒品、药品、精油等加工产品研发与精深加工，逐步形成刺梨食品、药品、日化用品三大类，品种齐全的产品系列。扶持企业深入开展品牌建设工作，开发拥有完全自主知识产权的产品。强化品牌意识、质量意识和诚信意识，帮助和引导企业做好商标注册、标准制定、管理体系认证、知识产权保护等基础工作，推动发展刺梨地理标志商标，创立刺梨品牌。到 2017年，创建品牌 1～2 个，到 2020 年，创建刺梨品牌 5～8 个。要加大刺梨产品营销力度，充分利用现有超市和零售网点，适时构建刺梨产品专售渠道，促进产品流通市场畅和建立。加大品牌宣传，通过电子商务、博览会、展销会及专题节目、商业广告等形式，加大品牌宣传力度，提高贵州省刺梨产品市场竞争力。（牵头单位：省经济和信息化委；责任单位：省质监局、省商务厅、省科技厅、省农委、省工商局，黔南自治州、安顺市、六盘水市、毕节市人民政府，龙里、贵定、长顺、惠水、平塘、西

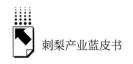

秀、平坝、普定、镇宁、盘县、水城、六枝、黔西、大方等 14 个县〔区、特区〕人民政府）

（五）强化科技支撑。完善科技支撑平台，加强科研单位、大专院校、刺梨协会与加工生产企业之间的横向合作，围绕刺梨资源开发利用、丰产栽培、种苗质量管理、病虫害防治等方面开展科学研究与攻关，建立健全刺梨产业化技术标准体系。强化良种示范基地建设，提升种植基地经营与管理水平。加强专业人才队伍建设，逐渐形成一支实力较强的科技队伍。强化技术服务，采取技术培训、送技术下乡等多种方式，推广应用先进实用生产技术。增加科研投入，进一步加强刺梨食品、药品和日化用品等新产品的开发投入力度，解决刺梨及加工食品保质保鲜、储藏、口感改善等技术难题。（牵头单位：省科技厅；责任单位：省质监局、省林业厅，黔南自治州、安顺市、六盘水市、毕节市人民政府，龙里、贵定、长顺、惠水、平塘、西秀、平坝、普定、镇宁、盘县、水城、六枝、黔西、大方等 14 个县〔区、特区〕人民政府）

（六）发展刺梨特色乡村旅游。突出刺梨种植与加工特色，开展以刺梨为主题的乡村旅游，丰富刺梨产业发展内涵。以刺梨种植、观花、采果、食品饮料加工为依托，打造以刺梨为主的乡村旅游观光精品带，让游客在游憩中摘果、赏花、品刺梨食品、住农庄客栈，享受田园乐趣和大自然美景。（牵头单位：省农委，责任单位：省旅游局、省林业厅，黔南自治州、安顺市、六盘水市、毕节市人民政府，龙里、贵定、长顺、惠水、平塘、西秀、平坝、普定、镇宁、盘县、水城、六枝、黔西、大方等 14 个县〔区、特区〕人民政府）

（七）加大招商引资力度。以刺梨基地为平台，以龙头企业为引领，着力开展以商招商、上门招商等招商活动，大力宣传贵州刺梨的独特品质与资源优势，做好刺梨产品开发项目储备包装，增强产业吸引力。各地各部门要进一步强化服务刺梨产业化发展意识，搞好刺梨产业项目招商引资工作，优化投资环境，在项目入驻过程中，简化办事程序，搞好支持保障，为项目入驻提供条件，要拓宽服务领域，规范服务内容，完善服务功能，最大限度地为外地客商投资贵州省刺梨产业发展提供便利。（牵头单位：省投资促进局；责任单位：省商务厅、省发展改革委，黔南自治州、安顺市、六盘水市、毕节市人民政府，龙里、贵定、长顺、惠水、平塘、西秀、平坝、普定、镇宁、盘县、水城、六枝、黔西、大方等 14 个县〔区、特区〕人民政府）

五　工作进度安排

（一）种植基地建设

1. 2014 年，全省刺梨种植面积 15 万亩。其中，黔南自治州 9.5 万亩，安顺 2.5 万亩，六盘水市 3 万亩。

2. 2015 年，全省刺梨种植面积 20 万亩。其中，黔南自治州 11 万亩，安顺市 2.5 万亩，六盘水市 6.5 万亩。

3. 2016 年，全省刺梨种植面积 20 万亩。其中，黔南自治州 8 万亩，安顺市 2.5 万亩，六盘水市 6.5 万亩，毕节市 3 万亩。

4. 2017 年，全省刺梨种植面积 20 万亩。其中，黔南自治州 9 万亩，安顺市 2.5 万亩，六盘水市 6.5 万亩，毕节市 2.0 万亩。

5. 2018 年，全省刺梨种植面积 5 万亩。其中，黔南自治州 2.5 万亩，六盘水市 1.5 万亩，毕节市 1 万亩。

6. 2019 年，全省刺梨种植面积 5 万亩。其中，黔南自治州 2.5 万亩，六盘水市 1.5 万亩，毕节市 1 万亩。

7. 2020 年，全省刺梨种植面积 5 万亩。其中，黔南自治州 2.5 万亩，六盘水市 1.5 万亩，毕节市 1 万亩。

（二）产值及品牌创建

1. 到 2017 年，全省实现刺梨年总产值 15 亿元，创建省内外知名品牌 1～2 个。

2. 到 2020 年，全省实现刺梨年总产值 48 亿元，创建省内外知名品牌 5～8 个。

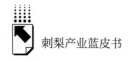

刺梨产业蓝皮书

六 强化保障措施

（一）加强组织领导。由省发展改革委、省林业厅、省财政厅、省扶贫办、省经济信息化委、省科技厅、省农委、省投资促进局等单位组成建立贵州省刺梨产业发展联席会议制度，负责指导和协调全省刺梨产业发展，定期总结工作经验、研究、分析处理刺梨产业发展中遇到的重大问题。各相关市（州）、县（区、特区）比照省里建立刺梨产业发展联席会议，负责出台地方推进刺梨产业的政策措施，把刺梨产业建设年度任务和各项推进措施落到实处。

（二）加大扶持力度。各级政府要加大对刺梨产业的支持力度，充分发挥财政资金引导作用，采取市场化运作方式，广泛吸引社会资本、金融资本投入，形成多元化投入机制。在符合产业发展规划的前提下，整合发展改革、财政、林业、扶贫等部门资金，支持刺梨产业快速发展。要加大对民营经济、企业特别是龙头企业、农村经济合作组织的扶持力度，制定优惠政策，引导各种市场主体投资刺梨产业发展。

（三）强化责任落实。省政府各部门及相关市（州）、县（区、特区）政府要制定本级推进《规划》实施的具体意见，进一步明确职责分工、细化工作措施，并结合产业发展实际情况，创新工作方法，确保《规划》各项目标的完成。省政府将组织相关部门开展专项督促检查，并定期通报各地建设完成情况。

B.19

中国刺梨市场零售价调研

杨 梅*

序号	种类	产品名称	品牌	单价（元）	包装	生产商	产地	备注
1	刺梨汁	刺梨果汁饮料	刺梨王	78.00	整箱装（245ml×12罐）	贵州宏财聚农投资有限责任公司	贵州省盘州市	
2	刺梨汁	刺梨果汁饮料	天刺梨	68.00	整箱装（245ml×12罐）	贵州天刺梨食品科技有限责任公司	贵州省盘州市	
3	刺梨汁	刺柠吉果汁饮料	番茄的理想	99.20	塑膜包装（230ml×12罐）	王老吉公司	贵州省	
4	刺梨汁	贵州魔梨维C果汁	魔梨	64.90	整箱装（245ml×12罐）	贵州天赐贵宝食品有限公司	贵州省安顺市	
5	刺梨汁	刺梨原液	刺梨王	398.00	罐装（2L）	贵州宏财聚农投资有限责任公司	贵州省六盘水市	
6	刺梨汁	贵州初好刺梨原汁液	初好	68.00	盒装（30ml×7袋）	贵州初好农业科技开发有限公司	贵州省盘水市	

---

* 杨梅，贵州省地理标志研究中心助理研究员，研究方向：地理标志产品与市场。

259

续表

序号	种类	产品名称	品牌	单价（元）	包装	生产商	产地	备注
7	刺梨汁	刺梨汁胜境庄园	汐岩	153.00	塑膜包装（245ml×12罐）	（洪盟天创园林专营店）	云南省曲靖市	
8	刺梨汁	优维源刺梨原液	天刺梨	398.00	瓶装（50ml×10支）	贵州天刺梨食品科技有限责任公司	贵州省六盘水市	
9	刺梨汁	高野刺梨浓汁	高野	255.90	整箱装（2000ml×2）	广西乐业高野刺梨有限公司	广西乐业县	
10	刺梨汁	刺梨特饮	刺梨宝	40.00	盒装（1L×2盒）	贵州恒利源刺梨健康产业有限公司	贵州省龙里县	
11	刺梨汁	天泷刺梨汁	猫咪	298.00	盒装（1L）	贵州天泷集团投资开发有限公司	贵州省贵定县	
12	刺梨干	刺梨干果	伟博	23.00	散装（500g）	（尼禄传统滋补专营店）	贵州省	初级农产品
13	刺梨干	敏子野生刺梨干果	豆乐奇	50.60	袋装（500g）	（奥兰雅图园艺专营店）	贵州省黔南州	初级农产品
14	刺梨干	黔康刺梨干	味滋源	127.02	散装（1000g）	（味滋源休闲食品专卖店）	贵州省贵阳市	初级农产品
15	刺梨干	刺梨干果	坚城	42.44	罐装（250g×4袋）	（奇欧瑞休闲食品专营店）	贵州省龙里县	初级农产品
16	刺梨干	暖民养生刺梨干果	暖民	29.90	罐装（250g×2）	四川成都锦天康食品厂	贵州省安顺市	
17	刺梨干	贵州山宝刺梨干	山里味	19.80	袋装（132g）	贵阳山里味食品有限公司	贵州省贵阳市	
18	刺梨干	水果熊猫刺梨干	水果熊猫	39.8	散装（500g）	贵州山珍宝绿色科技开发有限公司	贵州省遵义市	
19	刺梨干	水果熊猫刺梨干	珍西莴	49.80	袋装（138g×3）	贵州山珍宝绿色科技开发有限公司	贵州省遵义市	
20	刺梨干	黔康刺梨干	黔康	23.80	袋装（188g）	贵州黔宝食品有限公司	贵州省龙里县	
21	刺梨干	刺梨干（蜂蜜味）	苗姑娘	19.90	袋装（128g）	贵州贵定敏子食品有限公司	贵州省贵定县	

续表

序号	种类	产品名称	品牌	单价（元）	包装	生产商	产地	备注
22	刺梨酒	贵风特低度花果酒	贵风特	52.00	瓶装（500ml）	清镇市黄氏酒厂	贵州省清镇市	
23	刺梨酒	酒音珍金刺梨酒	酒音珍金	129.00	组合装（375ml×4瓶）	清镇市黄氏酒厂	贵州省清镇市	
24	刺梨酒	丁宫保低度花果酒	丁宫保	45.00	瓶装（415ml）	清镇市黄氏酒厂	贵州省清镇市	
25	刺梨酒	刺梨全汁发酵干酒（紫阳）	丹素亚	248.00	瓶装（750ml）	长顺丹素亚刺梨庄园有限公司	贵州省长顺县	
26	刺梨糕	刺梨糕	珍西岢	29.80	散装（500g）	贵州山珍宝绿色科技开发有限公司	贵州省遵义市	
27	刺梨糕	刺梨糕	刺力王	19.80	罐装（100g）	贵州宏财聚农投资有限责任公司	贵州省六盘水市	
28	刺梨糕	刺梨软糕	李绅	27.00	袋装（220g）	贵阳山里妹食品有限公司	贵州省贵阳市	
29	刺梨糕	水果熊猫刺梨糕	水果熊猫	24.80	散装（500g）	贵州山珍宝绿色科技开发有限公司	贵州省遵义市	
30	刺梨糕	黔康刺梨果糕	黔康	29.90	散装（500g）	贵州黔品食品有限公司	贵州省龙里县	
31	刺梨糕	刺梨V糕	天齐集团	48.00	盒装（180g）	贵州天齐野生资源开发保护研究中心	贵州省贵阳市	
32	刺梨糕	刺梨糕桂花糕	凯利来	39.80	礼盒装（110g×2盒）	（德裕亭·江苏特产馆）	贵州省黔东南州	
33	刺梨糕	刺梨软糕	赛拜努	37.00	袋装（220g）	贵阳山里妹食品有限公司	贵州省贵阳市	
34	刺梨糕	贵州特产刺梨糕	红螺食品	112.20	组合装（200g×3袋）	贵阳兆明羊城西饼食品有限公司	贵州省贵阳市	
35	刺梨饼	刺梨火腿饼	宝然	105.80	盒装（25g×8袋）	贵州朋万食品有限公司	贵州省	
36	糯米黄粑	粽香刺梨黄粑	贵州龙	29.80	袋装（318g）	贵州龙膳香食坊食品有限公司	贵州省贵阳市	

续表

序号	种类	产品名称	品牌	单价(元)	包装	生产商	产地	备注
37	鲜花饼	刺梨鲜花饼	康泉	27.00	组合装(184g)	贵州黔宝食品有限公司	贵州省龙里县	
38	酥饼	刺梨酥饼	食在过瘾	25.90	袋装(270g)	(君馐零食专营店)	贵州省贵阳市	
39	酥饼	刺梨酥	木之馨	31.00	盒装(270g)	贵州黔宝食品有限公司	贵州省龙里县	
40	刺梨糕	酸梅刺梨糕	李良济	59.00	盒装(28g×20袋)	(能臣·常州特产铺)	贵州省	
41	果干类	刺梨干果糕茶派酥饼	莫丽卡	138.00	组合装(660g)	贵州黔宝食品有限公司	贵州省龙里县	
42	刺梨鲜果	麻江无籽金刺梨	鲜果沟	89.00	散装(5斤)	(鲜果沟生鲜旗舰店)	贵州省麻江县	初级农产品
43	刺梨鲜果	贵州刺梨	龙共	148.64	散装(5斤×2)	(郇汶农资园艺专营店)	贵州省	初级农产品
44	刺梨鲜果	贵州刺梨	鲜果沟	69.90	散装(5斤)	(鲜果沟生鲜旗舰店)	贵州省修文县	初级农产品
45	刺梨鲜果	无籽金刺梨鲜果	采蘩	28.00	袋装(500g)	(娟之胜生鲜专营店)	国产	初级农产品
46	刺梨根	品苗乡贵州野生刺梨根	农家	12.80	袋装(500g)	(苗侗风情)	贵州省黔东南州	初级农产品
47	刺梨根	贵州深山野生刺梨根	三代采药人	25.00	袋装(500g)	(黔山)药农	贵州省黔西南州	初级农产品
48	刺梨根	野刺梨根		10.50	袋装(500g)	(药都保健养生堂)	安徽省亳州市	初级农产品
49	刺梨根	中药材刺梨根		16.60	袋装(500g)	(加康中药材市)	安徽省亳州市	初级农产品
50	刺梨根	中药材刺梨根		19.60	袋装(500g)	(小亿堂中药材批发)	安徽省亳州市	初级农产品
51	刺梨根	滋补野刺梨根		19.80	袋装(250g)	(聚美农家)	贵州省六盘水市	初级农产品
52	刺梨根	中药材野生刺梨根		46.80	袋装(500g)	(黔山珍品)	贵州省毕节市	初级农产品
53	刺梨根	贵州中药材茨藜子根		22.80	袋装(250g)	(山里人自强创业总店)	贵州省六盘水市	初级农产品

续表

序号	种类	产品名称	品牌	单价（元）	包装	生产商	产地	备注
54	刺梨根	野生刺梨根	DEREGLE ELEMENTS	23.60	袋装（500g）	（德济堂中药行）	四川省成都市	初级农产品
55	刺梨根	贵州野生中草药材		3.00	袋装（100g）	（贵州自采中草药堂）	贵州省遵义市	初级农产品
56	刺梨根	野生茨藜子根	文择轩	3.00	袋装（50g）	（文择轩中草材）	江苏省南京市	初级农产品
57	刺梨根	刺梨根	谱禧草堂	25.00	袋装（500g）	（谱禧草堂旗舰店）	四川省成都市	初级农产品
58	刺梨根	正宗现挖野生刺梨树根		35.80	袋装（500g）	（山货帝国）	四川省遂宁市	初级农产品
59	刺梨粉	贵州特产野生刺梨干粉		9.90	袋装（250g）	（贵州山里人家土特产）	贵州省贵阳市	初级农产品
60	刺梨苗	黄刺梨树苗（2年苗）	姜南	4.00	散装（1株）	（姜南园艺旗舰店）	江苏省	初级农产品
61	刺梨苗	黄刺梨树苗（3年苗）	苗彩	7.00	散装（1株）	（苗彩园艺官方旗舰店）	江苏省	初级农产品
62	刺梨苗	无籽刺梨苗（2年苗）	楠致	3.00	散装（1株）	（楠致园艺官方旗舰店）	甘肃省	初级农产品
63	刺梨苗	无籽刺梨苗（3年苗）	望秋月	12.00	散装（1株）	（绿友家庭园艺专营店）	江苏省沭阳县	初级农产品
64	刺梨苗	无籽刺梨苗（4年苗）	萌肉居	17.90	散装（1株）	（哆啦园艺专营店）	江苏省沭阳县	初级农产品
65	刺梨苗	金刺梨树苗（3年苗）	蓝博果苗	12.00	散装（1株）	（蓝博果苗服务三农）	广东省潮州市	初级农产品
66	刺梨苗	金刺梨苗（90～99cm）		3.00	散装（1株）	（贵州花卉V苗木）	贵州省安县	初级农产品

263

续表

序号	种类	产品名称	品牌	单价(元)	包装	生产商	产地	备注
67	刺梨苗	优质刺梨苗(30～40cm)		25.00	散装(1株)	(移花接木正品苗苗场)	贵州省六盘水市	初级农产品
68	刺梨苗	金刺梨(40～50cm)		48.80	散装(1株)	息烽县新颜电子商务中心	贵州省息烽县	初级农产品
69	刺梨苗	无籽刺梨苗(20～30cm)		12.00	散装(1株)	(播创农夫)	贵州省贵阳市	初级农产品
70	刺梨苗	武陵山野生刺梨苗(1cm左右)		18.90	散装(1株)	(武陵村夫)	重庆市酉阳县	初级农产品
71	刺梨苗	野生刺梨苗(小苗)		15.00	散装(1株)	(举世种业)	贵州省铜仁市	初级农产品
72	刺梨苗	贵州有籽刺梨(2年苗)		29.00	散装(3株)	(西部深山农家店)	贵州省盘州市	初级农产品
73	刺梨苗	刺梨苗(2年苗)	泰山野菜	10.00	散装(1株)	山东泰山野菜种植基地	山东省泰安市	初级农产品
74	刺梨种子	刺梨种子	泰山野菜	28.00	袋装(500粒)	山东泰山野菜种植基地	山东省泰安市	初级农产品
75	刺梨种子	野生刺梨种子	艾辰园艺	48.00	袋装(500g)	鑫正种业销售	甘肃省陇南市	初级农产品
76	刺梨种子	刺梨果刺梨种子(贵农5号)		100.00	简装(500g)	(新发现种业)	贵州省贵阳市	初级农产品
77	刺梨种子	净籽刺梨种子		70.00	简装(500g)	(新发现种业)	贵州省贵阳市	初级农产品
78	刺梨种子	净籽刺梨种子	杭情	70.00	袋装(500g)	(杭情官方旗舰店)	江苏省宿迁市	初级农产品
79	刺梨种子	净籽刺梨种子	宇林种业	80.00	袋装(500g)	(林林种子经销处)	山东省	初级农产品

B.20
中国刺梨产业与科技大事记

唐军 欧国腾 樊卫国 李发耀 牛涛*

康熙年间

康熙十二年（公元1673年），诗人吴中蕃《敝帚集》中的《刺花》："才沾无寸土，到处遂相牵。不觉春将老，还凭态逞妍。终嫌芒刺手，颇怕叶漫天。蜂蝶狂争闹，宁知异蕙荃？"

（清）陈鼎著的《黔游记》："刺梨野生，夏花秋实，干与果多芒刺，味甘酸，食之消闷。煎汁为膏，色同楂梨。黔之四封皆产，移之他境则不生。每冬月苗女子采入市货人。"

康熙十二年（公元1673年），许缵曾《滇黔纪程》说到刺梨酒，贵州各地"产米特绝""所酿酒亦甘芳入妙""而天下未有举为褒谈"。

康熙二十九年（公元1690年），田雯《黔书》记载："刺梨野生，夏葩秋实。干如蒺藜多芒刺，葩如荼蘼，实如安石榴而较小，味甘而微酸。食之可以消闷，亦可消滞，渍其汁煎之以蜜，可作膏，正不减于梨楂也。然亦有贵贱，瓣之单者，土人以之插篱而代槿，胎之重者，名为送春归。春深吐艳，大如菊，密萼繁英，红紫相间而成色，实尤美。黔之四封悉产，移之他境，则不生。岂亦画疆之雉，过淮之橘耶？又普安厅乌撒梨不下建阳，宣城

---

* 唐军，黔南州林业局局长，研究方向为：林业经济。欧国腾，黔南州林业科学技术推广中心主任、工程技术应用研究员，研究方向为：林业科研及产业培育。樊卫国，贵州大学农学院院长、教授，贵州省果树工程技术研究中心主任，研究方向为：森林培育学（树木生理与分子生物学研究方向）。李发耀，贵州省社会科学院研究员，地理标志研究中心执行主任，研究方向：地理标志与公共区域品牌。牛涛，黔南州林业科学技术推广中心副主任，研究方向：林业科研及产业培育。

亦有梨膏佳者不下河间。"

康熙三十六年（公元1697年），《贵州通志》云："刺梨野生。干如蒺藜，花如荼蘼，实如小石榴，壳有刺，味清微酸，取其汁入蜜炼之，可以为膏，黔地俱有，越境即无。有重胎者，花甚艳，可艺为玩。"

乾隆年间

乾隆三十年（公元1765年），赵学敏《本草纲目拾遗》中云："刺梨形如棠梨。多芒刺不可触。味甘而酸涩，渍其汁，同蜜煎之，可作膏，正不减于楂梨也。花于夏，实于秋。花有单瓣重台之别，名为送春归，密萼繁英，红紫相间，植之园林，可供玩赏。独黔中有之，移之他境则不生。殆亦类优昙花之独见于南滇耶。食之消闷消积滞。"

乾隆三十六年（公元1771年），贵州清代诗人田榕的《新添道中》："蓐食匆匆甚，鞭丝袅月斜。一声批颊鸟，几树刺梨花。"

道光年间

道光十二年（公元1832年），贝青乔的《苗俗记》："刺梨一名'送春归'……味甘微酸，酿酒极香。"

道光十三年（公元1833年），吴嵩梁的《还任黔西》："新酿刺梨邀一醉，饱与香稻愧三年。"

道光二十年（公元1840年）修的《思南府续志》："刺梨野生，实似榴而小，多刺，其房可酿酒。"

道光二十八年（公元1848年），吴其濬将刺梨收录进其所著的《植物名实图考长编》。

咸丰年间

咸丰元年（公元1851年），《贵阳府志》有"以刺梨掺糯米造酒者，味甜而能消食"的记载。

咸丰四年（公元1854年），吴振棫《黔语》："刺梨一名送春归，实可酿酒""刺梨酒色碧，味微甘，特不酽耳。"章永康《瑟庐诗草》："葵笋家家饷，刺梨处处酤。"

民国年间

1941～1943年，为解决抗战时期民众营养问题，寻找多食品营养资源，我国著名农业生化营养学家罗登义教授在对贵州170多种水果蔬菜的营养成分分析研究中，最先发现每100克野生刺梨果肉中含丙种维生素2054～2729毫克，平均含量为2391毫克。研究结果以"中国西南部水果蔬菜之营养研究"和"刺梨的营养化学"为题，分别在《中华农学会报》（1942）和《营养丛论》（复刊号，1943）上发表。

1941～1942年，贵阳医学院王成发教授等分别对贵阳和重庆歌乐山刺梨果实中的总酸、矿物质、糖、蛋白质、单宁、粗纤维、丙种维生素及脂肪等进行测定，发现刺梨果肉中丙种维生素甚丰，每100克鲜刺梨含维生素C 1793～2435毫克。研究论文《刺梨之化学成分与丙种维生素含量之研究》于1943年在《实验卫生》上发表。

1942年英国生物化学李约瑟教授，来到中国在贵州见证罗登义教授的刺梨研究成果，将刺梨研究成果记录入《中国科学技术史》（被誉为"20世纪最佳西方汉学巨著"），并命名为"登义果"，又称刺梨为食物中的"营养库"。

1944～1945年，罗登义教授研究证实了刺梨果实中的天然维生素C比人工合成的维生素C更易被人体吸收利用，其研究结果《刺梨中丙种维生素之利用率》于1945年在《中国化学志》发表。

1944年《贵州企业季刊》第二卷第一期记载："酒与醋，青岩之刺梨酒及漆醋，最著声誉，惟包装不善，不便久储与携带，且产量极少，故运销最极少。"

新中国成立以后

1951 年 8 月 31 日，国营青岩酒厂成立，隶属县专卖事业管理局，专门生产刺梨糯米酒。

1954 年，贵州省轻工业厅接管国营青岩酒厂，将该厂搬迁于花溪吉林村，改名贵州省花溪刺梨酒厂，1956 年后又搬迁至花溪棉花关下的花溪河边（今清华路），取用花溪河水酿造刺梨糯米酒。从 20 世纪 50 年代至 80 年代初，刺梨糯米酒是贵州省粮油进出口公司经营的出口商品，主要出口新加坡、日本、苏联、南斯拉夫、罗马尼亚、泰国、马来西亚等国家和中国港澳地区，其产量从开始的数吨增加到百吨以上。

1960 年，由林修灏、王兴国、曾宪章等主编的《贵州经济植物图说》中，对刺梨的性状、成分、用途、加工、鉴别方法及果实品质等作了记述。

1961 年，科学出版社出版《中国经济植物志》，其中记载了刺梨的地方名、学名、形态特征、生长环境、产地、用途、理化性质、采收处理和加工方法。

1964 年，中国医学科学院卫生研究所将刺梨列入《食物成分表》，并将刺梨的各种营养指标进行了公布。

1981 年 3 月，贵州省科学技术委员会下达"贵州野生刺梨资源开发利用研究"科研项目，这是我国第一个由政府部门组织的刺梨科学研究与资源开发利用科研项目。该项目由贵州农学院牵头，贵州省植物园和贵州省轻工研究所参与，主持人为贵州农学院园艺系主任朱维藩教授。

1981~1982 年，贵州农学院组织 10 名教师带领果树专业 77 级、79 级 60 余名学生，对贵州全省刺梨野生资源的分布、生态环境、果实产量进行普查，收集保存野生刺梨种质资源和近源植物 280 余份，发现了一批特异种质，初步查明贵州全省每年野生刺梨总产量达到 600 万公斤以上，并对各地采集的 206 个样品进行了营养成分分析测定，发现贵州全省野生刺梨果实的维生素 C 含量大多在 2000mg/100g 果肉以上。

1982 年 10 月，贵州农学院牟均富教授和贵州省轻工研究所陈圣龙研究员等研发出刺梨果汁产品。

1982 年，贵州省政府以黔政〔1982〕136 号文件正式批准成立"贵州省刺梨食品生产领导小组"。

1983 年 9 月，贵州省国营贵阳龙泉食品厂、贵阳市凯福糖果厂、贵阳市用料厂生产出首批刺梨果汁、刺梨碳酸饮料、刺梨果脯等产品应市。

1983 年 10 月，贵州农学院成立刺梨研究所，罗登义教授任所长。

1984 年 8 月 15 日，贵州省标准计量管理局发布黔 Q14 - 84《刺梨汁》、黔 Q15 - 84《浓刺梨汁》、黔 Q16 - 84《刺梨汁汽水》、黔 Q17 - 84《刺梨汁汽酒》、黔 Q18 - 84《刺梨果酒》、黔 Q19 - 84《刺梨酒》、黔 Q20 - 84《刺梨饮料试验方法》、黔 Q21 - 84《刺梨饮料维生素 C 试验方法》等贵州省企业标准。

1984 年 8 月，贵州农学院学报出版《贵州农学院丛刊》第三集《刺梨》，由罗登义和朱维藩共同主编。

1984 年 10 月，贵阳市刺梨产品开发公司（国营，隶属贵阳市轻工业局，直属企业国营贵阳龙泉食品厂）成立。

1984 年 10 月，由贵州农学院牟均富教授研发的刺梨晶固体饮料在龙里县食品饮料厂生产。

1984 ~ 1987 年，贵阳中医学院梁光义教授等从刺梨汁中分离出 β - 谷甾醇、刺梨酸、刺梨甙等化学成分，并发现刺梨汁对降血脂有良好的作用，继后其科研团队研发出我国第一个以刺梨汁为原料、有降血脂作用的新药"血脂平"，由贵阳中医学院制药厂生产投入临床使用。

1985 年，贵州农学院吴立夫教授等首次报道了刺梨汁对摄入化学致癌物二甲基亚硝胺的前体物氨基比林和亚硝酸钠的大鼠肝脏毒性的防护作用的研究成果，从病理学和细胞学的层面证实了刺梨汁具有预防由亚硝酸钠诱发的大鼠多组织多器官恶性肿瘤发生的作用。

1985 年 8 月，贵阳龙泉食品厂耗资 800 余万美元从瑞典 Airfa 公司引进年产 1 万吨的刺梨果汁浓缩生产线投产，将贵州刺梨原汁加工的装备水平和

能力提升至国内同类领先水平。

1985～1990 年，贵州省职业病医院蔡宗滢主任医师等的临床实验研究发现，刺梨汁对治疗铅中毒疾病有良好的疗效，继后开发出"刺梨康倍佳口服液"等产品。

1986 年 7 月，时任贵州省委书记胡锦涛同志在视察贵州农学院刺梨科研工作时指示："要加快刺梨品种的选育与人工栽培技术研究和刺梨加工产品的研发，改变刺梨产品加工完全依赖野生资源的局面，抢占国内外市场。"

1986 年 8 月，由贵州农学院朱维藩教授撰写的《刺梨》被编写入全国高等农林院校教材《果树栽培学南方本各论（第三版）》，之后由贵州大学樊卫国教授修改、补充完善，继续将《刺梨》编辑入我国高等农业院校"十一五"国家级规划教材第四版（2011）、第五版（2020），由中国农业出版社出版。

1986 年，贵阳龙泉食品厂生产的"山环牌"刺梨汁获得国家轻工业部优秀新产品奖，该产品与广州'健力宝'等产品同时被国家体育委员会和国家轻工业部推荐为第 10 届汉城亚运会中国体育代表团饮料。

1986 年，中国农业电影制片厂在贵州农学院的配合下摄制《刺梨》新闻片，并于 1987 年在全国公映。

1986 年，贵州省平塘县酒厂下线生产姣平牌刺梨美乐醇，该产品选用地产野生刺梨鲜果为原料，采用独特发酵工艺酿制，于 1987 年被评为贵州省优质产品。

1987 年，北京医科大学宋圃菊教授与其研究生林东昕等利用贵阳市刺梨产品开发公司提供的刺梨汁制品，研究报道了刺梨汁能够阻断大鼠体内 N－亚硝基脯氨酸和 N－亚硝基乙基脲的合成及经胎盘致癌脯氨酸的合成，再次证实刺梨汁有预防动物致癌的作用。

1989 年 11 月，由贵州农学院牟均富教授主持完成的"贵州刺梨产品加工技术开发"获贵州省科技进步三等奖。

1990 年 12 月，由贵州农学院牟均富教授主持完成的"贵州刺梨新产品研发"获国家轻工业部科技进步三等奖。

1992年12月，由贵州农学院向显衡教授主持完成的"刺梨良种繁育与栽培技术研究"获贵州省科技进步三等奖。

1992年，贵州老来福药业有限公司成立，研制的"老来福"牌刺梨口服液获得国家卫生部保健食品批准，我国首个刺梨保健食品投入生产。

1993年1月，贵州农学院向显衡教授等与贵州省龙里县供销合作社合作，在该县谷脚镇建立我国首批刺梨无性系苗木人工种植示范基地，面积300亩。

1993年10月，时任贵州省省长陈仕能对贵州刺梨资源开发利用做出指示，"要把刺梨资源开发利用当成产业来办，要重振贵州刺梨雄风"。

1993年，黔南州科委批准立项在龙里县谷脚镇建设1000亩人工刺梨种植基地。

1994年11月，由贵州农学院牟均富教授主持完成的"提高刺梨饮料质量的途径"获国家农业部科技进步三等奖。

2001年11月，由贵州大学农学院樊卫国教授主持完成的"刺梨栽培生理与技术研究"获贵州省科技进步二等奖。

2003年11月，由贵州省药品监督管理局编，贵州科技出版社出版的《贵州省中药材、民族药材质量标准》2003年版收录刺梨鲜果、叶、根药用内容。

2004年7月1日，贵州省果树蔬菜工作站向青云、贵州大学农学院史继孔教授等起草的《无公害农产品　刺梨》贵州省地方标准，由贵州省质量技术监督局批准发布实施。

2004年，贵州山人酒业有限公司在贵定县盘江镇成立，引进德国酿酒生产设备及工艺，用刺梨原汁低温控温发酵，生产"山人"和"贵州红"两个品牌全汁刺梨发酵干酒，"山人"牌刺梨干酒荣获"中国消费市场食品安全放心品牌"，2005年在英国伦敦国际评酒会上获得银奖。

2007年12月，由贵州大学农学院樊卫国教授等历时22年选育的"贵农1号"、"贵农2号"、"贵农5号"、"贵农7号"刺梨新品种由贵州省品

种审定委员会审定通过,结束了我国刺梨种植无优良品种的历史。

2008 年,贵定县山野敏子食品厂创建,主营"敏子"牌刺梨干、刺梨原汁等产品。

2009 年 2 月,由贵州大学农学院樊卫国教授等研制的《无公害食品刺梨生产技术规程》由贵州省质量技术监督局发布实施。

2009 年,由贵州大学农学院文晓鹏教授主持完成的"刺梨种质资源的分子评价、离体培养及抗病性遗传机制"获贵州省科技进步二等奖。

2011 年,长顺丹索亚刺梨庄园有限公司成立,继后发展成为集高端刺梨全汁发酵酒、刺梨浓缩汁生产、研发及优质刺梨基地建设和销售为一体的酒庄型企业。

2012 年 7 月 18 日,龙里刺梨被国家质检总局批准为国家地理标志保护产品。

2012 年 8 月,中国经济林协会授予龙里县"中国刺梨之乡"称号。

2012 年 9 月 8 日,贵州省刺梨学会在黔南州龙里县成立,贵州大学农学院院长樊卫国教授当选第一任理事长。

2013 年 8 月 20,中共黔南州委、黔南州人民政府出台《关于加快刺梨产业发展的意见》,制定《黔南州 50 万亩刺梨产业发展规划(2013 ~ 2017)》。

2014 年 3 月 9 日,贵州省刺梨学会在贵阳花溪召开贵州省刺梨学会年会暨学术交流与刺梨产业发展研讨会,来自全省科研院所、高等院校、刺梨产品与原料生产企业及政府相关管理部门的代表共 120 名会员出席了本次会议。

2014 年 5 月 23 日,贵州省人民政府副省长刘远坤主持召开研究刺梨产业发展有关问题专题会议,议定意见"强化政策支撑,突出示范效应,加大资金投入,明确工作责任,强化落实措施"。

2014 年 8 月,贵州省人民政府将刺梨产业确定为贵州省重点发展的产业,制定出《贵州省刺梨产业发展规划(2014 ~ 2020)》,明确到 2020 年,全省刺梨种植规模要达到 120 万亩,大力发展一批刺梨产品加工企业,将刺梨产业发展与贫困山区农民脱贫和贵州生态建设相结合，实现综合产值45亿元的产业目标。9月15日，贵州省人民政府作出关于贵州省刺梨产业发展规划（2014～2020年）的批复。

2014年9月28日，贵州黔宝食品有限公司、龙里县质量技术监督局等单位负责，唐昊、胡珊等主要起草的《地理标志产品　龙里刺梨》贵州省地方标准，由贵州省质量技术监督局批准发布实施。

2014年9月，贵州省人民政府在黔南州龙里县召开全省刺梨产业发展推进会，时任贵州省副省长刘远坤出席并讲话，贵州大学樊卫国教授应邀到会作"贵州刺梨产业发展需要把握的若干重大问题"专题报告。

2014年12月，盘县刺梨果脯被国家质检总局批准为国家地理标志保护产品。

2015年1月4日，经贵州省人民政府同意，贵州省人民政府办公厅印发《贵州省推进刺梨产业发展工作方案（2014～2020年)》，主要任务包括抓好种植基地建设、抓好良种壮苗生产、加快培育龙头企业、推进品牌建设、强化科技支撑、发展刺梨特色乡村旅游、加大招商引资力度等7个方面。

2015年10月，安顺市林业局、安顺市林业科学研究所培育的"安富一号"金刺梨品种（原为无籽刺梨）主要特征符合植物新品种权申请授权条件，获国家林业局授予植物新品种权（2015年第18号公告），并颁发《植物新品种权证书》。

2015年，贵州省黔南州编制发布《黔南刺梨产地营销白皮书》，包括《黔南刺梨产地营销总纲》、《黔南刺梨产地品牌战略规划》、《黔南刺梨产地品牌形象手册》、《黔南刺梨产地品牌管理手册》四个篇章。

2016年1月19日，贵州天刺力食品科技有限公司、盘县科学技术和知识产权局等单位起草，陈林、陈维政等主要起草的《地理标志产品　盘县刺梨果脯》贵州省地方标准，由贵州省质量技术监督局批准发布实施。

2016年2月1日，龙里刺梨干被国家质检总局批准为国家地理标志保护产品。产地保护范围：贵州省龙里县谷脚镇、醒狮镇和洗马镇3个镇现辖

行政区域。

2016 年 7 月 11 日，安顺金刺梨被农业部批准为国家农产品地理标志保护产品。

2016 年 10 月 28 日，国家标准化管理委员会委托国家林业局，对黔南州林业科技推广站承担的贵州省第八批国家农业综合标准化示范区项目——国家刺梨综合标准化示范区建设项目进行验收。

2017 年 3 月 6 日，时任贵州省人民政府副省长刘远坤批示"刺梨是我省独有的特色优势产业，要下大力抓好发展"。

2017 年 4 月 18 日，由贵州省林业厅、黔南州人民政府共同举办的主题为"黔穗同心·好花更红"黔南刺梨（广州）专题招商暨推介会，参会客商 100 余人，新华社、中新社、香港商报、广东电视台、广州广播电视台、南方日报、羊城晚报、广州日报、澳门商报、凤凰网、荔枝网等 26 家媒体进行报道，会上广州康赐你健康科技有限公司向广州市慈善会捐赠 100 万支刺梨口服液，价值达 3000 万元。签约刺梨产业发展投资项目 18 个，签约资金达到 33 亿元人民币。

2017 年 4 月 20 日，贵州省黔南州人民政府印发《黔南州刺梨产业提升三年行动计划（2017～2019 年)》，加强"龙里刺梨"品牌维护，建设"中国刺梨之州"，着力"刺梨良种繁育基地、刺梨标准种植基地、刺梨产品加工基地、刺梨康养文化基地、刺梨科技开发基地和刺梨产品交易中心"五基地一中心建设。

2017 年 6 月 15 日，由贵州省林业厅总工程师聂朝俊、贵州省林业调查规划院李明军高级工程师、贵州省黔南州林业技术推广站苟惠荣高级工程师等起草《刺梨培育技术规程》中华人民共和国林业行业标准，经国家林业局批准发布实施。

2017 年 9 月 20 日，经中国经济林协会批准，在贵州省黔南州成立中国经济林协会刺梨分会，贵州省中科院天然产物重点实验室副主任杨小生研究员当选分会第一届会长。

2017 年 10 月 16 日，贵州省龙里县通过中国经济林协会评估认证，荣获"中国刺梨名县"称号。

2018 年 3 月，贵州省发展与改革委员会与贵州省林业厅联合制定印发了《贵州省十大林业产业基地建设规划（2018～2020 年）》，将刺梨产业确定为贵州省 10 大林业产业之一。

2018 年 5 月 12 日，由中国林业产业联合会、贵州省林业厅主办，黔南州林业局、贵定县人民政府承办的"全国森林生态标志产品建设启动暨贵州刺梨产业扶贫推进会"在贵定县召开，会议授予贵定县首个"国家森林生态标志产品生产基地创建单位"称号，贵州山王果健康实业有限公司等 13 家刺梨企业被列为国家森林生态标志产品试点单位，刺梨成为首个培育的国家森林生态标志产品。

2018 年 5 月 14 日，贵定县通过中国经济林协会评估认证，荣获"中国刺梨名县"称号。

2018 年 7 月 31 日，贵州省黔南州人民政府召开"全州刺梨产业发展暨林业脱贫攻坚部署工作会议"。刺梨成为全州精准脱贫重要产业。

2018 年 8 月 27 日，黔南州 2018 年（广州）刺梨专题招商推介会在广州举行，主题为"黔南刺梨·大健康中国行（广州站）"，珠三角商会、协会、企业以及主流媒体参加会议，会上签约林业投资项目 16 个，签约资金达 29 亿元。

2018 年 9 月 8 日，由第八届中国（贵州）国际酒类博览会暨 2018 贵州内陆开放型试验区投资贸易洽谈会组委会主办，黔南州人民政府、贵州省林业厅、贵州省投资促进局、贵州省农委联合承办的"贵州刺梨产业研讨会"在贵阳国际生态会议中心举行。封加平、钟锡基、杨小生、王思新、郑勇奇、周筱英等六位嘉宾分别从刺梨国家森林生态产品建设、分享刺梨故事、刺梨功能性成分、刺梨果汁及浓缩汁质量探讨、从宁夏枸杞看贵州刺梨产业发展、刺梨营养与现代人类膳食分析等方面发表精彩的主旨演讲。会上黔南州与贵州省中科院天然产物化学重点实验室、贵州省果树工程研究中心签订"刺梨产业发展技术支撑合作战略协议""刺梨种质资源库建设合作战略协议"。

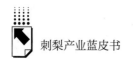

2018 年 9 月 28 日，国家林业和草原局批准在贵州省组建国家刺梨产业科技创新联盟，组建筹备工作单位为贵州省六盘水市林业局。

2018 年 10 月 26 日，经国家林业和草原局批准，由贵州大学、西南大学、贵州省林业科学研究院共同组建国家林业和草原局刺梨工程技术研究中心，该中心在贵州大学建立，任命贵州大学樊卫国教授为中心主任。

2018 年 11 月 16～17 日，广东省委书记李希、省长马兴瑞率广东省党政代表团赴贵州黔南考察，在贵州省贵定县考察期间，贵定县委书记莫春开向李希书记介绍刺梨。李希书记强调"要依托当地优势资源，突出抓好产业扶贫，要深化产业帮扶，增强受帮扶地造血功能"。广州市委、市政府高度重视，张硕辅书记当天晚上进行部署落实，要求广药集团负责落实帮扶贵州发展刺梨产业。

2018 年 12 月 22 日，贵州恒力源天然生物科技有限公司申报的刺梨鲜果和刺梨原汁荣获"中国有机产品"认证。

2019 年 1 月 8～9 日，由贵州省人民政府副秘书长袁家榆带领贵州省农业农村厅、省林业局、黔南州人民政府及州林业局、贵定县人民政府、龙里县人民政府等负责人组成的考察组，赴广州医药集团有限公司就该集团提出的贵州刺梨产业"136"发展方案进行对接协商。

2019 年 3 月 2 日，广药集团党委书记、董事长李楚源与中国工程院林东昕院士就贵州刺梨产业发展进行讨论，林院士接受邀请，愿意成为贵州和广药集团发展刺梨产业的"科技顾问"，为刺梨产业代言，为百姓健康做出贡献。

2019 年 3 月 18 日，贵州省人民政府与广药集团签署《贵州省人民政府广州医药集团有限公司关于推动贵州刺梨产业持续快速健康发展战略合作框架协议》。

2019 年 3 月 22 日，国家知识产权局对第二十届中国专利奖评审结果进行公示，其中由贵州天刺力公司提交的"刺梨果汁饮料及其生产方法"发明专利成功通过评审，入选第二十届中国专利优秀奖预获奖项目。

2019 年 4 月 1 日，刺梨产业国家创新联盟筹备会在六盘水市林业局召开。会议研究讨论了《刺梨产业国家创新联盟协议》，讨论联盟理事、秘书、专家委员候选人，安排部署联盟成立相关事宜。

2019 年 5 月 10 日，国家林业和草原局发布 100 项全国林业科技重点推广成果，贵州大学樊卫国教授选育的"贵农 5 号"和"贵农 7 号"刺梨优良品种被列入其中。

2019 年 5 月 14 日，由广州医药集团有限公司研发的刺梨新产品——刺柠吉复合果汁，在惠水县贵州潮映大健康饮料有限公司灌装生产线生产。

2019 年 5 月 15 日，贵州省人民政府召开全省刺梨产业发展推进专题会，由省人民政府副省长陶长海主持。会议通报全省刺梨产业发展情况、存在问题，对工作进行了安排部署，通报了《贵州省农村产业革命刺梨产业发展推进方案》起草情况，会议要求：明确工作目标，坚持加工带动，提升种植水平，强化科技支撑，强化政策支持，强化责任落实。

2019 年 5 月 29 日，在 2019 中国国际大数据博览会（贵阳）期间，全球智慧产业 500 强、全国电子信息 100 强企业泰豪集团旗下刺梨谷以"大数据 + 文化"为核心，发布刺梨 IP 形象——黔小果，在传统的推广形象上，注入 AR 技术，为推广贵州刺梨文化及产品赋能。

2019 年 6 月 4 日，云南省驻香港商务代表处商务代表带领香港客商和马来西亚客商到宣威市海岱镇昆钢金福食品有限公司，对产业扶贫刺梨深加工项目进行考察。考察团表示，海岱镇具有明显的生态优势，刺梨的种植、生产、加工和销售具有良好条件，双方具备广阔的合作前景。

2019 年 6 月 5 日，北京世界园艺博览会贵州馆"地球绿宝石·浪漫黔南州"主题日活动中，广药集团帮扶贵州刺梨打造的刺柠吉系列产品宣告全面上市，并作为黔南特色生态产品被重点推介。

2019 年 6 月 25 日，《贵州省农村产业革命刺梨产业发展推进方案（2019～2021 年）》明确提出目标：培育和引进一批刺梨加工龙头企业，发展一批刺梨拳头产品，打造一批刺梨知名品牌，开发一批样板市场，建设全国刺梨种植、加工、销售大省。到 2021 年全省刺梨种植面积新增 60 万亩，鲜果产量达到 50 万吨，综合产值达到 100 亿元。

2019年7月3日，中共贵州省黔南州委、黔南州人民政府印发《关于推进刺梨产业高质量发展的实施意见》，提出"稳规模，提质量，强加工，扩市场，建标准，创品牌"发展战略。

2019年7月4日，贵州省政府副省长陶长海到黔南开展刺梨产业调研，视察惠水县贵州潮映大健康饮料公司"刺柠吉"生产线、龙里县贵州恒力源大健康项目。

2019年8月12日，黔南州召开刺梨产业发展推进会，副州长吴海平主持，12个县（市）人民政府负责同志、州直产业领导小组成员单位、州金融部门负责同志、州内刺梨加工企业负责人及种植基地负责人参加。会议安排部署全州刺梨产业发展工作，做好刺梨鲜果产销对接，解决刺梨加工企业收果资金不足等问题，推进全州刺梨产业健康持续发展。

2019年8月25日，贵州省刺梨行业协会在贵阳正式成立，广药集团董事长李楚源出任协会名誉会长，贵州宏财投资集团有限责任公司总经理李波担任协会会长，贵州山王果公司总经理黄训才任秘书长。省工业和信息化厅党组成员汪家强、省林业局负责人、重点地区刺梨专班有关负责人，以及贵州省刺梨行业协会会员单位有关负责人和专家会员出席当天会议。

2019年9月28日，国务院扶贫办主任刘永富在广州市委书记张硕辅的陪同下，在广药神农草堂刺梨园植下了刺梨树。该刺梨树来自贵州省龙里茶香村刺梨沟。

2019年10月9日，根据《关于进一步做好高等院校内设机构备案工作的通知》，中共贵州省委机构编制委员会办公室回函同意贵州大学教学机构中的"酿酒与食品工程学院（白酒研究院）"加挂"贵州省刺梨产业研究院"牌子。

2019年10月11日，贵州省财政厅、贵州省工业和信息化厅、贵州省林业局联合印发《贵州省农村产业革命刺梨产业发展专项资金管理办法（试行）》，规范农村产业革命刺梨产业发展资金管理，提高资金使用效益。

2019年10月15日，贵州省市场监管局批准在黔南州质量检测检验院组建贵州省刺梨产品检验检测中心。

2019 年 10 月 17 日，上海市对口帮扶地区特色商品洽谈展销会在上海市光大会展中心开幕，贵州组织多家刺梨企业参展。展销会期间，贵州刺梨系列产品大放异彩，得到上海市众多市民的高度点赞，参展企业产品全部售罄。

2019 年 11 月 8 日，刺柠吉研究院在广药集团成立。刺柠吉研究院的成立将进一步加快落实广药集团关于《贵州刺梨时尚生态产业"136"发展方案》，以致力于刺柠吉产品时尚化、国际化为目的，进行刺梨研究与开发，高速、高效、高附加值地助力贵州打造百亿级的时尚刺梨产业。

2019 年 11 月 9 日，广东·贵州"东西协作 产业合作"对接会在广州举行，会上宣布，刺柠吉高铁专列正式启动。"刺柠吉号"是由广药集团王老吉冠名的"广州－贵阳"高铁专列，它的正式启动预示着东西部扶贫协作，特别是贵州刺梨产业开发，已在粤黔两省的共同努力下，驶上快车道。

2019 年 11 月 28 日，广药集团王老吉（毕节）产业有限公司正式成立，标志着广药集团携手贵州刺梨产业发展驶入快车道。

2019 年 12 月 3 日，"刺柠吉汽泡酒"在以"共建大湾区 同享大机遇"为主题的 2019 年广药集团战略合作研讨会上正式发布，该产品是以贵州刺梨为原料的配制酒。上市仪式后，刺柠吉汽泡酒将逐步投放市场。

2019 年 12 月 13 日，贵州刺梨产品宣传推介暨产销对接会在贵阳市举行。贵州省人民政府副省长陶长海、省工业和信息化厅厅长何刚、省教育厅党组书记朱新武等出席并见证授牌签约仪式。会议由省政府副秘书长宛会东主持。会议宣读了成立贵州省刺梨产业研究院的批复，并正式授牌。

2019 年 12 月 28 日，广药集团党委书记、董事长李楚源再次赴贵州，就帮扶贵州省刺梨产业开发与贵州省工业与信息化厅进行交流，受到贵州省委书记孙志刚、省长谌贻琴、副省长陶长海等领导会见。会见时，孙志刚书记说"举全省之力打造刺梨时尚生态产业"。

2020 年 1 月 7 日，以"贵山贵水刺梨情"为主题的首届贵州刺梨产业高峰论坛在贵阳举行。论坛由贵州省刺梨行业协会主办、贵州山王果健康实业有限公司承办，旨在提高贵州刺梨知名度，整合企业资源，指引刺梨产业

往高附加值、高技术、高营养方向发展。

2020年1月19日，贵州省黔南州发展和改革局印发《黔南州跨区域特色产业刺梨发展规划（2019~2023年）》。

2020年1月23日，国家标准化技术委员会批准在国家林业和草原局刺梨工程技术研究中心（贵州大学）建立国家刺梨标准化区域服务与推广平台，开展我国南方省（市、区）刺梨产业标准体系建设的组织、协调、区域服务、技术推广等工作。贵州大学樊卫国教授主持平台建设，参与单位包括贵州省标准化院、贵州省黔南州林业科技推广中心、贵州省质量检测检验院等。

2020年1月31日，贵州恒力源集团捐赠价值70多万元的刺梨维生素饮品驰援武汉华中科技大学附属协和医院；2月5日和11日、4月8日和22日、5月27日，向贵州广播电视台、贵州省卫健委、龙里县防疫工作组捐赠现金30万元、刺梨维生素饮品65万元，为80家商铺减免租金100余万元。

2020年2月1日，在贵州省龙里县工商联和龙里县刺梨产业商会的组织下，贵州奇昂生物科技有限公司等为湖北省孝感市捐赠价值118万元的刺梨饮品。

2020年2月6日，为响应中共中央和贵州省委、省政府，安顺市委、市政府关于做好新型冠状病毒感染的肺炎疫情防控工作的号召，贵州魔梨生物股份有限公司、贵州天赐贵宝食品有限公司向湖北、贵州、广东、北京、河南等五省市捐助200万元刺梨饮品。

2020年2月13日，由贵州省工业与信息化厅、贵州大学、贵州省刺梨产业协会共同发起的贵州刺梨产品加工企业抗新冠病毒援鄂捐赠行动在贵阳发起，贵州全省12家企业捐赠了2384万元的刺梨加工产品。

2020年2月19日，贵州天刺力集团积极响应贵州省委、省政府关于做好新冠肺炎疫情防控工作的号召，向贵州省黔西南州红十字会捐赠价值43万元的刺梨产品，用于慰问黔西南州抗疫一线医疗机构的医护人员。

2020年3月4日，贵州六盘水师范学院严凯等教授和贵州大学吴小毛等教授分别起草的《刺梨白粉病绿色防控技术规程》《刺梨梨小食心虫绿色防控技术规程》贵州省地方标准，由贵州省市场监督管理局批准发布实施。

2020年3月5日，中国绿色食品发展中心批复贵州省绿色食品发展中心的刺梨鲜果绿色食品认证执行NY/T 884-2017《绿色食品　温带水果》、刺梨果汁绿色食品认证执行NY/T 434-2016《绿色食品　果蔬汁饮料》。

2020年3月30日，贵州省委书记、省人大常委会主任孙志刚主持召开会议，专题研究进一步推进全省12个农业特色优势产业中的水果（含刺梨）产业发展相关工作，提出"到2025年，让'贵州刺梨'家喻户晓"的要求和目标。

2020年4月20日，贵州省黔南州农村产业革命刺梨产业发展组织方式创新现场推进会召开，专会人员现场观摩了惠水县贵州潮映大健康饮料公司、龙里县茶香村十里刺梨种植基地、贵定县沿山镇农林现代科技产业园。15家刺梨加工企业与种植主体就"公司＋合作社＋基地＋农户"组织方式签约。

2020年4月28日，在贵州省政府、广东省政府、广州市政府指导下，2020年贵州刺梨产业发展论坛暨广药集团王老吉2亿元扶贫消费券上线仪式在广州正式召开，各行业顶尖专家齐聚一堂，结合当前的健康消费趋势和抗疫形势，共同探讨刺梨产业的发展之路。论坛中，中国工程院院士、国家呼吸系统疾病临床医学研究中心主任钟南山就刺梨如何成为贵州脱贫攻坚"抓手"、维生素C在医学上的重要性等问题进行了分享和解读。

2020年4月28日，广州医药集团有限公司与贵州省呼吸疾病研究所成立"刺梨防治呼吸疾病产学研联合攻关组"，由中国工程院院士、国家呼吸系统疾病临床医学研究中心主任钟南山领衔。

2020年5月15日，贵州王老吉刺柠吉产业发展有限公司挂牌仪式在贵州惠水县王老吉刺柠吉生产基地举行。

2020年5月22日，贵州大学樊卫国教授和贵州省黔南州林业科技推广中心欧国腾研究员等共同起草的《刺梨良种栽培技术规程》和《刺梨良种

组培苗繁育技术规程》贵州省地方标准，由贵州省市场监督管理局发布实施。

2020年6月8日，由贵州省工业和信息化厅主办的"贵州刺梨公共品牌及系列标准发布会"在贵阳国际会议中心隆重举行，贵州省人民政府副省长陶长海出席并致辞。会议组委会发布了《2019贵州刺梨产业发展白皮书》《贵州刺梨功效研究》《贵州刺梨系列标准》《贵州刺梨评价通则》。

皮 书

智库报告的主要形式
同一主题智库报告的聚合

❖ 皮书定义 ❖

皮书是对中国与世界发展状况和热点问题进行年度监测，以专业的角度、专家的视野和实证研究方法，针对某一领域或区域现状与发展态势展开分析和预测，具备前沿性、原创性、实证性、连续性、时效性等特点的公开出版物，由一系列权威研究报告组成。

❖ 皮书作者 ❖

皮书系列报告作者以国内外一流研究机构、知名高校等重点智库的研究人员为主，多为相关领域一流专家学者，他们的观点代表了当下学界对中国与世界的现实和未来最高水平的解读与分析。截至2020年，皮书研创机构有近千家，报告作者累计超过7万人。

❖ 皮书荣誉 ❖

皮书系列已成为社会科学文献出版社的著名图书品牌和中国社会科学院的知名学术品牌。2016年皮书系列正式列入"十三五"国家重点出版规划项目；2013~2020年，重点皮书列入中国社会科学院承担的国家哲学社会科学创新工程项目。

中国皮书网

（网址：www.pishu.cn）

发布皮书研创资讯，传播皮书精彩内容
引领皮书出版潮流，打造皮书服务平台

栏目设置

◆ **关于皮书**

何谓皮书、皮书分类、皮书大事记、
皮书荣誉、皮书出版第一人、皮书编辑部

◆ **最新资讯**

通知公告、新闻动态、媒体聚焦、
网站专题、视频直播、下载专区

◆ **皮书研创**

皮书规范、皮书选题、皮书出版、
皮书研究、研创团队

◆ **皮书评奖评价**

指标体系、皮书评价、皮书评奖

◆ **互动专区**

皮书说、社科数托邦、皮书微博、留言板

所获荣誉

◆ 2008 年、2011 年、2014 年，中国皮书
网均在全国新闻出版业网站荣誉评选中
获得"最具商业价值网站"称号；
◆ 2012 年，获得"出版业网站百强"称号。

网库合一

2014年，中国皮书网与皮书数据库端口
合一，实现资源共享。

权威报告·一手数据·特色资源

皮书数据库
ANNUAL REPORT(YEARBOOK)
DATABASE

分析解读当下中国发展变迁的高端智库平台

所获荣誉

- 2019年，入围国家新闻出版署数字出版精品遴选推荐计划项目
- 2016年，入选"'十三五'国家重点电子出版物出版规划骨干工程"
- 2015年，荣获"搜索中国正能量 点赞2015""创新中国科技创新奖"
- 2013年，荣获"中国出版政府奖·网络出版物奖"提名奖
- 连续多年荣获中国数字出版博览会"数字出版·优秀品牌"奖

成为会员

通过网址www.pishu.com.cn访问皮书数据库网站或下载皮书数据库APP，进行手机号码验证或邮箱验证即可成为皮书数据库会员。

会员福利

- 已注册用户购书后可免费获赠100元皮书数据库充值卡。刮开充值卡涂层获取充值密码，登录并进入"会员中心"—"在线充值"—"充值卡充值"，充值成功即可购买和查看数据库内容。
- 会员福利最终解释权归社会科学文献出版社所有。

数据库服务热线：400-008-6695
数据库服务QQ：2475522410
数据库服务邮箱：database@ssap.cn
图书销售热线：010-59367070/7028
图书服务QQ：1265056568
图书服务邮箱：duzhe@ssap.cn

社会科学文献出版社 皮书系列
SOCIAL SCIENCES ACADEMIC PRESS (CHINA)
卡号：664287369175
密码：

基本子库
SUB DATABASE

中国社会发展数据库（下设 12 个子库）

　　整合国内外中国社会发展研究成果，汇聚独家统计数据、深度分析报告，涉及社会、人口、政治、教育、法律等 12 个领域，为了解中国社会发展动态、跟踪社会核心热点、分析社会发展趋势提供一站式资源搜索和数据服务。

中国经济发展数据库（下设 12 个子库）

　　围绕国内外中国经济发展主题研究报告、学术资讯、基础数据等资料构建，内容涵盖宏观经济、农业经济、工业经济、产业经济等 12 个重点经济领域，为实时掌控经济运行态势、把握经济发展规律、洞察经济形势、进行经济决策提供参考和依据。

中国行业发展数据库（下设 17 个子库）

　　以中国国民经济行业分类为依据，覆盖金融业、旅游、医疗卫生、交通运输、能源矿产等 100 多个行业，跟踪分析国民经济相关行业市场运行状况和政策导向，汇集行业发展前沿资讯，为投资、从业及各种经济决策提供理论基础和实践指导。

中国区域发展数据库（下设 6 个子库）

　　对中国特定区域内的经济、社会、文化等领域现状与发展情况进行深度分析和预测，研究层级至县及县以下行政区，涉及地区、区域经济体、城市、农村等不同维度，为地方经济社会宏观态势研究、发展经验研究、案例分析提供数据服务。

中国文化传媒数据库（下设 18 个子库）

　　汇聚文化传媒领域专家观点、热点资讯，梳理国内外中国文化发展相关学术研究成果、一手统计数据，涵盖文化产业、新闻传播、电影娱乐、文学艺术、群众文化等 18 个重点研究领域。为文化传媒研究提供相关数据、研究报告和综合分析服务。

世界经济与国际关系数据库（下设 6 个子库）

　　立足"皮书系列"世界经济、国际关系相关学术资源，整合世界经济、国际政治、世界文化与科技、全球性问题、国际组织与国际法、区域研究 6 大领域研究成果，为世界经济与国际关系研究提供全方位数据分析，为决策和形势研判提供参考。

法律声明

　　"皮书系列"（含蓝皮书、绿皮书、黄皮书）之品牌由社会科学文献出版社最早使用并持续至今，现已被中国图书市场所熟知。"皮书系列"的相关商标已在中华人民共和国国家工商行政管理总局商标局注册，如LOGO（ ）、皮书、Pishu、经济蓝皮书、社会蓝皮书等。"皮书系列"图书的注册商标专用权及封面设计、版式设计的著作权均为社会科学文献出版社所有。未经社会科学文献出版社书面授权许可，任何使用与"皮书系列"图书注册商标、封面设计、版式设计相同或者近似的文字、图形或其组合的行为均系侵权行为。

　　经作者授权，本书的专有出版权及信息网络传播权等为社会科学文献出版社享有。未经社会科学文献出版社书面授权许可，任何就本书内容的复制、发行或以数字形式进行网络传播的行为均系侵权行为。

　　社会科学文献出版社将通过法律途径追究上述侵权行为的法律责任，维护自身合法权益。

　　欢迎社会各界人士对侵犯社会科学文献出版社上述权利的侵权行为进行举报。电话：010-59367121，电子邮箱：fawubu@ssap.cn。

社会科学文献出版社